探索与实践：高中数学教学研究

马廷喜 著

天津出版传媒集团
天津科学技术出版社

图书在版编目（CIP）数据

探索与实践：高中数学教学研究 / 马廷喜著.
天津：天津科学技术出版社，2024. 8. -- ISBN 978-7
-5742-2386-8

Ⅰ．G633.602
中国国家版本馆 CIP 数据核字第 2024T4X276 号

探索与实践：高中数学教学研究
TANSUO YU SHIJIAN : GAOZHONG SHUXUE JIAOXUE YANJIU

| 责任编辑： | 曹　阳 |
| 责任印制： | 兰　毅 |

出　　版：	天津出版传媒集团
	天津科学技术出版社
地　　址：	天津市和平区西康路35号
邮　　编：	300051
电　　话：	（022）23332377
网　　址：	www.tjkjcbs.com.cn
发　　行：	新华书店经销
印　　刷：	河北万卷印刷有限公司

开本 710×1000　1/16　印张 15.25　字数 230 000
2024年8月第1版第1次印刷
定价：88.00元

前言

作为一种独特的语言和工具，数学在科学、技术、工程和数理金融等领域中发挥着核心作用。数学的基础理论和方法已成为人们理解世界、解决复杂问题的关键。随着新课程标准的实施和教育理念的更新，高中数学教学不再只是为了向学生传授知识，还在于培养学生的逻辑思维、问题解决能力和创新精神。本书试图探讨的，就是如何在高中阶段有效地实现这些目标。

本书共分为六章。第一章为高中数学教学概述，阐述了高中数学的学科性质和课程价值，分析了高中数学教学的理论基础和教学原则，探讨了高中数学课程标准的理念与教学要求。第二章为高中数学教学设计，深入探讨了教学设计的各个环节，包括高中数学教学的前期分析、教学目标设计、教学过程设计等，最后提供了高中数学教学设计的案例分析。第三章为高中数学教学模式，集中讨论了传统高中数学常用的教学模式与新课标背景下高中数学教学模式的创新。第四章为基于核心素养的高中数学教学，重点分析了高中数学教学中学生数学核心素养的培养策略，并探讨了核心素养导向下的高中数学教学评价。第五章为现代教育技术赋能高中数学教学，探讨了教育技术与高中数学教学的整合以及教育技术在高中数学教学中的应用。第六章为教师发展推动高中数学教学创新，着重分析了高中数学教师的角色与素质体系、教师发展对高中数学教学创新的推动作用以及高中数学教师专业化发展的策略。

本书在对高中数学教育领域有所贡献的同时，有一定的局限性。首先，尽管本书尽力涵盖高中数学教学的多个方面，但由于篇幅和专业知识的限制，可能无法对某些特定的教学方法和理论进行深入探讨。其次，随着教育技术的快速发展和教学理念的不断更新，本书中的一些内容可能会显得过时。笔者鼓励读者保持开放的心态，不断探索最新的教育趋势和技术，以保持教学方法的现代性和有效性。

目录

第一章　高中数学教学概述 …………………………………………… 001

第一节　对高中数学的基本认识 ……………………………… 001

第二节　高中数学教学的理论基础 …………………………… 006

第三节　高中数学的教学原则 ………………………………… 016

第四节　高中数学课程标准的理念与教学要求 ……………… 020

第二章　高中数学教学设计 …………………………………………… 027

第一节　数学教学设计概述 …………………………………… 027

第二节　高中数学教学设计的前期分析 ……………………… 032

第三节　高中数学教学目标设计 ……………………………… 043

第四节　高中数学教学过程设计 ……………………………… 050

第五节　高中数学教学设计的案例分析 ……………………… 068

第三章　高中数学教学模式 …………………………………………… 075

第一节　数学教学模式概述 …………………………………… 075

第二节　高中数学常用的教学模式 …………………………… 084

第三节　新课标背景下高中数学教学模式的创新 …………… 093

第四章 基于核心素养的高中数学教学 …… 108
第一节 核心素养概述 …… 108
第二节 高中数学教学中学生数学核心素养的培养策略 …… 120
第三节 核心素养导向下的高中数学教学评价 …… 140

第五章 现代教育技术赋能高中数学教学 …… 158
第一节 现代教育技术概述 …… 158
第二节 现代教育技术与高中数学教学的整合 …… 173
第三节 现代教育技术在高中数学教学中的应用 …… 186

第六章 教师发展推动高中数学教学创新 …… 202
第一节 高中数学教师的角色与素质体系 …… 202
第二节 教师发展对高中数学教学创新的推动作用 …… 214
第三节 影响高中数学教师专业化发展的因素 …… 218
第四节 高中数学教师专业化发展的策略 …… 225

参考文献 …… 233

第一章　高中数学教学概述

第一节　对高中数学的基本认识

一、高中数学的学科性质

学科性质是制定课程标准和开展教学的重要基础，只有对学科性质形成正确的认识，才能建立正确的课程观和教学观。数学的学科性质与数学学科内在的规定性有关，它奠定了数学课程的学科基础。《普通高中数学课程标准（2017年版2020年修订）》对高中数学学科的课程性质进行了阐述，概括来说就是"数学是研究数量关系和空间形式的一门科学"[①]。基于对课程标准的解读，笔者认为可以从科学性、工具性和文化性三个方面着手，进一步分析高中数学的学科性质。

（一）科学性

高中数学的科学性主要体现在以下三个方面。

首先，数学是一门建立在严密的理论基础上的科学。它的核心是数学的概念和定理，这些概念和定理构成了经典数学和现代数学及其各分支的逻辑框架。这种严谨的逻辑体系不仅是数学知识的基础，还是学习和应用数学的基本要求。

其次，数学具有明显的方法论特性。在数学的早期发展阶段，尽管它的方法主要基于对人类经验的总结，但这已经在当时的历史环境中显示出了显著的科学性。随着时间的推移，数学从感性认识向理性认识转变，逐渐发展出具有

[①] 中华人民共和国教育部. 普通高中数学课程标准：2017年版2020年修订[M]. 北京：人民教育出版社，2020：1.

普遍性的理论化特征。数学的方法论不仅丰富多样，还对社会产生了深远的影响，使其赢得了如"辩证唯物主义哲学的科学基础"和"科学方法论的典范"等美誉。

最后，数学是一门关注定量精确度的科学。从数学概念到数学量的转换，数学用其独特的表述方式为理论和实践（包括实验）开辟了道路，确保数学学科的结论能够经受住严格的检验。这种定量精确性是数学所独有的特点，也是其作为一门科学的重要标志。

（二）工具性

高中数学的工具性主要体现在以下几个方面。

第一，数学是一种普遍的科学语言和工具，被广泛应用于各学科和实际生活中。数学的符号、公式和理论为表达和解决问题提供了精确的手段。例如，物理学中的力学问题、化学中的物质浓度计算、生物学中的种群模型分析等，都离不开数学工具。在日常生活中，从家庭预算的管理到工程项目的规划，数学的工具作用处处都有体现。这种广泛的应用性使数学成了连接不同领域知识和实践的桥梁。

第二，数学可以在解决实际问题中起到关键作用。建立数学模型，可以对复杂的现象进行分析和预测，从而为决策提供科学依据。例如，在经济学中，数学模型可以帮助分析市场动态；在工程技术中，数学可以用于设计和优化产品；在数据科学领域，数学是处理和分析大量数据的基础。高中数学的学习可以培养学生运用数学工具处理问题的能力，这对他们未来的学术和职业生涯发展都具有重要意义。

第三，数学还具有方法论上的工具性。它教授人们如何通过逻辑推理、抽象思维和创新方法解决问题。这些方法不仅在数学问题解决中至关重要，还可以被应用于其他领域，如哲学推理、法律论证等。数学的这种方法论价值，在于它培养了学生的批判性思维、分析能力和创新精神，这些能力在如今这个快速变化的世界中尤其宝贵。因此，数学不仅是解决特定问题的工具，更是一种普适的思维方式和方法论。

第四，数学可以为其他学科的发展提供支持。数学并非孤立存在的，它与其他学科有着紧密的联系，可以为这些学科提供理论和方法上的支持。这种支持不仅体现在理论层面，还体现在实践应用层面。

（三）文化性

高中数学的文化性主要体现在以下三个方面。

第一，数学作为一种文化遗产，承载了人类在历史长河中积累下来的智慧和成就。不同文明从古至今在数学领域的贡献到如今形成了丰富的数学知识体系。这些知识不仅仅是技术或工具，还反映了不同文化对世界理解的方式，展现了人类理性思维的发展脉络。在高中数学教育中，学生不仅要学习数学知识和技能，还要接触和理解它们所代表的文化遗产，从而更好地认识和欣赏数学的文化价值。

第二，数学在促进跨文化交流和理解方面发挥着重要作用。数学的普遍性和共通性使其成为不同文化和国家之间沟通的桥梁。通过学习数学，学生可以了解不同文化背景下数学的发展历史，理解不同文化对数学的贡献，并形成对不同文化的尊重和理解。

第三，数学在形塑思维方式和审美观念方面具有重要影响。数学教育不仅是对解决问题的技能的培养，还涉及对逻辑思维、批判性思考和创造性思维的培养。此外，数学的优美和谐在某种程度上也影响了人们的审美观念，如对对称性、平衡和简洁性的欣赏。这种思维和审美的培养是数学作为一种文化力量所不可忽视的一部分。

二、高中数学课程的价值

高中数学课程的价值主要体现在以下几方面，如图1-1所示。

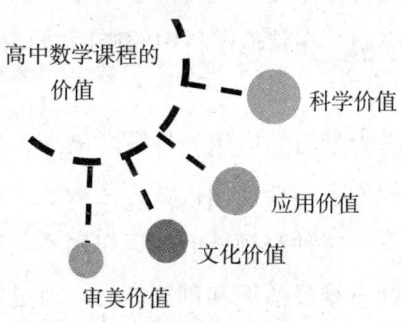

图1-1　高中数学课程的价值

（一）科学价值

高中数学课程的科学价值主要体现在以下两个方面。

1. 高中数学课程使学生对数学学科形成科学的认知

学生通过学习数学的历史、理论发展和应用场景，能够深入理解数学不是孤立的、静态的知识体系，而是一个动态发展、与人类社会进步紧密相连的科学领域。这种认知可以帮助学生认识到，数学不仅是公式和计算，更是一种描述世界、解决问题的方式。此外，通过理解数学与其他学科，如物理、化学、生物学等的关系，学生可以更全面地认识数学的科学价值和应用广度，从而形成对数学学科全面、科学的认知。

2. 高中数学课程有助于发展学生的科学精神

科学精神包括求真务实、严谨细致、不断探索等方面。在学习数学的过程中，学生不仅要记住公式和结论，还要理解它们的推导过程和逻辑基础。这种对证明和逻辑推理的重视，培养了学生的严谨态度和逻辑思维能力。同时，通过解决数学问题，学生可以学会如何面对挑战、如何通过多种途径和方法探索解决问题的策略，这些都是科学探究过程中的重要环节。此外，高中数学课程中的实验和实践活动也能让学生亲身体验探究过程，这种实践中的学习经历能够使学生体会到科学研究的过程，进一步强化他们的科学精神。因此，高中数学课程不仅能传授知识，更能在培养学生科学的思维方式和探索精神方面发挥关键作用。

（二）应用价值

高中数学课程的应用价值主要体现在对学生数学应用能力的发展上。这里的应用包括学科内部的应用、在其他学科中的应用以及在现实生活中的应用。

1. 学科内部的应用

在数学学科内部，学生学习并应用各种数学概念、理论和方法来解决更复杂的数学问题。例如，他们可能会使用代数方法来解决几何问题，或者应用概率论知识来分析统计数据。这种跨领域的知识应用不仅加深了学生对数学本身的理解，还提高了他们的思维灵活性和创新能力。通过解决这些复杂的数学问题，学生能够更好地理解数学理论的深层含义，提升自己的分析和推理能力。

2. 在其他学科中的应用

数学作为基础学科，在其他学科中也有广泛的应用。例如，在物理学中，数学是用来描述物理现象和构建理论模型的重要工具；在化学中，数学可被用于计算化学反应的量化关系；在生物学中，数学则能帮助人们理解生命过程的模式和规律。在高中数学课程中，通过跨学科的学习，学生能够认识到数学在各个学科中的应用方式，从而增强自身理解复杂概念和解决实际问题的能力。

3. 在现实生活中的应用

在人们的日常生活中，数学无处不在。从简单的家庭预算规划到复杂的金融决策，从天气预报的数据分析到计算机技术的发展，数学都扮演着关键角色。在高中数学课程中，学生能够通过学习将数学知识应用于实际问题中，从而更好地理解数学的实用性。这不仅让数学学习变得更加有趣并与实际生活关联更为紧密，还能帮助学生建立起将学术知识转化为实际操作能力的桥梁。

（三）文化价值

高中数学课程的文化价值主要体现在让学生感悟数学的文化之美，并通过相关内容的渗透，发展学生的人文素养上。数学学科的文化性质决定了高中数学具有文化之美，但由于人们过于关注数学所具有的理性精神，忽略了数学的文化之美，因此，要凸显数学课程的文化价值，便需要教师深入挖掘数学中的文化题材，并通过对这些题材的呈现，让学生感悟数学的文化之美，并获得人文素养的发展。

（四）审美价值

高中数学课程的审美价值主要体现在让学生体验和感悟数学之美，并通过一些审美内容的渗透，促进学生审美素养的发展上。很多人无法将数学和审美联系起来，认为数学是一门严密的理论科学，没有审美性。这种认知无疑是狭隘的，因为美没有固定的模式，而且数学的严密性本身也可以看作一种美。高中数学课程无疑也具有审美价值，只是这种审美价值具有内隐性，且具有学科特征，所以需要教师对其进行挖掘和呈现，让学生在学习数学知识的过程中，体验和感悟数学之美，进而获得审美素养的发展。例如，函数性质反映了变化中有不变的辩证之美，等差数列求和公式中的倒序相加是一种对称美，海伦公式是一种形式美，等等。

第二节 高中数学教学的理论基础

一、素质教育理论

（一）素质教育的概念

素质教育是依据人的发展和社会发展的实际需要，以全面提高全体学生的基本素质为根本目的，以尊重学生主体性和主动精神，注重开发人的智慧潜能，形成人的健全个性为根本特征的教育。[①]

（二）素质教育的本质

1. 素质教育是面向全体学生的教育

素质教育的核心是普及性和包容性，意味着它面向所有学生，而不仅仅是特定群体或能力水平的学生。这种教育理念认为，每个学生都有自己独特的潜能和价值，教育的目的是帮助每个学生发现并发展这些潜能。在实践中，这要求教育系统给学生提供平等的学习机会，为不同背景和能力的学生提供适应其需求的教学内容和方法。在高中数学教育中，这意味着教师需要设计包容性强、能够满足不同学生需求的教学活动，鼓励所有学生参与其中并在数学学习中取得进步。

2. 素质教育是促进学生全面发展的教育

素质教育强调学生的全面发展，不仅包括知识和技能的学习，还包括个性、情感、社交能力等方面的培养。这种教育观念认为，教育应该促进学生在智力、道德、身体、审美等多方面的发展，使其成为综合素质高的人。在高中数学教学中，教师不仅要传授数学知识，还要培养学生的创造力、批判性思维、团队合作能力和情感智力等。通过接受这样的全面教育，学生能够在多方面得到成长和提升。

---

① 刘恩允. 教育学基础 [M]. 北京：教育科学出版社，2016：77.

3. 素质教育是以培养创新精神和实践能力为重点的教育

在这个快速发展的时代，创新精神和实践能力的重要性日益凸显，成为现代社会的核心竞争力。素质教育正是以此为出发点，助力学生自我发展的。从基础的知识学习，到复杂的问题解决，都强调原创性思维的运用，让每个学生在学习过程中拓宽视野，锻炼思维，挖掘潜能。更进一步地说，素质教育不仅重视理论的学习，更强调实践的参与，让学生在实际操作中，从错误中学习，从实践中成长，从而积累经验，提升技能。如此的教育，不再是单纯的课堂讲授，而是充满活力和挑战的学习体验，能让每个学生都有机会发展成为具备创新精神和强大实践能力的人才，为未来的生活和工作打下坚实的基础。这就是以培养创新精神和实践能力为重点的素质教育的独特魅力所在。

（三）素质教育的内容

1. 个性化发展

个性化发展是素质教育的重要内容之一，它要求学校和教育者注重每个学生的个性发展和差异化需求。在传统的教育模式下，教育者往往以班级或年级为单位，对学生布置相同的课程和学习任务，忽视了学生的个性差异和特点。而素质教育则强调个性化发展的重要性，认为每个学生都是独立的个体，具有不同的学习兴趣、天赋和能力，需要采用不同的教育手段和方法对其进行指导。个性化发展可以从多个方面体现。

第一，个性化发展要求教育者深入了解每个学生的特性，包括他们的兴趣、能力、学习风格和情感需求。通过这种深入了解，教育者能够为学生提供更加贴合其需求的教育资源和支持。例如，在数学教学中，教师可以根据学生的具体情况提供不同难度的练习，或者采用不同的教学方法来适应不同学生的学习方式。

第二，学校和教育者采用灵活多样的教育手段和方法。传统的教学模式往往以讲授知识为主，缺乏灵活多样的教育手段和方法。而素质教育则强调教育的多元性和多样性，采用探究式、实践式、合作式等多种教育方式和方法，激发学生的学习兴趣和动力，提高学生的自主学习能力和创新能力。

第三，个性化发展还要求学校和教育者为学生提供个性化的评价和反馈。传统的评价往往采用成绩排名或标准化测试等方式，忽视了学生的个性差异和发展需求。而素质教育则强调多元化的评价方式和方法，包括学生自评、教师评价、同伴评价等多种形式，为学生提供更加客观、全面、个性化的评价和反馈，帮助学生更好地认识自己，发挥个人潜能。

2. 综合素质

综合素质是素质教育的一个重要方面，它是指学生在学习、生活和社交等多个方面所具备的素质。传统的教育模式往往只注重学生的学科知识和技能，而忽略了其他方面的发展，这会导致学生综合素质的缺失。为了培养具有综合素质的人才，素质教育强调要从多个方面对学生进行培养。

（1）知识素质。知识素质是指学生掌握的各类学科知识和信息技术知识。素质教育中的知识学习不再是简单的记忆和重复，而是要求学生学会如何学习、如何把知识系统化和深入内化。这不仅意味着对已有知识的理解和掌握，还包括将这些知识应用于解决实际问题的能力。

（2）能力素质。能力素质涉及学生解决问题、分析问题和创新的各种能力，包括但不限于创造性思维、逻辑思维、领导能力、团队合作能力和沟通协调能力。素质教育通过提供各种学习和实践机会，鼓励学生在实际情境中发展这些能力。这些能力不仅对学生学习至关重要，还对他们未来的职业生涯发展和个人生活有着深远的影响。

（3）心理素质。心理素质与学生的心理健康和适应能力相关。素质教育鼓励学生在面对学习和生活中的挑战和困难时，保持积极和健康的心态。这包括应对挫折的韧性、处理压力的能力以及维护良好心理状态的技巧。通过提供支持性的学习环境和必要的心理辅导，素质教育可以帮助学生建立起强大的内心，为迎接未来的挑战做好准备。

（4）人文素质。人文素质是指学生所具备的人文精神和道德素养。素质教育强调学生应具备人文精神，包括文化自信、人文关怀、审美素养等多方面，以及良好的道德素质，包括公正、诚信、尊重他人、负责任等品质。

3. 自主学习

自主学习是指学生自主地制订学习计划、选择学习资源、探究学习问题、评估学习效果的学习过程。自主学习是一种主动性学习，它不仅仅关注学生的学科知识和技能，更致力培养学生自主思考和解决问题的能力。自主学习是素质教育的重要组成部分，其实现方式和方法也在不断发展和完善。高中数学教学中，自主学习主要通过以下几个方面来实现。

（1）激发学生的学习兴趣和动力。自主学习的首要任务是激发学生的内在学习动机。这可以通过多种方式实现，例如，鼓励学生参与学术研究、社会实践和创新创业项目等。这样的活动不仅提供了学习的实践场景，还能帮助学生发现学习的实际应用价值，增强他们的学习动力。当学生在自己感兴趣的领域深入学习时，他们更有可能发展出持续的学习兴趣和自主学习的习惯。

（2）提供多样化的学习资源和支持。为了促进学生的自主学习，学校和教育机构需要提供丰富和多样化的学习资源。这可以包括构建信息技术平台、开设各种自主学习课程以及提供在线学习资源等。通过这些资源，学生可以在较大的范围内选择自己感兴趣的学习内容，以适应个人的学习风格和需求。这种多样化的学习资源有助于学生拓宽视野，增强自主学习的能力。

（3）鼓励学生制订学习计划和参与小组学习。学校还可以通过帮助学生制订自主学习计划、组织小组学习活动和开展学习分享会等方式，进一步帮助学生自主学习。通过这些活动，学生不仅能够学习如何制订和执行有效的学习计划，还能在小组学习中培养合作和沟通能力。此外，组织学习分享会等活动也有助于学生相互启发，共同进步。

二、人本主义教育理论

（一）人本主义教育理论的基本观点

人本主义教育理论兴起于20世纪中期的美国，该理论的基本观点有如下四点：第一，坚持以人的经验为出发点，重视人的独特性、整体性和自主性；第二，坚持以人的人格发展以及人的价值发展为核心，重视个体的自我选择与自我实现；第三，坚持以人的肌体潜能为基础，重视人未来发展的可能性；第四，重视社会问题在课程中的融入，以此来促进学生社会人格的发展。由人本主义教育理论的基本观点可知，人本主义教育理论是以"人"为核心，重视的是人的发展的主体性、自主性和独特性。

（二）人本主义教育理论的主要内容

1. 人本主义教育目的论

人本主义教育目的论强调以人为本，认为教育的最终目的是培养全面发展的人，并认为这种人应该具备多方面的素质和能力，包括高尚的品德、广博的知识、较强的实践能力和创造性思维等。这些素质应该是有机融合在一起的，而不是简单的累加。因此，人本主义教育目的论注重对学生的全面培养，强调教育的综合性和系统性。人本主义教育目的论的另一个重要特点是以理想的人格为目标。这种理想的人格不仅具有高尚的道德品质和精神追求，还应该具备探索精神和自我实现的能力。人本主义教育目的论认为，教育应该为学生提供广阔的人生视野和发展空间，让他们能够认识自我、理解社会、开发潜能，实现自我价值和社会价值的统一。在实现这一目标的过程中，人本主义教育目的论提倡个性化教育和自主学习，注重发现学生的潜能和特长，尊重学生的兴趣和需求，激发他们的学习兴趣和主动性。此外，人本主义教育目的论还认为教育应该注重培养学生的社会责任感和公民意识，使他们成为有担当、有贡献、有影响力的社会人才。

2. 人本主义教育主体论

人本主义教育主体论强调学生是教育的主体，这是因为人本主义教育理论认为，教育是以人为中心的，教育的目的是培养全面发展的人，因此，学生作为受教育者，应该成为自己的主人。教育者应该尊重学生的个性和差异，充分发挥他们的潜能和创造力，帮助他们自我实现和自我完善。

在人本主义教育中，学生的个性和需求是非常重要的。教育者应该认识到每个学生都是独特的，有不同的需求和兴趣，因此应该根据学生的个性和需求来制订教育计划和教学策略。同时，教育者应该给学生提供一个开放的环境，让他们自主地探索和创造，不仅要教给他们知识和技能，更要教给他们如何学习、如何思考和如何创造。

另外，人本主义教育主体论认为，教育应该关注学生的全面发展。学生不仅需要掌握专业知识和技能，还需要具备自尊心、自信心、自我认知和自我控制能力，并建立自己的人生目标。教育者应该给学生提供丰富多样的学习机会，让他们在学习过程中不断发现自己的兴趣和潜能，帮助他们自我实现，并实现个人价值的最大化。

3. 人本主义课程论

人本主义课程论强调课程的设计应以学生的全面发展和个性化需求为出发点，致力培养学生的创新思维和实践能力，使学生能够更好地适应社会的发展和变化。人本主义课程论包括以下几方面的内容：一是以学生为中心。课程应该以学生的需求和兴趣为中心，满足学生的发展需求，让学生主动地探索和发现知识。学生应该在学习中扮演积极的角色，自主地选择学习内容和学习方式，发挥自己的个性和创造力。二是强调实践和应用。课程应该注重实践和应用，让学生能够将所学知识和技能应用于实际生活中，培养学生的实践能力和创新思维，激发学生的学习兴趣和动力。三是培养学生的思辨能力。课程应该注重培养学生的思辨能力，使学生能够理性地分析问题、判断事物，提高学生思维的深度和广度。

4. 人本主义教学论

人本主义教学论是人本主义教育理论的重要组成部分，强调教学应该以学生为中心，关注学生的需求和特点，促进学生的自我发展，提高其创新能力。以下是人本主义教学论的几个重要方面。

（1）启发式教学。人本主义教学主张采用启发式教学方法，引导学生探索问题、发现问题、解决问题，培养学生的创新能力和自主学习能力。启发式教学强调学生的体验和参与，提倡建立良好的师生关系，以促进学生的思考和交流。

（2）多样化的教学手段。人本主义教学论认为，教学应该具有丰富多样的形式，包括讲授、讨论、实践等多种教学手段。教学应该灵活多变，以满足学生的学习需求，激发学生的学习兴趣和主动性。

（3）建立良好的师生关系。人本主义教学论强调建立良好的师生关系，教师应该尊重学生，与学生平等相待，关注学生的个性和需求。建立良好的师生关系，可以促进学生的情感发展，增强学生的自信心和自我认知能力。

（4）培养自主学习能力和合作精神。人本主义教学论认为，教育应该培养学生的自主学习能力和合作精神。学生应该具备独立思考、自我学习和协作的能力，以适应未来的社会和职业需求。

5. 人本主义评价论

人本主义评价论认为，评价应该以学生为主体，即评价的目标应该是帮助学生发展和成长。教育者应该注重评价的多元性，即评价的内容应该不只是学习成绩，还应全面考虑学生的各方面素质和能力的发展情况。因此，评价应该具有多种形式，如自我评价、教师评价、同伴评价、家长评价等，以多方位和多角度地了解学生的发展情况。同时，人本主义评价论强调评价的科学性和公正性。评价应该科学、客观地反映学生的实际水平，而不是简单的比较和排名。教育者应该采用科学的评价方法和工具，如综合评价、能力评价、情境评价等，以全面了解学生的发展情况。评价应该公正，避免种族、性别、经济背景等因素影响评价结果，为学生提供公正、合理的评价和指导。此外，人本主义评价论强调评价的反馈性和指导性。评价应该为学生提供有益的反馈和指导，帮助学生发现自己的潜力和优势，并为其未来的学习和发展提供指导。评价不应该只是单纯地得出结果，还应该为学生的成长和发展提供帮助和支持。

三、建构主义理论

建构主义理论是在认知学习理论的基础上发展而来的，它是关于知识、教学与学习的一种理论。建构主义理论所蕴含的教与学的思想，反映在知识观、教学观和学习观三个方面，在此笔者主要就这三个方面对其加以阐述。

（一）建构主义的知识观

知识的本质和知识是如何获取的这一问题，是人类社会在几千年的发展过程中一直都在探究的一个悬而未决的难题。建构主义对什么是知识，怎样看待知识，做出了如下阐释。

第一，知识是人们在特定的符号体系和语境下对客观现实的解释或假设，而非最终或标准答案。因此，知识被视为一个不断发展和演化的过程，没有确切的起点和终点。这种观念强调了知识的变化性和适应性，而这一事实意味着学习者需要不断更新和调整他们的知识体系以适应新的信息和环境。

第二，知识并不存在绝对的终极真理。建构主义认为知识无法完全准确地概括世界的规律，它更多是个人经验的合理化。由于每个人的知识都是基于个人的经验和理解而建构的，因此人们无法提供适用于所有情境的解决方案。在解决具体问题时，需要针对特定情境对已有知识进行再加工和创新。这种观念对正确与错误的判断持怀疑态度，强调知识的主观性和情境性。

第三，知识总是内在于主体的。建构主义认为知识不是客观存在于个体外部的实体，而是个体基于自己的经验背景在特定情境下主动构建的。尽管知识可以通过语言和符号而获得外在表现，但每个学习者对这些知识的理解和把握都是不同的。因此，学习过程被视为个体基于自身经验的、对知识进行主动建构的过程，而非简单的知识传递。

依据建构主义知识论，教学不能将知识视作已经被固定了的东西传授给学生，教师不能将自己对知识的理解强加给学生，而是要引导学生自己完成对知识的建构，让学生基于自己的认知或经验背景，真正地理解知识。

（二）建构主义的教学观

建构主义教学观的核心是以学生为主体，具体表现为以下三方面。

（1）教师不仅是知识的呈现者，还是学生知识学习的引导者。在引导学生的过程中，教师应重视学生已有的知识经验，并将其看作学生习得新知识的出发点，从而让学生基于原有的知识经验生发新的体会与感悟。

（2）教师应认识到学生在知识学习中的重要作用，重视学生自己对知识的理解，调动学生参与教学活动的积极性，同时认真倾听学生的想法。如果学生的想法存在错误的地方，教师不要第一时间否定，而要循循善诱，引导学生逐步调整自己的想法。

（3）教师应鼓励学生积极地探索问题，并通过组织交流讨论活动，引导学生学会陈述自己的观点，倾听他人的观点，这不仅有助于学生加深对知识的理解与认知，还有助于增强学生的合作意识。

（三）建构主义的学习观

学生的学习是一个非常复杂的心理活动，理解建构主义理论学习观，有助于教师对学生的学习形成更加全面的认识，也有助于让教师更好地指导学生的学习。建构主义的学习观可被阐述为如下三点。

1. 学习是改变认知结构的过程

同化和顺应是学习者认知结构发生变化的两种途径或方式。同化是指学习者把外在的信息纳入已有的认知结构,以丰富和加强已有的思维倾向和行为模式。顺应是指学习者已有的认知结构与新的外在信息产生冲突之后,所引发的原有认知结构的调整或变化过程,从而建立新的认知结构。同化是认知结构的量变,而顺应则是认知结构的质变。同化与顺应,循环往复,平衡与不平衡相互交替,人的认知水平的发展就是这样一个结构变化的过程。由此而言,学习不是简单的信息积累,而是新旧知识经验的冲突,并能引发学习者认知结构的重组。

2. 学习是主体建构的自组织循环系统

建构主义认为,思维和学习不是由外部决定的,而是在已有的结构上规定的。建构主义所概括的一个完整的学习过程循环如下:兴趣—知识—记忆—情感—感知—反省—行动—平衡—摄动—重建—迁移—兴趣。学习在整体上是一个封闭的循环过程,它没有起点,也没有终点。这是建构主义从认知生物学、自组织系统理论和现代控制论思想中得出的基本结论。

3. 学习是个体主动建构知识的过程

建构主义认为,学习是一个积极的建构过程。学习就像思维和认识一样,是一种建构主体现实的自我控制过程,这种积极的建构是有正向反馈的,并且这种反馈是在先前的结构和网络的基础上发生的。因此,学习不是由教师把知识简单地传递给学生,而是由学生自己建构知识的过程。学习不是简单的信息输入、存储和提取,而是新旧知识、经验之间双向的相互作用过程。由于学生是认知的主体,是知识意义的主动建构者,因此,学习不应该由外部来决定,学习也不是对外部准备好的信息进行加工。学习是一种个体对现实世界的创造性的理解过程,理解是一个赋予意义的过程,学生必须根据自己的知识经验对建构对象做出解释。

四、自然主义教育理论

教育语境下的"自然"指的是人的天性以及人身心发展的自然规律。自然主义教育理论强调天性的重要性,并倡导教育要顺应人类天性的自然发展,从而使人的身心得到自由的发展。① 笔者认为可以从教学目标、教学理念和教学过程三个方面对自然主义教育理论进行剖析。

（一）教学目标：培育"自然人"

在自然主义教育理论中，教学的最终目标是培养出"自然人"，即能够自然而然地展现自我、发展个性和发掘潜能的学生。这种教学目标强调个体的自然成长和全面发展，而不仅仅要求有对学科知识的掌握。在高中数学教学中，这意味着教师不仅要注重学生数学技能的提升，还要关注对学生的情感、价值观和个性特质的培养。教学过程不应被视为单向的知识传递，而应被视为一个促进学生自我发现、自我表达和个性发展的过程。通过这种方式，数学教学将有助于培养学生独立思考的能力，增强其自我认识，并培养创新和解决问题的能力。

（二）教学理念：因材施教

因材施教强调教学应基于学生的兴趣、能力和需求而进行个性化设计。在高中数学教学中，这意味着教师需要了解每个学生的学习风格、能力水平和兴趣点，并据此调整教学策略和内容。例如，对数学能力较强的学生，教师可以提供更高难度的挑战和探究性任务；而对基础较为薄弱的学生，教师则应提供更多的基础训练和个别辅导。这种教学方法有助于激发学生的学习兴趣，提高学习效率，并促进每个学生的最佳发展。

（三）教学过程：实践—体验—反思—感悟

自然主义教育理论重视教学的"过程性"，即教学不能是简单的知识传授，而应发挥学生的主体作用，让学生在实践中去体验、反思、感悟，从而掌握知识，并获得能力的发展。这个过程不是一次便终止的，而是一个循环往复的过程，即"实践—体验—反思—感悟—再实践"，如图 1-2 所示。每个人天生便具有求知的欲望，教师需要呵护并善于利用学生求知的欲望，让学生在求知欲的驱

---

① 滕大春.外国近代教育史[M].2版.北京：人民教育出版社，2002：82.

使下，自主开展实践活动，自主进行对知识的探索，并通过对实践的反思而有所收获。在现代教育中，很多学生学习兴趣较低的一个重要的原因就是教师忽视了学生发展的内在规律，缺乏对学生的有效引导，这会导致学生的求知欲被压制，进而影响学生的成长和发展。因此，教师应转变传统的教学思维，在遵循学生身心发展规律的基础上，引导学生体验、反思和感悟，进而在这一过程中获得真正的成长。

图 1-2　自然主义教育理论的教学过程

第三节　高中数学的教学原则

高中数学的教学原则是高中数学教师在数学教学过程中实施教学所必须遵循的基本要求和指导原理，是对数学教学规律的反映。[①] 本节以高中数学学科自身的特点、教学目的、数学教学活动的客观规律和学生学习数学的心理特征等为依据，探讨高中数学教学的一些基本原则。

一、抽象与具体相结合教学原则

数学是一门以抽象概念和理论为基础的学科，其教学应遵循抽象与具体相结合的原则。这一原则强调在教学中既要讲授抽象的数学理论和概念，也要通过具体的例子、实际应用和实验活动来阐释这些理论和概念。例如，在介绍代

---

① 王金芳. 高中数学教学方法研究与实践 [M]. 长春：吉林人民出版社，2021：4.

数或几何概念时，教师可以通过生活中的实例或实际问题来展示如何应用这些概念，帮助学生更好地理解和掌握。这样不仅能够提高学生对数学知识的理解，还能够激发他们对数学学习的兴趣。通过将抽象的数学知识与学生的日常生活和具体经验相联系，教师可以帮助学生建立起对数学概念的直观理解，从而使其更有效地掌握和运用数学知识。

二、归纳与演绎相结合教学原则

归纳与演绎是数学思维的两种基本方式，它们在高中数学教学中同样重要。归纳法是从具体事实出发，通过观察和实验提炼出一般性的规律和原理。演绎法则是从已有的假设或定理出发，通过逻辑推理得出具体结论。高中数学教学应结合这两种方法，既教授学生如何通过观察和实验从具体问题中提炼普遍规律，又教授他们如何从已知的数学原理出发，应用逻辑推理解决具体问题。例如，在教授几何时，教师可以先通过具体的图形案例引导学生发现规律（归纳法），然后再教授相关定理和公式，并让学生通过演绎法解决具体的几何问题。这种结合归纳与演绎的教学方法有助于培养学生的综合思维能力，使他们能够更加全面和深入地理解数学知识。

三、严谨性与量力性相结合教学原则

该原则强调数学教学应该在保持逻辑严谨性的同时，考虑到学生的接受能力和实际情况。数学作为一门以精确性和严密逻辑为基础的学科，其教学过程需要保持严谨性，确保所传授的知识和理论的正确性和逻辑性。这包括准确地定义概念、明确地陈述定理和公式、严密地展开推理等。然而，仅仅强调严谨性可能会忽视学生的实际理解和接受能力，导致教学效果不佳。因此，教师还需要考虑学生的学习基础、认知水平和兴趣点，适时调整教学深度和难度。在保证数学知识严谨性的同时，教学应以学生的实际情况为出发点，采用适合他们的语言和方法，使学生能够在自己的能力范围内理解和掌握数学知识，逐步提升其数学素养。

四、巩固与发展相结合教学原则

该原则着重于在巩固已有知识的同时，促进学生能力的进一步发展。在高中数学教学中，这意味着教师不仅要重视学生对基本概念和技能的掌握，还应鼓励他们在此基础上进行深入思考和探索。教学应设计为一个循序渐进的过程，其中对基础知识的巩固是为了更好地支持学生在更高层次上的学习和理解。例如，学生在初步掌握了基本的代数技能后，应被鼓励应用这些技能去解决更复杂的问题，或探索更高级的数学概念。巩固与发展相结合的原则要求教师在教学中既要注重基础知识的反复练习和巩固，又要提供足够的挑战和创新空间，激发学生的学习兴趣和探究欲，帮助他们建立起扎实的数学基础，并在此基础上实现更全面的成长。

五、知情统一教学原则

知情统一教学原则着重于将知识的教学与情感、态度、价值观的培养相结合。在高中数学教学中，不仅要传授数学知识，还需要培养学生对数学学科的兴趣和热爱，以及正确的学习态度和价值观。这一原则强调，有效的教学不应仅限于知识的灌输，还应激发学生的学习动力，培养他们对数学的好奇心和探究欲。教师可以通过展示数学在实际生活中的应用、讲述数学发展的历史故事、引入数学相关的趣味问题等方式，激发学生的情感共鸣，增强他们对数学学习的内在动力。此外，通过引导学生在解决数学问题的过程中体验成功和失败，教师可以帮助学生建立起积极的学习态度和自信心，培养他们的毅力和坚韧的精神。知情统一的教学方法有助于形成富有激情的积极的学习氛围，促进学生全面发展。

六、发展性教学原则

发展性教学原则强调教学活动应促进学生认知、情感和心理的发展。在高中数学教学中，这意味着教育不仅仅要传递知识，更要激发学生的潜能，促进其全面成长。这一原则要求教师能够识别并满足学生在不同学习阶段的需求，为他们的持续成长提供支持。在实施时，教师应设计课程和活动，以提高学生的数学思维能力、问题解决能力和创新能力。同时，教学应鼓励学生积极参与，通过组织探究、讨论和合作活动等方式，提升他们主动学习的意识和独立思考的能力。此外，发展性教学还意味着教师需要不断调整教学策略，以适应学生发展着的变化，确保教学始终符合学生的实际情况和需求，从而促进他们在数学学习过程中的持续成长和发展。

七、寓教于乐教学原则

寓教于乐的教学原则指的是在教学过程中融入趣味元素，使学习成为愉快的经历。在高中数学教学中，将趣味与学习相结合可以大大提高学生的学习兴趣和积极性。这一原则下，教师应寻找创新的教学方法，如游戏、故事、竞赛、实验等，让学生在轻松愉快的氛围中学习数学。例如，通过参与数学游戏或数学谜题，学生可以在游戏中探索数学概念，从而在无压力的环境中学习和巩固数学知识。同时，寓教于乐的教学鼓励教师使用生动的例子和实际应用来讲授抽象的数学概念，使数学知识更容易被理解和记忆。通过这种方式，数学教学不再是枯燥的灌输，而是变成了一种能够激发学生好奇心、创造力和探究欲的活动。寓教于乐的教学原则有助于创造积极、活跃的学习环境，提升学生的学习效率和成就感。

八、系统性教学原则

系统性教学原则强调数学知识的整体性和联系性，要求教学内容和方法应体现数学的系统结构和内在逻辑。在高中数学教学中，这意味着教师不仅应教授数学事实或技能，还要展示数学概念、定理和方法之间的关联和逻辑发展。教师应努力构建一个完整的数学知识体系，使学生能够清楚地看到不同数学概念之间的联系，理解数学知识的发展脉络。例如，在教授函数概念时，教师可以展示其与代数、几何和实际应用之间的联系，使学生理解函数的多重意义和用途。系统性原则的实施有助于提高学生的数学素养，使他们能够更深入地理解数学知识，形成更为全面和系统的数学视野。此外，系统性原则还鼓励教师在教学中注意数学的逻辑推理和结构分析，培养学生的逻辑思维能力和系统思考能力。

九、直观性教学原则

直观性教学原则强调在数学教学中应充分利用直观材料和方法，帮助学生形成对数学概念和操作的直观理解。在高中数学教学中，这意味着教师需要使用图形、模型、实验等直观工具来解释抽象的数学概念。例如，在教授几何知识时，教师可以使用几何图形、立体模型或绘图软件来帮助学生直观地理解空间结构和关系；在教授函数概念时，教师可以通过图表和动态软件展示函数的图像变化，增强学生对函数性质的直观感知。直观性原则的实施不仅有助于提高学生对数学知识的理解和记忆，还能激发学生的学习兴趣和创造力。通过将抽象的数学概念具体化、可视化，教师可以使数学学习变得更加生动和易于接受，从而提高教学效果。

第四节 高中数学课程标准的理念与教学要求

一、高中数学课程标准的理念

（一）课程目标层面体现的理念

1. "四基"是学生发展的基础

新版高中数学课程标准在课程目标层面强调了"四基"理念，即通过高中数学课程的学习，学生应能获得进一步学习以及未来发展所必需的数学基础知识、基本技能、基本思想、基本活动经验。对基础知识的掌握是学生学习数学的基石。高中数学课程着重于让学生掌握数学的基本概念、原理和方法，这为学生未来的学术和职业生涯奠定了坚实的知识基础。对基本技能的培养则是数学教育的重要目标。这不仅包括解决数学问题的具体技巧，还包括逻辑推理、数据分析等关键技能，能够使学生在面对复杂问题时，有效运用数学工具。基本思想的培育致力激发学生的数学思维，不仅是教授数学知识，更是通过数学教学引导学生形成批判性和创造性的思维方式。例如，通过探究活动，学生可以学习如何在数学领域内提出和验证假设，从而培养科学的思维习惯。基本活动经验的积累则强调了数学学习的实践性。通过参与各种数学实践活动，如数学建模、实验和项目式学习，学生不仅能够将理论知识应用到实际问题中，还能够在实际操作中深化对数学概念和方法的理解。

2. "四能"是学生要形成的重要能力

新版高中数学课程标准中的"四能"指的是学生从数学角度发现和提出问题的能力、分析和解决问题的能力。"四能"的提出，既回应了我国高中数学教学中学生探究创新能力和综合实践能力培养环节薄弱的问题，也与发展学生核心素养中解决问题的关键能力相呼应。学生"四能"的发展应贯穿数学教学活动的全过程，但不同的能力，在教学策略的选择上应有所侧重。例如，在对发现问题和提出问题能力的培养中，教师应引导学生大胆质疑，提出自己的观点；在对分析问题和解决问题能力的培养中，教师应引导学生运用多种方法，如数据分析、逻辑推理、建立数学模型等方法，以锻炼学生多角度分析问题、解决问题的能力。

3. 要重点培养学生的六大数学核心素养

高中数学课程标准，重点强调了培养学生的六大数学核心素养，包括数学抽象、逻辑推理、数学建模、直观想象、数学运算和数据分析。数学抽象能力的培养使学生能够从具体情境中抽离出关键的数学概念和关系，这是理解更复杂数学理论的基础。逻辑推理能力则是学生理解和解决数学问题的核心，它涉及从已知信息中推导出新结论的能力。数学建模能力的培养则是让学生学会如何把现实世界的问题转化为数学模型，并通过这些模型来分析和解决问题。直观想象力在数学学习中同样重要，它能帮助学生在心中形成数学概念的图像，从而更好地理解和记忆这些概念。数学运算能力的提升训练专注于让学生熟练运用数学公式、算法来处理具体的数学问题。这是学习数学所需的基本技能，也是解决更复杂问题的前提。对数据分析能力的培养使学生能够有效地处理和分析数据，这在当今这个数据驱动的社会中尤为重要。需要注意的是，这六大素养虽然是针对数学学科而言的，但通过探究其内涵可以发现，这六大素养其实内在地蕴含着多重学科品质。例如，在物理的学习中，逻辑推理素养、直观想象素养、数学运算素养等也都是非常重要的素养。由此可见，学生数学学科六大素养的形成不仅影响数学学科的学习，还会对其他学科产生一定的影响。

4. 应使学生形成一定的数学情感

数学情感包括对数学学科的兴趣、自信、欣赏以及对学习数学的责任感和兴趣。培养学生的数学情感，有助于激发他们对数学学习的内在动力，使他们在学习过程中更加积极主动。对数学的兴趣可以激发学生探究未知的欲望，自信则是学生在面对数学挑战时坚持下去的动力。欣赏数学美可以让学生认识到数学不仅是冰冷的符号和公式，更是一种艺术和文化的体现。培养学生对数学的责任感和兴趣，可以使他们在学习中体会到成功的喜悦，进而在长期的学习过程中保持积极和热情的态度。这种情感的培养对学生的长远发展极为重要，它不仅影响着学生的学习态度，还影响着他们未来解决问题和面对挑战的能力。

（二）课程结构层面体现的理念

新版高中数学课程标准强调通过"优化课程结构"来实现更有效的教学和学习。以该理念为指导，新版高中数学课程标准列出了四条主线（函数、几何与代数、概率与统计、数学建模活动与数学探究活动）并以此构建了课程框架。这些主线不仅涵盖了数学学科的核心领域，还包括了对数学的应用和实践，确保学生能在理论和实际应用之间建立联系。此外，这些主线贯穿必修、选择性必修和选修课程，形成了一个连贯、灵活的课程结构。这样的设计不仅强调了课程内容的逻辑性和系统性，还为学生提供了根据个人兴趣和未来发展需要选择课程的空间。通过这种结构设计，新版课程标准可以培养学生的综合数学能力，包括对理论知识的掌握、问题解决技能的培养以及创新和批判性思维的发展，为学生的全面发展和终身学习奠定坚实的基础。

（三）学业质量层面体现的理念

学业质量指学生在完成本学科课程学习后的学业成就表现。新版高中数学课程标准在学业质量层面所体现的理念可以概括为一个词——全面。如果做进一步的分析，其全面性主要体现在课程内容、水平划分和具体表现三个方面。

在课程内容方面，学业质量标准的制定贯穿全部的课程内容，包括函数、解析几何、立体几何、概率与统计四个板块的知识，这是其全面性的一个重要体现。

在学业水平方面，新版高中数学课程标准设定了三个层次（水平一、水平二和水平三），并针对这三个水平进行了描述，包括总体上的描述和针对各个数学素养的分别性的描述。水平一对应高中毕业生应达到的基本要求，涉及基础知识和技能；水平二是高考的要求，要求学生有更深入的理解和应用能力；水平三是基于必修、选择性必修和选修课程的某些内容，对数学学科核心素养的培养所提出的要求，可以作为大学自主招生的参考。这种从基础到高阶的层次划分，不仅全面覆盖了学生不同学习阶段的学习需求，还体现了学业质量评价的综合性和深度。

在具体表现方面，针对上述划分的三个水平，新版高中数学课程标准提出了以下四点内容。

（1）情境与问题：这一维度强调将数学知识应用于现实、数学及科学情境之中。通过这种方式，学生能够在实际情境中提出和解决数学问题，增强数学学习的实际应用价值和学生的兴趣。例如，通过解决现实生活中的问题，如统计分析、几何建模等，学生可以更直观地理解数学的概念和原理。

（2）知识与技能：这一方面着重于学生在数学学科中对核心知识与技能的掌握。通过学习和训练，学生不仅要理解数学概念，还需掌握解决问题的方法和技巧。这包括算术运算、几何构造、代数推理等基础技能，可以为学生的终身学习和未来职业生涯打下坚实基础。

（3）思维与表达：此维度强调对数学思维的培养和表达的准确性。在数学学习过程中，学生应培养逻辑推理、批判性思维和创新性思考等思维品质，并能够准确、严谨地表达自己的数学思路和解题过程。这有助于学生形成清晰的数学思维模式，提高问题解决能力。

（4）交流与反思：该维度侧重于对数学交流和反思能力的培养。学生需要学会使用数学语言来交流思想、概念、结论和应用，并进行有效的评价、总结与拓展。这不仅有助于个人知识的深化，还能促进团队合作和交流能力的提升，为其未来的学术或职业生涯奠定基础。

这四个方面也从一定程度上体现了学业质量评价的全面性。

二、高中数学课程标准的教学要求

最新版高中数学课程标准也针对高中阶段的数学教学提出了新的要求，具体可概括为如下三个方面，如图 1-3 所示。

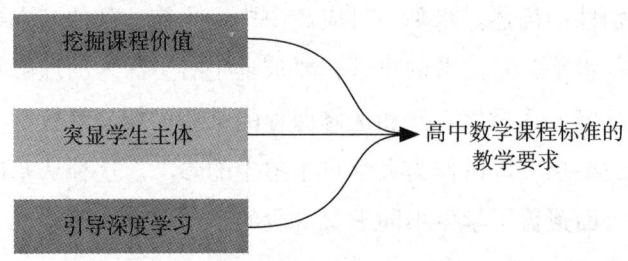

图 1-3　高中数学课程标准的教学要求

（一）挖掘课程价值

1. 突显数学核心知识的整合价值

高中数学教学应致力展现数学核心知识的整合性和系统性。这意味着教学不仅仅是对离散知识点的传授，更是关于如何将这些知识点串联起来，形成一个有完整知识体系的学科。例如，几何、代数、概率与统计等不同的数学分支在教学中应该相互联系，形成一个统一的整体。通过这种方式，学生可以更深刻地理解数学知识之间的内在联系，增强学习的连贯性和深度。此外，这种整合性教学还有助于学生构建跨学科的思维模式，为其将来的学习和职业生涯奠定基础。

2. 突显数学方法的迁移价值

数学方法的迁移价值在于能够将数学的思想和方法应用到其他学科和现实生活中。在教学过程中，教师应重点指导学生如何将学到的数学原理和方法迁移到不同的情境中去使用，如在科学实验、经济分析或工程设计中应用数学工具。这不仅有助于学生更好地理解数学的实用性和普适性，还能激发他们的创新思维和解决问题的能力。通过强调数学方法的迁移价值，数学教育可以超越传统的公式和算法，成为一种训练思维和发展智力的工具。

3. 突显典型问题的探究价值

典型问题的探究价值在于它们能够引导学生进行深入思考和独立探索。在数学教学中，通过深入探究一些经典或实际问题，学生不仅能够更好地理解数学概念和原理，还能提高独立思考和解决问题的能力。例如，可以让学生围绕特定的数学问题进行小组讨论、开展项目研究或实践活动。这种以问题为中心的教学方法有助于学生主动探索和构建知识，而不是被动接受。同时，这能够激发学生的好奇心和探究欲，使他们在学习过程中保持积极和投入的态度。

（二）突显学生主体

1. 在数学知识认识中突显学生主体性

在数学知识的认识过程中，重视学生的主体性意味着教育不仅是知识的传递，还是学生自我探索和理解的过程。这要求教师创设情境，引导学生通过实践、探究和交流来主动理解数学知识。例如，通过解决实际问题、参与数学实验或开展小组讨论，学生能够在亲身经历和与他人的互动中深化对数学概念的理解。这种学习方式能使学生从被动接受知识转变为主动探索和认识知识，促进他们的批判性思维和创造性思维的发展。通过这样的学习过程，学生不仅能学到数学知识，还能学会如何学习，为终身学习奠定基础。

2. 在数学知识的应用中突显学生主体性

在数学知识的应用中，强调学生的主体性意味着鼓励学生将所学知识应用于新的情境中，解决实际问题。教师应设计项目或活动，让学生将数学理论应用到现实生活、科学研究，甚至跨学科项目中。这种做法不仅能帮助学生看到数学知识的实用价值，还能增强他们将抽象概念转化为具体操作的能力。通过主动应用数学知识，学生能够更好地理解数学原理，并通过实践活动提高解决复杂问题的能力。这种以学生为中心的应用教学方式有利于激发学生的学习兴趣和自主学习能力，让他们在真实的情境中发展和应用自己的数学技能。

3. 在数学知识系统化中突显学生主体性

在数学知识系统化的过程中，突出学生的主体性意味着教师需要引导学生自主构建和整合数学知识。这需要教师提供合适的学习资源和环境，使学生能够通过自我探究和反思，逐步构建起完整的数学知识体系。例如，通过概念图、思维导图等工具，学生可以将学到的不同数学概念和原理相互联系起来，形成一个整体的认知框架。这种方法不仅能帮助学生理解数学知识之间的内在联系，还能促进提升他们的逻辑思维和组织能力。通过这样的自主学习过程，学生能够更深入地理解数学的整体结构和逻辑，从而提高综合素养和学术能力。

需要注意的是，突显学生主体性并不是完全让学生自主进行学习、自主进行探究，因为高中数学知识非常抽象，教师的引导必不可少。也只有这样才可能避免学生误入歧途，也能够提高学生学习的效率。总之，教师应真正理解新课标中关于突显学生主体性的要求，同时结合自身教学实践进行探索，不能从

"教师完全主导型"进入"学生完全主导型"的另一个极端中,这样无疑违背了新课标的要求。

(三)引导深度学习

1. 渗透数学价值,激发学生深层学习的动机

深度的学习需要更深层次的动机,所以教师在引导学生进行深度学习之前,有必要先激发学生深层次的动机。影响学生学习动机的因素有很多,如知识学习中的成就感、对学科价值的认知、自我价值的实现等,这些因素有些从较浅层次产生影响,如学习的成功感,有些从较深层次产生影响,如对学科价值的认识、自我价值的实现等。由此可见,要激发学生深层次的学习动机,便需从深层次的影响着手。笔者在前文阐述了高中数学课程的价值,教师可以结合自身教学实际将这些价值渗透到教学之中,以此来激发学生深层次的学习动机。

2. 着眼数学思维方式,培养学生数学思维

对数学思维方式的培养是数学教育的核心,主要包括算术、逻辑推理能力、抽象思考、问题分析和解决问题的能力等。教师应通过各种教学方法,如问题解决、案例分析、实际操作等,来培养学生的数学思维。这种教学方法能够帮助学生在解决具体问题的过程中锻炼和发展数学思维方式。例如,学生可以通过分析复杂问题,学习如何将大问题分解为小问题,然后逐步解决。通过这种方式,学生不仅能学会数学知识,还能掌握运用这些知识解决实际问题的技巧。

3. 立足数学精神,培育学生深刻的数学观念

对数学精神的培育是指引导学生理解数学的本质和精神。这涉及对数学的创造性、系统性、严谨性以及美感的认识。通过教学,教师应帮助学生认识到数学不仅是一门科学,更是一种艺术和哲学。例如,通过探讨数学证明的美感、数学模型的创造性以及数学思想的历史演变,学生可以更深刻地理解数学的内涵和魅力。这种深刻的数学观念能够使学生更加尊重和热爱数学,同时培养了他们对知识探索和学术追求的热情。通过这样的教学,学生不仅能够学到数学知识,还能在精神层面上得到提升。

第二章 高中数学教学设计

第一节 数学教学设计概述

一、数学教学设计的概念

数学教学设计是以数学学习论、数学教学论等理论为基础，运用系统方法分析数学教学问题，确定数学教学目标，设计解决数学教学问题的策略方案、试行方案、评价试行结果和修改方案的过程。[①]

数学教学设计既是一门科学，又是一门艺术。作为一门科学，数学教学设计遵循教学理论和教育研究的基本原则。在这个框架下，教学设计涉及对教学目标、内容、方法的系统策划。它要求教师基于数学学习理论、数学教学理论、教育传播理论、教学媒体理论和教学评价理论，建立一个合理的教学策略体系。这要求教师不仅要能理解数学的专业知识，还应掌握教育学、心理学和传播学等相关领域的知识。数学教学设计也是一门艺术，需要教师发挥创造性和审美感。艺术性体现在教师如何根据具体的教材和学生的不同特点，进行创新和个性化的设计。艺术性的教学设计不仅关注教学内容的传递，更关注教学过程的趣味性、激发学生学习兴趣的方法以及提升学生审美和数学鉴赏能力的途径。好的数学教学设计应该能够吸引学生的注意，激发他们的好奇心和学习动力，同时能给学生以美的享受和灵感启迪。

高中数学教学设计有不同类型，主要有以下几种：①学段教学设计。学段教学设计通常是针对整个高中阶段（如三年）的教学规划。②学年教学设计。学年教学设计关注某一特定学年内的教学安排。③学期教学设计。学期教学设

[①] 魏宪辉. 中学教师学科素养提升策略 [M]. 北京：中国原子能出版社，2016：2.

计更加具体和详细，涉及一个学期的教学内容、方法和评估策略。④单元设计。单元设计是指针对某一具体教学单元（如一个章节或主题）的教学规划。⑤课堂教学设计。课堂教学设计是教学设计中最具体和有操作性的部分，涉及单次课堂的教学计划。这包括课堂的具体教学目标、教学内容的呈现方式、教学活动的组织、互动策略，以及课堂评估。

本书主要研究数学课堂教学设计，以下简称为数学教学设计。

二、高中数学教学设计的意义

（一）使课堂教学更规范、更具可操作性

高中数学教学设计为教师提供了一套清晰、规范的教学流程和具体操作方案，极大地提高了课堂教学的规范性和可操作性。数学教学涉及多个环节，如备课、上课、布置和批改作业、辅导、考核、课外活动，以及教学总结等，每个环节都有其规范和要求。通过教学设计，教师能够得到明确的指导，清楚地知道在每个环节应当如何操作，从而避免了传统教学中的模糊性和不可预见性。这对新上岗的数学教师尤为重要，因为它可以帮助他们快速熟悉教学流程和操作步骤，有效地开展教学和科研活动，迅速进入教师角色。数学教学设计的规范性和可操作性不仅提高了教学效率，还有助于保证教学质量，使教师能够更好地掌控课堂，更有效地达到教学目标。

（二）使课堂教学更科学

教学设计是教师基于现代数学教育理论，运用系统科学理论来分析和规划课堂教学的活动。教师需要将数学课堂教学视为一个系统，对其构成要素进行细致分析，以实现预设的教学目标。与传统的备课方法相比，它更强调科学理论的指导，减少对经验的依赖。教学设计通过系统规划课堂教学活动中的各个影响因素，并利用评价反馈机制来检验计划实施的效果，确保教学活动的有效性和科学性。这种方法可使数学课堂教学更加符合教育科学原理，增强了教学的系统性和科学性，对推进数学教育现代化改革具有重要意义。通过科学化的教学设计，教师可以更有效地组织和实施教学活动，更准确地评估教学成果，从而提高教学的整体质量。

（三）优化课堂教学过程

数学课堂教学设计科学地编制了教学目标，系统地安排了教学活动，对教学内容、方法、形式和手段都进行了系统的分析、组织、实施和评价。因而，它能优化课堂教学结构，实现数学课堂教学过程的最优化，提高了教学效率和质量。

（四）提高教师专业发展水平

进行高中数学教学设计的过程也是教师专业成长和自我提升的过程。在设计教学活动时，教师需要不断学习新的教育理论、教学方法和评估技巧。这不仅有助于提高他们的教学技能，还能够激发他们的创新思维和教学热情。通过反思和调整教学设计，教师能够持续提升自己的教学实践水平，更好地满足学生的学习需求。

三、高中数学教学设计的一般原则

在高中数学教学设计中，遵循一般原则是确保教学具有有效性和学生学习成果最大化的关键。这些原则不仅为教师提供了教学活动的指导框架，还能帮助他们更好地理解和应对教学过程中的各种挑战。通过遵循这些原则，教师能够创造一个更有利于学生学习的教学环境，促进学生的全面发展。具体来说，高中数学教学设计应遵循的原则如图2-1所示。

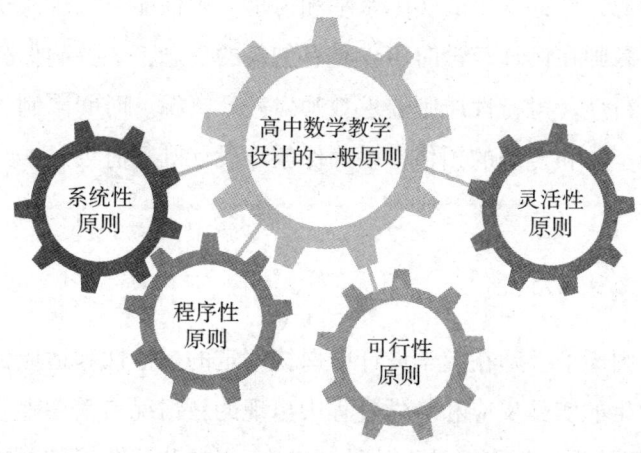

图2-1　高中数学教学设计的一般原则

(一)系统性原则

系统性原则强调教学设计应当体现数学知识的系统结构和内在逻辑。这意味着教学内容不应是孤立无关的知识点堆砌，而是要形成一个完整、有序、相互关联的知识体系。在实施教学设计时，教师应从整体出发，考虑数学的各个分支如何相互联系和衔接，如何逐步深入，以及它们在整个数学框架中的位置和作用。此外，系统性原则也要求教师在教学中注意数学概念之间的逻辑关系，确保学生能够理解并掌握数学知识的发展脉络和内在联系，从而促进学生形成完整、系统的数学思维模式。

(二)程序性原则

程序性原则着重于对教学活动的有序安排和步骤性实施。高中数学教学设计应该按照一定的逻辑顺序和教学程序进行，从简单到复杂，由浅入深。这包括明确教学的起始点，合理安排教学内容的顺序，以及规划每个教学环节的时间和活动。程序性原则可以确保教学过程的连贯性和教学的逐步深入，帮助学生逐渐构建起数学知识的框架，并在此基础上不断拓展和深化理解。

(三)可行性原则

可行性原则强调教学设计的实用性和操作性。教学计划和策略应基于实际教学环境和资源，考虑学生的实际水平和需求，确保能够在现实条件下被有效实施。这要求教师在设计教学时不仅要有创新的理念，还要确保教学方法、技术和材料的可行性。可行性原则要求教师对教学资源、时间限制、学生特点等因素有充分的了解和合理的预估，以确保教学设计既富有创意又具备实际操作的可能性。

(四)灵活性原则

灵活性原则要求教师在教学设计中保持一定的灵活性和适应性。这意味着教师应根据学生的实际反应和教学过程中出现的新情况灵活调整教学计划和策略。灵活性原则鼓励教师根据学生的学习进度、兴趣和反馈，适时调整教学内容、方法或步骤。这种灵活和有适应性的教学态度有助于教师更好地考虑学生的个体差异，应对教学过程中可能出现的各种挑战和变化，确保教学活动更加贴合学生的实际需要和教学目标。

四、高中数学教学设计的基本要求

（一）充分体现数学课程标准的基本理念

高中数学课程标准是进行教材编写、教师教学和评价的依据，是教师们设计教学活动的指导性文件。教师在教学设计前要深入研读高中数学课程标准，特别是要全面深刻理解"课程基本理念"和"课程实施建议"。这对教师把握教学起点、选择教学方法、确定自己在课堂中的角色有着非常重要的意义。

（二）重视课程资源的开发和利用

教学设计还应重视对各种课程资源的开发和利用。这包括传统的教材资源、网络资源、实际生活中的数学案例以及各种教学辅助工具。利用丰富多样的教学资源可以使数学学习更加生动有趣，帮助学生从不同角度和层次理解数学概念和原理。例如，教师可以利用信息技术工具来展示复杂的数学图形，或者通过实际案例来展示数学知识在现实生活中的应用。有效利用课程资源不仅能够丰富教学内容，还能提高学生的学习兴趣和参与度。

（三）重视预设与生成的辩证统一

高中数学教学设计应在预设内容和生成过程之间寻找平衡。预设内容指的是教师在教学前对课堂活动和学生学习成果的预先规划。生成过程则是指在实际教学中，根据学生的反应和教学情境的变化，教师对教学计划进行即时调整和优化的过程。有效的教学设计既要有明确的教学目标和计划，又要有足够的灵活性来适应教学过程中出现的新情况。这要求教师在教学中既要有良好的准备，又要具备随机应变的能力。

（四）教学设计要详略得当

在教学设计中，教师需要做到详略得当。这意味着教师在设计教学活动时，既要注意到关键和核心的内容，又要合理省略或简化次要或较难的部分。这种做法有助于让学生保持对核心概念的关注，避免因过多的细节而分散学生的注意力。在确定教学内容的详略时，教师需要考虑学生的认知水平、学习背景和课程目标，确保教学内容既全面又集中，既深入又易于理解。通过合理安排教学内容的深度和广度，教师可以确保学生在有限的时间内获得最佳的学习体验。

第二节　高中数学教学设计的前期分析

一、教学内容分析

高中数学教师在进行数学教学设计时，第一步先要了解教师教什么，学生学什么，也就是先要了解教学内容，并对它进行详细的分析。

（一）教学内容分析的范畴

数学教学内容是数学教学过程中协助学生达到教学目标的各种数学资源，是按照一定的教学目标，遵循教学规律和教育理论组织起来的数学知识系统。它是学生学习数学知识的重要工具，是数学教师进行教学活动的主要依据。[①]数学教学内容分析主要包括以下几方面。

1. 数学教学内容的背景分析

（1）分析数学知识的起源与发展过程。在高中数学教学中，让学生了解数学知识的起源和发展历史是非常重要的。这有助于学生理解数学概念不是孤立存在的，而是在长期的人类智慧积累和文化演进中形成的这一事实。例如，在讲解代数和几何时，教师可以介绍古希腊数学的发展，说明现代数学体系是如何逐步建立起来的。这种历史视角不仅能增强学生对数学知识的认同感，还能激发他们对数学学科的兴趣。

（2）分析数学知识之间或者数学与其他学科的联系。数学与其他学科之间有着密切的联系，这一点在高中教学中应得到充分体现。例如，数学与物理学之间存在密切的联系，许多数学理论是在解决物理问题的过程中发展起来的。

---

① 杨红萍. 中学数学教学设计与案例分析[M]. 合肥：安徽大学出版社，2014：15.

在教学中，教师可以通过实例来展示这种跨学科的联系，如利用几何知识来解释物理中的光学现象。这不仅有助于加深学生对数学概念的理解，还能拓宽他们的知识视野。

（3）分析数学知识在日常生活中的作用。将数学知识与日常生活联系起来，能够帮助学生认识到学习数学的实际意义。在教学中，教师可以举例说明数学在日常生活中的应用，如统计学在市场调查中的应用，几何学在建筑设计中的应用等。这种联系，可以增强学生学习数学的动力和兴趣。

（4）分析数学知识在后续学习中的地位与作用。高中数学知识是学生未来学习的基础。在教学中，教师应当强调各数学知识点在未来学习中的重要性，如高中代数和几何是学习大学数学及相关专业知识的基础。这样，学生可以更加明确学习目标，了解所学知识对他们未来学业和职业生涯的长远意义。

（5）分析数学知识中蕴含的思想方法。数学不仅是知识的积累，更是一种思维方式和方法的训练。高中数学教学应该强调对数学思维的培养，如逻辑推理、抽象思维和问题解决技巧等。这些思维技能不仅在数学学习中至关重要，还在学生的日常生活和未来的职业生涯中有着广泛的应用。

2. 数学教学内容的结构分析

学习内容的结构分析就是对学习内容的层次进行分析和划分。对高中数学学习内容来说，层次结构主要有平行层次、递进层次以及二者的综合。

（1）平行层次。平行层次是指不同数学分支或主题在知识结构上的并列关系。例如，高中数学中的代数、几何、概率统计等领域，虽然在学习过程中相互独立，但它们构成了数学课程的整体结构。在进行教学设计时，重要的是理解这些领域之间的关系，以及它们如何共同构成了整个数学课程的框架。对平行层次的分析有助于教师合理安排教学内容，确保各个领域得到均衡的关注。

（2）递进层次。递进层次是指数学知识由浅入深，由简单到复杂的逐步深化的关系。例如，从基本的数与式、方程与不等式到高级的微积分和高等代数，就是层次逐渐递进的数学知识。在教学设计中，对递进层次的分析要求教师识别不同知识点之间的先后关系和递进关系，确保教学过程中的知识点能够顺利过渡，学生能够在理解基础概念的基础上逐步掌握更复杂的概念。

（3）平行与递进层次的综合。在实际教学中，平行层次和递进层次往往是相互交织的。一个有效的教学设计应当综合考虑这两种层次，既要保证不同数学分支的平衡，也要关注知识的逐步深入。例如，在教授几何时，教师可以将其与代数的相关内容结合起来，通过平行层次的关联增强学生对数学概念的理解，同时按照递进层次引导学生从对基础几何知识的学习逐步过渡到更高级的几何知识的学习。

对数学内容结构的分析是一项复杂而重要的任务，它的完成既依赖于数学知识本身的内在逻辑结构，也受制于数学教师的专业能力和教学理解水平。一方面，数学知识之间的内在逻辑结构关系是数学教学内容结构分析的核心。这种逻辑结构体现在数学概念、原理和方法之间的相互联系和依赖上。例如，代数和几何之间的互相渗透，微积分中极限、导数和积分相互关联。这种内在的逻辑联系不仅构成了数学的严密体系，还对学生理解数学概念和发展数学思维至关重要。另一方面，数学教师的知识水平和认识能力在教学内容的结构分析中扮演着关键角色。一个有经验和高素质的教师能够准确把握数学知识的内在逻辑，有效地将这种逻辑融入教学设计和实施中。此外，教师对教材的理解和分析能力也非常重要。良好的教材分析能力不仅能帮助教师在教学过程中合理安排知识点，确保教学内容的连贯性和系统性，还能够使其根据学生的具体情况对教学内容进行适当的调整和补充。

3. 数学教学内容的范围分析

学习内容的范围是指学习课题的范围或知识领域。其范围越大，知识点越多，学生的学习行为也就越复杂。对学习内容范围的分析主要包括以下两点。

（1）学习内容的广度分析。广度主要指教学内容中包含的知识点的数量。在设计一节数学课程时，知识点的数量并非越多越好。如果内容过于繁杂，学生可能难以消化和理解，这就可能导致学习效率低下，甚至出现学后忘前的情况。此外，如果教学内容中的知识点之间缺乏实质性的联系，学生可能仅仅进行机械记忆，而无法将知识转化为实际能力。这种"惰性知识"只能应付短期的考试，而无法应用于实际问题的解决中。因此，在教学设计中，知识点的数量应当适中，以确保学生能够有效地学习和吸收。

（2）学习内容的深度分析。深度指教学内容的难易程度，这通常与学生的知识基础和认知水平有关，也与数学知识结构的内在关系有关。从数学知识的内部结构关系来看，学习内容的深度有一个相对客观的标准。这个相对客观的标准可以参照徐利治提出的数学抽象度和抽象度分析法。抽象度可以用于刻画一个概念的抽象层次，抽象度分析法是用来描述一系列抽象过程难易程度的一种方法。数学概念之间的抽象关系可划分为弱抽象、强抽象和广义抽象。[①] 这样，教师可以依据新学习的知识与学生已有知识之间的抽象关系，将新学习内容的深浅度相应地划分为高难度、低难度和中等难度三种。

通过分析新学习内容与学生已有知识之间的抽象关系，教师可以更有效地调整教学内容的深度，确保学生能够在适宜的难度水平下进行学习。

（二）教学内容分析的方法

1. 归类分析法

这种方法具体指将数学知识点根据不同的标准和特征进行分类。在高中数学教学中，归类分析法可以帮助教师更好地理解和组织教学内容，确保教学的系统性和逻辑性。例如，教师可以将知识点按照数学分支（如代数、几何、概率统计等）进行分类，或根据它们在数学发展历史中的出现顺序进行分类（如古典数学、现代数学）。此外，教师还可以根据知识点的难易程度、适用年级或者与其他学科的关联性来进行分类。通过归类分析，教师能够更清楚地看到各个知识点之间的联系和区别，从而在教学设计中做出更合理的安排和调整。这种方法不仅有助于提升教学效率，还能帮助学生更好地理解和掌握数学知识。

2. 图解分析法

图解分析法是一种通过图形、图表或示意图来表示和分析教学内容的方法。在高中数学教学中，这种方法可以帮助教师和学生直观地理解数学知识的结构和关系。例如，教师可以使用思维导图来展示不同数学概念之间的联系，或者用流程图来说明解题步骤和方法。图解法特别适合解释复杂的数学理论和概念，因为它可以将抽象的数学思维转化为直观的视觉信息。此外，图解法还有助于提升学生的学习兴趣，特别是对那些视觉学习者来说，这种方法可以大大提高他们的学习效率和理解深度。

---

① 徐利治. 数学方法论选讲 [M]. 武汉：华中理工大学出版社，1988：183-185.

3. 层级分析法

层级分析法要求教师将数学教学内容按照重要性和难度等级进行层次划分。这种方法有助于教师在教学设计中确定哪些知识点是基础性的，哪些是进阶的，以及它们之间的递进关系。例如，教师可以将基本的算术和初级代数作为低层级，而将高等代数和微积分作为高层级。这种分层有助于教师在教学过程中逐步引导学生，从简单到复杂，确保学生能够在扎实的基础上逐渐掌握更高级的数学概念。此外，层级分析法还能帮助教师识别学生在学习过程中可能遇到的难点和关键转折点，从而做出更有针对性的教学安排。

4. 信息加工分析法

信息加工分析法是从学生学习的角度出发，关注他们如何处理和理解数学信息的分析方法。这种方法着重于分析学生在接收和处理数学知识时的认知过程，包括注意力、记忆、思维和问题解决等方面。在教学设计中应用信息加工分析法，意味着教师需要考虑如何有效地呈现教学内容，以提高学生的认知加工和理解水平。例如，教师可以通过多种教学方法（如讲授、讨论、实践操作等）来呈现同一数学概念，以满足不同学生的学习需求。此外，这种方法还有助于教师识别和调整那些可能导致学生产生认知负荷的教学内容，确保学生能够有效地吸收和理解数学知识。

二、学习类型分析

（一）学习结果类型分析

学习结果可以分为五类：言语信息、智慧技能、认知策略、动作技能和态度。

1. 言语信息

言语信息是指学生通过阅读、听讲、讨论等方式获得的关于数学的事实、概念、原理和理论等方面的知识。在高中数学教学中，这包括对数学术语的理解、数学公式的记忆、数学定理的掌握等。言语信息的学习结果侧重于对知识的获取和理解，是数学学习的基础。教师需要通过各种教学方法，帮助学生有效地吸收和理解这些基础知识，为更深层次的学习打下坚实的基础。

2. 智慧技能

智慧技能指的是学生在数学学习过程中发展出来的思考、分析、解决问题的能力。这包括应用数学知识解决实际问题、运用逻辑进行推理、进行数学证明等。智慧技能的培养是高中数学教学的关键目标之一，这要求学生不仅要记忆知识，还要能够灵活运用所学的知识。

3. 认知策略

认知策略是指学生在学习过程中采用的各种学习方法和技巧，如记忆策略、解题策略等。这些策略有助于学生更有效地组织和处理信息，提高学习效率。在数学教学中，教师可以引导学生掌握如何归纳概括、如何逻辑推理等策略，以促进其深度学习。

4. 动作技能

虽然其重要性在数学学习中可能不如其他领域显著，但动作技能，如准确记录数学实验数据、操作数学软件等，也是重要的学习成果之一。这些技能有助于学生更好地理解数学概念，并在实践中应用所学知识。

5. 态度

态度涉及学生对数学学习所抱的情感、价值观和行为倾向。这包括对数学的兴趣、学习动机、坚持解决难题的决心等。积极的学习态度对学生获得更多的长期学习成果至关重要。教师应通过各种方式激发学生的学习兴趣，培养他们积极探索和解决问题的态度。

（二）学习形式类型分析

新知识与学生的认知结构中原有知识有三种关系：第一种，原有知识为上位的，新的知识是下位的；第二种，原有知识为下位的，新的知识是上位的；第三种，原有知识和新的知识是并列的。新旧知识的三种关系对应三种形式的学习：下位学习、上位学习和并列学习。

1. 下位学习

在下位学习中，原有的知识是上位的，而新学习的知识是下位的。这意味着新知识是在现有知识结构的基础上进行的扩展或细化。例如，在学习基本的代数之后，学生可能会学习更具体的代数公式或定理。这种学习形式通常涉对已有知识的进一步深化和具体化，帮助学生在现有的知识框架内增加更多细节和应用经验。下位学习有助于巩固和加深学生对已有知识的理解，使他们能够更加熟练地运用这些知识。

2. 上位学习

上位学习是指原有知识为下位的，而新的知识是上位的这种情况。这种学习形式通常发生在学生接触到比他们之前所学知识更为抽象或更为高级的概念时。例如，学生在掌握了基础的几何知识后，可能会进一步学习几何的高级理论。上位学习要求学生能够在已有知识的基础上建立更高层次的理解，这通常涉及对更为复杂和抽象的概念的理解和掌握。这种学习形式有助于推进学生认知的发展，使他们能够在更高的层次上理解数学。

3. 并列学习

并列学习发生在原有知识和新的知识是并列关系的情况下。在这种学习形式中，新知识不是对现有知识的深化或提升，而是在现有知识结构一旁增加的新的知识领域。例如，学生在学习了代数后，可能会开始学习与之并列的几何学。并列学习有助于拓宽学生的知识视野，使他们能够接触并理解数学的不同分支和领域。这种形式的学习促进了学生对数学知识更为全面和多元化的理解。

考虑到上位学习、下位学习和并列学习三者在内部和外部学习条件上的差异，新旧知识之间的相互作用及其结果也各不相同，因此教师需要采取不同的教学方法。通常，下位学习更倾向于采用接受式学习方法，其中学生主要通过听讲和阅读来吸收和理解新的知识点，这些知识点通常是对已有知识的扩展或细化。而上位学习则更适合采用发现式学习方法，鼓励学生通过探索和实践来理解更高层次或更抽象的概念。至于并列学习，由于它涉及在现有知识结构旁增加新的知识领域，有时教师会采用探究式学习方法，让学生通过研究和实验来理解这些新领域。因此，在选择最佳教学方法之前，教师需要清楚地识别新旧知识之间的关系，以确保教学策略能够有效地促进学生的学习和理解。

三、学生情况分析

（一）学习起点水平的分析

学习起点水平指的是学生在开始学习新知识前已有的知识水平和心理发展的适应性。换句话说，如果将教学目标比作教育旅程的终点，那么学生的起点水平就是这趟旅程的起始点。分析学生的起点水平实质上就是确定教学的起始位置。对数学学习来说，这包括学生在学习新知识时已经拥有的知识基础、技能基础，以及他们对数学内容的认知和态度，即他们对数学学习的兴趣和动机。通过准确地评估学生的起点水平，教师能够更有效地设计教学计划，确保教学活动既符合学生的当前水平，又能有效引导他们达到预定的学习目标。

1. 学生知识基础分析

学生知识基础分析主要是评估学生在开始新知识学习之前所掌握的数学知识和技能水平。下面是进行学生知识基础分析的常用方法。

（1）诊断性测试。设计并实施一系列诊断性测试或评估，以确定学生对之前学习内容的掌握程度。这些测试可以包括关于基础数学知识的测试题、以前学习章节的关键概念和技能的小测试等。通过这些测试，教师可以了解学生对数学基本概念、计算技巧、逻辑推理等方面的掌握情况。

（2）学习记录审查。审查学生以往的学习记录，包括成绩单、先前的作业、测试和评估等，以评价学生在过去的学习中所表现出的数学能力和理解水平。这种方法可以帮助教师了解学生的长期学习轨迹，识别他们在数学学习上的强项和弱项。

（3）学生自评。让学生对自己的数学知识水平进行自我评价，这不仅可以给教师提供关于学生知识水平的信息，还可以增强学生对学习过程的自觉意识和责任感。这种自评可以通过问卷调查、自我反思日志或自我评估表格来完成。

（4）家长和以前教师的反馈。与学生的家长和以前的数学教师沟通，可以获取他们对学生数学学习能力和知识水平的观点和反馈。这些信息可以为教师提供更全面的学生数学知识基础背景方面的信息。

2. 学生技能基础的分析

学生技能基础分析主要关注学生在数学思维、解题技巧、数学推理等方面的能力。下面是进行学生技能基础分析的具体方法。

（1）技能定向测试。设计针对特定数学技能的测试或评估，如解题技巧、数学推理能力、几何绘图能力等。这些测试可以包括实际的数学问题解决、案例研究或逻辑推理题目。通过这些测试，教师可以了解学生在应用数学思维和解决实际问题方面的能力。

（2）实际操作观察。在课堂或实验室设置中，观察学生在进行特定数学操作或实验时的表现。例如，通过观察学生使用几何工具进行绘图或操作计算器进行复杂计算，教师可以评估他们的操作技能和问题解决能力。

（3）项目式学习评估。通过项目式学习任务，如小组项目或个人研究任务，教师可以评估学生在规划、执行和呈现数学项目结果时的相关技能水平。这种方法有助于了解学生如何将数学知识应用于具体的情境中，以及他们在项目管理和合作方面的能力。

（4）历史成绩和作业分析。这是指分析学生过去的成绩记录和作业，特别是那些涉及特定数学技能的任务，如数学论文、复杂的计算题或逻辑题。这种分析可以帮助教师了解学生在长时间跨度内的技能发展情况。

3. 学习心向的分析

学习心向通常指导着学生对学习行为的选择倾向，如对学习内容的喜爱与厌恶、接受与排斥等。学习心向包括三个主要成分：认知成分、情感成分和行为成分。

（1）认知成分分析。这部分涉及学生对学习内容所持有的观念和信念，包括他们对数学的看法、对数学学习重要性的认知等。对认知成分的分析可以通过问卷调查、访谈或小组讨论来进行。例如，教师可以设计问卷来了解学生对数学学科的总体态度、对特定数学主题的看法，或者他们对数学学习的自我效能感。

（2）情感成分分析。情感成分是学习心向的核心，涉及学生对数学学习的情绪反应，如好奇、焦虑、乐趣或挫败感等。这可以通过观察学生在课堂上的表现，布置学生日记、反馈表格或自我报告等方式来评估。教师可以注意学生在解决数学问题时的情绪表现,或者通过让学生表达他们对数学学习的感受来了解他们的情感态度。

(3)行为成分分析。行为成分涉及学生对学习内容的行为意图和准备状态,如学习投入程度、课外探索的意愿等。这可以通过观察学生在课堂上的参与度、作业完成情况和课外活动的参与情况来评估。例如,积极参与课堂讨论和主动完成数学作业可能表明学生对数学学习有积极的行为心向。

判断学生的学习心向时,最常使用的一种方法是"态度量表"。这种量表通常包括一系列陈述或问题,学生需要反馈同意或不同意的程度,从而反映他们对数学学习的认知、情感和行为倾向。通过综合分析这三个成分,教师可以对学生的学习心向有一个全面的了解,从而在教学设计中更好地满足学生的需求和提高他们的学习动机。表2-1就是一份关于数学学习态度的量表。

表2-1 态度量表实例

下面每一种陈述都表达了一种对数学的学习心向。请评估每一种陈述,并指出哪一项是你所同意的。你对这些陈述的态度分级如下。				
A	B	C	D	E
非常同意	同意	无法确定	反对	非常反对
1. 我对数学非常有兴趣。( ) 2. 我不喜欢数学,因为我害怕接触它。( ) 3. 在数学课上我总是非常紧张。( ) 4. 数学是令人惊奇、有趣的。( ) 5. 学习数学非常刺激,并且使我感到安心。( ) 6. 数学使我感到不舒服、不安、愤怒和不耐烦。( ) 7. 一般情况下,我对数学有好感。( ) 8. 听到"数学"这个词,我就感到讨厌。( ) 9. 我带着犹豫的感情接近数学。( ) 10. 我非常喜欢数学。( ) 11. 即便只是想到数学,也能使我紧张。( ) 12. 我在数学课上感到平静,我非常喜欢数学。( ) 13. 我对数学有一定的积极反应,觉得它很可爱。( )				

（二）学习风格的分析

学习风格指的是学生在学习过程中倾向使用的特定方式和方法。不同的学生可能会有不同的学习风格。以下是几种常见的学习风格类型。

1. 视觉学习风格

视觉学习者倾向于通过"看"来获取信息。他们喜欢阅读、观看图表、图像和演示，并且在理解和记忆视觉呈现的信息方面表现更好。在数学学习中，这类学生可能更偏好图形、图表和视觉化的数学问题。

2. 听觉学习风格

听觉学习者更能通过"听"来理解和记忆信息。他们在听讲座、讨论和口头说明时学习效率最高。这种类型的学生可能更倾向于在数学学习中听取讲解和参与口头讨论。

3. 动手操作学习风格（或体验学习风格）

这类学习者擅长通过动手实践和亲身体验来学习。他们喜欢通过操作、实验和实际操作来探索和理解数学概念。在数学学习中，他们可能更倾向于通过解决实际问题或参与实验来进行学习。

4. 抽象理论学习风格

这种类型的学习者倾向于通过抽象的思考和理论化的方法来学习。他们喜欢系统的思考和理论上的分析，更偏向于对数学概念进行深入的逻辑思考和理论推导。

5. 社交/人际学习风格

这类学习者在与他人互动的过程中学习效果最好。他们倾向于通过小组讨论、合作学习和同伴互助来掌握数学知识。

6. 内省学习风格

内省学习者倾向于独立学习，通过个人反思和自我探索来理解数学概念。他们喜欢独自工作和思考，倾向于个人化的学习方法。

教师分析学生学习风格的过程是一个综合考查和适应学生个体差异的过程，关键在于识别每个学生在学习过程中的优势和偏好。首先，教师可以通过设计和实施学习风格问卷或调查来收集数据，这些问卷通常包含一系列问题，旨在揭示学生在不同情境下的学习偏好。其次，教师可以在日常教学活动中观察学生，注意他们对不同教学方法的反应，如对视觉资料、听觉讲解或互动活动的偏好。再次，教师可以通过学生的作业和测试成绩来分析他们的学习风格，例如，哪些学生在需要视觉处理的数学问题上表现更好，哪些学生在口头讨论中更加活跃。教师还可以与学生进行一对一的交谈，直接询问他们在学习过程中感到最舒适和最有效的方法。最后，教师可以鼓励学生进行自我探索，帮助他们识别自己的学习风格，这不仅有助于教师更好地适应学生的需求，还能让学生成为更自觉的学习者。通过这些方法，教师可以获得对学生学习风格的全面理解，从而设计出更加符合学生个性化需求的教学策略。

第三节　高中数学教学目标设计

一、教学目标的概念与功能

（一）教学目标的概念

教学目标是指教师在进行教学活动前所设定的、希望通过教学过程实现的具体目的和预期效果。它是教学活动的指导思想和终极追求，明确地描述了教师希望学生在学习过程结束时能够达到的知识水平、技能掌握程度、态度形成和价值观认同状态等。教学目标应具体、明确且可衡量，它既反映了课程标准的要求，也考虑了学生的实际需求和背景。教学目标的设定对整个教学过程的规划、实施和评价具有基础性和导向性的作用。

（二）教学目标的功能

教学目标的功能主要体现在以下几方面，如图 2-2 所示。

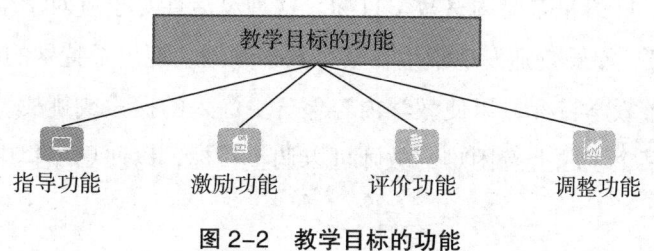

图 2-2　教学目标的功能

1. 指导功能

教学目标的指导功能具体体现为它能为教学活动提供清晰的方向和焦点。这一功能帮助教师在课程的策划和实施过程中保持目标的连贯性和集中性。在设计高中数学课程时，教师可以根据教学目标选择适当的教学内容、方法和材料。教学目标可以确保教学内容不偏离预定的学习成果要求，同时帮助教师在整个教学过程中突出重点，确保每一项活动都有助于这些目标的实现。此外，指导性功能还包括帮助教师优先处理重要的概念和技能，使教学过程更为高效和目标导向。

2. 激励功能

教学目标的激励功能意味着其能够激发学生的学习兴趣和动机。明确的目标可以让学生明白他们为什么要学习特定的内容，学习的目的和意义是什么。当学生了解到学习某个数学概念可以帮助他们解决实际问题时，他们可能会更为投入地学习。这种明确性还有助于提高学生的自我效能感，当学生看到自己逐步达到这些目标时，他们的自信心和学习积极性会得到增强。因此，教学目标不仅是教学的导向，还是激励学生努力学习的动力源泉。

3. 评价功能

教学目标提供了评价教学效果的标准和依据。通过与教学目标的比较，教师可以客观地评估学生的学习成果是否达标，以及教学方法和策略的有效性。例如，如果教学目标是使学生能够解决特定类型的数学问题，教师可以通过测试或评估来判断学生是否掌握了相关的解题技巧。这种评价性功能使教学过程更加有目的性，同时可为教师提供反馈，帮助他们了解教学方法的效果和学生学习的进展情况。

4. 调整功能

教学目标的调整功能指的是教学目标可以使教师在教学过程中，根据学生的学习进展、反馈和需要调整教学目标。这种灵活性对于应对学生不同的学习需求至关重要。如果教师发现学生在某个数学领域表现出了特别的兴趣或才能，他们可以调整教学目标，以使教学内容包含更深入的探索或挑战。同样，如果发现学生在某个主题上有困难，教师可以调整目标，以便更加集中地解决这些难点。通过调整教学目标，教师可以确保教学活动始终符合学生的实际需求和发展水平。

二、新课改下高中数学教学的目标

（一）总体目标

关于高中数学教学的总体目标，笔者认为可以参考《普通高中数学课程标准（2017年版2020年修订）》中对高中数学课程目标的界定，具体包含如下三个方面。

（1）通过高中数学课程的学习，学生能获得进一步学习以及未来发展所必需的数学基础知识、基本技能、基本思想、基本活动经验；提高从数学角度发现和提出问题的能力、分析和解决问题的能力。

（2）在学习数学和应用数学的过程中，学生能发展数学抽象、逻辑推理、数学建模、直观想象、数学运算、数据分析等数学学科核心素养。

（3）通过高中数学课程的学习，学生能提高对学习数学的兴趣，增强学好数学的自信心，养成良好的数学学习习惯，发展自主学习的能力；树立敢于质疑、善于思考、严谨求实的科学精神；不断提高实践能力，提升创新意识；认识数学的科学价值、应用价值、文化价值和审美价值。

（二）分类目标

1. 知识与技能层面的教学目标

知识与技能层面，高中数学教学的目标是确保学生能够掌握数学的基础知识和关键技能。这包括但不限于数与运算、方程与代数、三角变换、图形与几何、函数与分析等领域。学生需要理解并熟练运用这些知识，解决数学问题。同时，技能层面的目标强调学生必须掌握运算技能、图形处理技能、推理技能等基本数学技能。这些技能是学生进行数学思考、解决复杂问题以及进行数学交流的基础。通过这一层面的学习，学生不仅可以学习数学知识，还可以学习如何运用这些知识解决实际问题。

2. 过程与方法层面的教学目标

过程与方法层面的目标着重于培养学生的综合能力和数学思维方法。这包括数学抽象能力、运算能力、探究能力、空间想象能力等。这些能力的发展对学生理解和应用数学知识至关重要。此外，学生还应掌握基本的数学方法，如数形结合法、分类讨论法、归纳法等。这些方法不仅有助于提高学生解决数学问题的能力，还有助于培养他们的创新思维和应用意识。教学过程中的实践活动和探究学习可以促进学生在这些方面的发展。

3. 情感态度与价值观层面的教学目标

情感态度与价值观层面的目标旨在培养学生的数学学习动机、兴趣和自信心。这些目标强调学生应该形成正确的学习态度，认识到数学与现实生活的紧密联系，以及数学对个人和社会发展的重要性。通过数学学习，学生应该学会如何从数学的角度发现问题、提出问题、分析问题，并通过主动探究来解决这些问题。此外，培养学生的主体意识、批判意识和数学应用意识也是重要的教学目标。这有助于学生在理解数学知识的同时，深化对数学在现实世界中应用的理解。

三、高中数学教学目标的设计

（一）高中数学教学目标设计的依据

1. 数学课程标准

高中数学教学目标设计的首要依据是数学课程标准。数学课程标准为教学目标提供了官方的框架和方向，确保教学内容和目标符合教育部门的要求和标准。这些标准通常包括学生在数学学习的各个阶段应习得的关键知识点和技能，涵盖了从基础数学概念到高级数学应用等各个方面。教师在设计教学目标时，需要确保目标与课程标准的要求保持一致，以确保学生能够掌握必要的数学知识和技能。课程标准还能帮助教师了解哪些是核心概念和技能，哪些是可选或可拓展的部分，从而使教学目标设计更有针对性和系统性。

2. 数学教材

教材是高中数学教学目标设计的另一个重要依据。数学教材通常根据课程标准编写，提供了具体的学习内容和结构，包括数学概念、公式、定理、例题和练习题等。教师在设计教学目标时，需要充分考虑教材的内容和结构，以确保教学目标与教材的安排相协调。通过分析教材，教师可以识别核心主题和关键知识点，同时考虑如何有效地利用教材中的资源来支持学生达到这些教学目标。

3. 学情

学情，即学生的学习情况，是设计高中数学教学目标时不可忽视的重要依据。了解学生的知识水平、学习风格、兴趣点、动机，以及他们在数学学习中的优势和挑战对于制订切实可行的教学目标至关重要。教师需要根据学生的学习起点、以往的学习经验和当前的学习需求来设计教学目标。例如，如果大多数学生在学习某个数学概念时出现理解障碍，教师可能需要把加强对这一概念的理解设为教学目标之一。同样，如果学生对某个数学主题表现出浓厚的兴趣，教师可以设定更高的挑战性目标，以激发他们的探索和创新。通过考虑学情，教师可以确保教学目标既有挑战性又能符合学生的实际能力。

（二）高中数学教学目标设计的要求

高中数学教学目标的设计需遵循特定的要求，以确保教学活动的高效进行。下面是五个关键的设计要求。

1. 具体明确

教学目标应当是具体和明确的，使学生和教师都能清楚地理解所期望达到的具体成果。这意味着教学目标不应该是抽象或笼统的，而应该明确指出学生在学习过程结束时应掌握的具体知识和技能。例如，不仅仅是"理解代数"，而是"能够解决特定类型的一元二次方程"。具体明确的目标有助于学生把精力集中在关键领域，并为教师提供评估学生学习成果的具体标准。

2. 可达性

教学目标应当是实际可达到的，考虑到学生先前的知识和能力水平。目标设置应与学生的学习起点相匹配，既有挑战性，又不至于令学生感到沮丧。这意味着在设定目标时，教师需要考虑学生的年龄、先前的学习经历和当前的学习能力。可达性的目标在鼓励学生努力学习的同时，保证了教学过程的有效性和成功。

3. 关联性

教学目标应当与数学课程标准和学校的整体教育目标相关联。这确保了教学活动不仅可以符合教育部门的要求，还能与学校的整体教育愿景和目标保持一致。关联性的目标也意味着教学活动应该与学生未来的教育和职业生涯相关联，帮助他们为将来的学习和生活做好准备。

4. 平衡性

教学目标应平衡覆盖知识理解、技能掌握和态度培养等多个方面。这意味着教学目标不仅要有对知识的传授，还要包括对技能的发展和正面学习态度的培养等内容。例如，除了掌握数学概念和公式，教学目标还应包括解决问题的技能、合作学习的能力和对学习数学的积极态度等方面。

5. 灵活性

教学目标应具有一定的灵活性，以适应学生的不同需求和教学过程中可能出现的变化。这意味着教师应准备根据学生的学习进度、反馈和兴趣变化调整教学目标。灵活的目标有助于教师更好地适应课堂的多样性，同时确保所有学生都能从教学中获益。

（三）高中数学教学目标的表述

教师在对数学教学目标进行表述时，可使用以下两种方法。

1. ABCD 表示法

ABCD 表示法是一种常被用于表述教学目标的方法，它提供了一个可用于定义教学目标的清晰而全面的框架。ABCD 代表四个关键的组成部分：audience（受众）、behavior（行为）、condition（条件）和 degree（程度）。以下是对使用 ABCD 表示法表述高中数学教学目标的详细论述。

（1）audience（受众）。在教学目标的表述中，先要明确目标的受众是谁。在高中数学的情境中，受众通常是特定的学生群体。对这部分的表述需要明确指出哪一年级或哪一班级的学生是教学目标的对象。例如，"对于高中一年级的学生"或"对于高中数学基础班的学生"。确保目标的受众定义清晰，有助于教师针对特定群体进行教学设计。

（2）behavior（行为）。行为部分是教学目标中最核心的部分，它描述了学生在学习过程结束时应具备的具体能力。在高中数学的教学目标中，这通常涉及具体的数学知识点、技能或解题方法。行为应该是可观察和可测量的，例如，"学生能够解决一元二次方程"或"学生能够使用几何工具绘制复杂图形"。这些行为应该明确、具体，且与教学内容直接相关。

（3）condition（条件）。条件部分说明了学生达成目标时所处的环境或能使用的工具。这可以包括特定的教学材料、工具或情境。例如，"在没有使用计算器的情况下"或"在小组合作的模式中"。对条件的明确表述有助于界定学生达成目标的具体环境，确保目标的实现是在规定的条件下进行的。

（4）degree（程度）。程度部分指明了达成教学目标的标准或水平。这可以是具体的数量标准、正确率、完成度或其他可衡量的指标。例如，"正确率达到90%以上"或"能够在10分钟内独立完成五道练习题"。程度的设定确保了教学目标的具体性和可测量性，应使教师和学生都能清楚地知道目标达成的标准是什么。

使用ABCD表示法表述高中数学教学目标，不仅有助于教师清晰地定义和传达教学目标，还能使学生明确知道他们需要达到的具体学习成效。这种方法的优点在于它确保了教学目标的全面性和针对性，有助于指导教师的教学设计和学生的学习过程。同时，这种方法为教学成果的评估提供了明确的标准，使教学过程更为目标导向和效果可测。

2. 内外结合表述法

内外结合表述法就是结合内部过程和外显行为而设计教学目标的方法，即先用表述内部过程的术语陈述教学目标，再用可观察的行为做例子使这个目标更为具体。例如，"理解指数函数的概念"，这里的"理解"是一个内部心理过程，每个人的标准不一，难以直接观察和测量，对数学教学不能起到很好的导向作用。可以借助能反映"理解"水平的行为实例进行进一步说明，例如：①用自己的话转述指数函数的定义；②能根据给定函数的解析式，判断其是不是指数函数；③能区别指数函数和指数式函数。有了这三个实例的补充，通过显性的外部行为"转述""判断""区别"，内隐性教学目标就不再模糊不清，既避免了用内部心理过程陈述目标的抽象性，又淡化了行为目标的机械性。

第四节　高中数学教学过程设计

在完成前期分析以及教学目标设计之后，下一步的关键任务是规划和设计教学过程。教学过程是一项复杂而系统的活动，涉及教师的教学安排和学生的学习过程，这两者相互作用并互相影响。优化教学过程，以提升数学教学的效率和效果，是教育工作者持续研究和探索的重要课题。设计高效的数学教学过程需要从多个角度出发，包括明确课堂的类型、合理安排教学内容的顺序、规划多样的教学活动、选用恰当的教学方法、运用适宜的教学媒体，以及设计和选择有效的教学组织形式等。通过对这些维度的综合考量和精心规划，教师可以确保教学活动既符合教学目标，又能满足学生的学习需求，从而实现高效率教学。

一、确定数学课的类型

不同类型的课有不同的功能，以及不同的教学过程、结构和教学策略，因此设计数学教学方案必须先确定课的类型。数学课的课型一般可分为新授课、练习课、复习课、讲评课、活动课等。

（一）新授课

新授课是指教师引入新的数学概念、理论或技巧的课程。这类课程的重点在于介绍和讲解新知识，确保学生对新概念有清晰的理解。在新授课中，教师通常会使用直观的示例、解释和演示来帮助学生构建对新知识的初步理解。新授课要求教师具备较强的表达能力和丰富的教学方法，以确保学生能够有效地吸收和理解新内容。新授课成功的关键在于帮助学生建立起对新知识的兴趣和好奇心，同时为其后续的深入学习打下坚实基础。

（二）练习课

练习课主要集中在巩固和应用新学知识。在这类课程中，学生通过大量的练习来加深对新知识的理解和运用。练习课可以帮助学生通过实践来巩固记忆，同时提高其解决问题的能力。教师在练习课中的角色更多是指导者和协助者，他们需要提供适宜的练习题目，并在学生遇到难题时给予适当的帮助和引导。练习课对学生理解和掌握新知识至关重要。

（三）复习课

设计复习课的目的是帮助学生回顾和巩固已经学过的知识点。在这类课程中，教师通常会帮助学生回顾关键概念和重要技巧，同时整合和联系之前的学习内容。复习课对强化学生的长期记忆和增强学生对知识的理解非常有帮助，尤其是在准备考试或结束一个学习单元时。复习课还可以作为一种评估工具，帮助教师了解学生在数学学习上的整体掌握情况。

（四）讲评课

讲评课主要聚焦于对学生作业、测试或项目的讲解和评价。这类课程可以帮助学生了解自己在学习过程中的表现，识别错误和不足之处。教师在讲评课中通常会详细解释正确答案和解题方法，同时鼓励学生反思和讨论。讲评课有助于提升学生的自我反思能力，同时促进他们对数学知识的深入理解。

（五）活动课

活动课是一种更加灵活和开放的课程类型，通常涉及数学游戏、小组项目或实际应用任务。这类课程的设置旨在激发学生的兴趣和参与热情，使他们在实际操作和探索中学习数学。活动课可以提高学生的创造性思维水平和团队合作能力，同时帮助学生将数学学习与现实生活联系起来。通过活动课，学生可以在轻松愉快的环境中探索数学的趣味和应用方式。

二、确定数学教学顺序

数学教学的顺序是指数学教学环节的前后次序，即先做什么，后做什么。它包括以下三个方面：一是数学教学内容的呈现顺序，这是指数学知识和技能的展示顺序，即先教什么内容，后教什么内容。二是教师活动顺序，这涉及各种教学活动（如讲授、示范、提问、指导等）的前后次序。教师活动的顺序应围绕教学内容的呈现来设计，以支持和加强学生对数学知识的学习。三是学生活动顺序。这是指学生学习活动（如听讲、记笔记、练习、讨论等）的前后次序。学生活动的顺序应与教学内容的呈现和教师活动相协调，确保学生可以有效地参与学习过程并实现学习目标。在数学教学过程中，教学内容呈现的顺序是主线，它决定了教师和学生活动的组织和进行方式。因此下面主要介绍几种数学教学内容的呈现顺序。

（一）数学事实的呈现顺序

数学事实包括基本的数学数据、事实、定义和性质等。这些是构成数学概念和原理的基础，因此在教学过程中应该被最先呈现。数学事实的顺序应根据它们的基础性和复杂性来安排，通常从最基本和最容易理解的事实开始，逐步引入更复杂的内容。例如，在教授几何时，教师可以先从基本的图形定义（如线段、角、圆）开始，然后逐渐深入更复杂的性质和定理。正确的顺序有助于学生逐步构建数学知识的框架，并为理解更高级的概念打下坚实基础。

（二）数学概念和原理的呈现顺序

数学概念和原理是构成数学理论体系的核心，包括定理、公式、算法等。这些概念和原理通常是建立在基本数学事实之上的。在呈现这些内容时，应遵循以下原则。

1. 从简单到复杂、从特殊到一般

这一原则强调在教学中应该先介绍基础和简单的概念或定理，然后逐步过渡到更复杂和抽象的内容。例如，在教授几何时，教师可以先从基本的形状（如三角形、矩形）的性质开始，逐渐引入更复杂的几何理论（如相似和全等）。同样，在代数教学中，先从简单的线性方程开始，再逐步讨论更复杂的多项式或二次方程。这种顺序有助于让学生在已有知识的基础上建立新的理解，避免因一开始就介绍过于复杂的概念而产生困惑和挫败感。

2. 用类比的方式

利用类比的教学方法可以帮助学生通过已知的概念理解新的、更复杂的概念。在数学教学中，这意味着将新的数学概念与学生已熟悉的概念联系起来。

例如,利用学生已经掌握的线性函数的知识来帮助他们理解二次函数。通过这种方式,学生可以利用自己已有的知识基础来构建对新概念的理解,使学习过程更加自然和流畅。

3. 从实践到理论,从感性到理性

这一原则建议在教学中先从具体的、可操作的实例开始,然后逐步引导学生理解背后的理论和抽象概念。例如,在引入一个新的数学公式之前,教师可以先通过具体的问题或实验来展示这个公式的应用。这样,学生不仅能看到数学概念在实际中的应用,还能通过具体的经验来理解这些概念的理论基础。从感性认识到理性认识的过渡有助于学生更全面和深入地理解数学知识,从而更好地应用这些知识解决问题。

(三) 教学技能的呈现顺序

在高中数学教学中,技能的呈现顺序至关重要,通常分为认知、分解和定位三个阶段,每个阶段都有其独特的教学目的和方法。

1. 认知阶段

此阶段的主要任务是向学生介绍与特定数学技能相关的知识,包括操作要领、步骤和注意事项,并通过示范来展示整个技能的执行过程。例如,在教授如何使用导数求函数的极值时,教师应先讲解导数的概念、极值的定义以及求极值的标准步骤,然后通过具体的函数例子来示范求导和判断极值的过程。这一阶段可以帮助学生建立对技能的初步认知和理解,为他们后续的学习和练习奠定基础。

2. 分解阶段

在这一阶段,教师将整个技能流程分解成若干个较小的、更易管理的部分或步骤,并逐一向学生进行呈现。这样,学生可以专注于学习每个单独的操作,逐步构建对整个技能的理解。例如,在教授解析几何中的直线方程时,教师可以先教授如何找到直线的斜率,接着教授如何确定直线的截距,最后指导学生将这些元素组合起来,构建完整的直线方程。分解阶段对学生理解复杂技能的各个组成部分至关重要。

3. 定位阶段

定位阶段旨在整合前两个阶段的学习成果,使学生能够掌握完整的技能流程。在这一阶段，学生通过模仿、尝试和练习，逐步掌握整个技能，并最终达到熟练使用的程度。例如，在学习完所有求解不等式的步骤之后，学生会在教师的指导下尝试独立解决完整的不等式问题，通过反复练习达到熟练掌握。定位阶段是技能掌握过程中的关键阶段，是将分解的部分重新组合，并通过练习实现熟练运用的过程。

通过这三个阶段的系统训练，学生可以逐步习得和巩固数学技能，并从基本的认知发展到熟练的应用，这对高中数学学习的成功至关重要。

三、设计数学教学活动

数学教学活动通常指以教学班为单位进行的数学课堂教学活动。它是高校数学教学工作的基本形式。数学教学活动是一个完整的教学系统，它是由一个个相互联系、前后衔接的环节构成的，包括导入、创设教学情境、进行课堂提问、例题讲解和练习、小结等。下面对数学教学活动设计进行分析。

（一）导入设计

导入是数学教学活动的起始阶段，旨在激发学生的学习兴趣，引导他们开启新的学习内容。通过有效的导入，教师可以为即将进行的教学活动创造一个有利的开端，帮助学生调整心态，集中注意力，并为学生理解新的教学内容做好准备。

1. 导入设计的原则

（1）针对性原则。导入设计应直接针对即将教授的数学内容和学生的实际需求而创设。这意味着导入活动应与课程的主要教学目标紧密相关，并考虑学生先前的知识、兴趣和认知水平。例如，如果一节课的目标是教授三角函数，导入环节可以从学生已经熟悉的直角三角形的比例关系入手，逐步引导到三角函数的概念。有针对性的导入不仅能帮助学生快速进入学习状态，还能确保教学内容的连贯性和有效性。

（2）趣味性原则。保持导入的趣味性对激发学生的学习兴趣和提高其参与度至关重要。趣味性导入可以采用各种形式，如有趣的数学谜题、生动的故事、引人入胜的数学游戏或创设与日常生活相关的实际应用场景。例如，在教授概率论时,教师可以通过一个实际生活中的游戏或实验来引发学生的好奇心。趣味性导入不仅能吸引学生的注意力,还能使数学学习变得更加生动和有趣。

(3)多样性原则。导入活动应富有创意和多样性,以适应不同学生的学习风格和兴趣。这意味着教师可以采用多种方式和手段来进行课程导入,如使用视觉辅助材料、进行互动讨论、组织实际操作或使用技术工具等。例如,教师可以通过视频展示、图表演示或小组讨论的形式来引入新的数学概念。多样性的导入方法不仅能适应不同学生的需求,还能增加教学的灵活性和有效性。

(4)简洁性原则。导入环节应简洁明了,避免信息过多或操作过于复杂,确保学生能够迅速而清晰地理解即将学习的内容。这要求教师在设计导入活动时,注重精简和突出重点,避免冗长和复杂。简洁的导入有助于快速吸引学生的注意力,为接下来的教学内容定下清晰的基调。

2. 导入设计的方法

(1)旧知导入。这种方法将学生已有的知识作为引入新知识的桥梁。它基于学生先前学习的内容,通过回顾和扩展旧知识来引入新的数学概念或技能。例如,在高中数学中,如果要教授导数的概念,教师可以先回顾学生已经熟悉的斜率和极限的概念。通过展示斜率和极限如何自然过渡到导数的概念,学生可以更容易地理解和接受这一新概念。这种方法有助于提高学生对新知识的理解和接受度,因为它建立在他们已经熟悉的基础上。

(2)直接导入。直接导入法是一种直截了当地介绍新教学内容的方法。这种方法通常在开始新单元或新概念的学习时使用,教师直接引入新的主题或问题。例如,在开始一节关于概率论的课时,教师可以直接通过提出一个有关概率的实际问题或实验来开始课程。这种方法的优点在于能迅速吸引学生的注意力,并直接引导学生进入新的学习主题。直接导入适用于那些易被理解或者能够立即引起学生兴趣的主题。

(3)类比导入。类比导入法通过将新概念与学生已知的相似概念进行比较来引入新知识。这种方法尤其适用于引入抽象或复杂的数学概念。例如,在教授积分的概念时,教师可以通过将其与学生已知的导数概念进行对比,说明两者为微积分基本定理中的相反过程的性质。通过这种类比,学生可以在已有的知识的基础上更容易地理解新概念。类比导入有助于简化对复杂概念的理解过程，使学生能够更快地掌握新知识。

（4）设疑导入。设疑导入是通过提出引人入胜的问题或挑战来激发学生的好奇心和探究欲。这种方法的核心是创造一个疑问或问题，激起学生的思考，从而使他们积极参与学习新知识的过程。例如，在教授高中数学的统计和概率单元时，教师可以先提出一个实际生活中的问题，如"如何使用统计数据来预测学校运动会的结果？"或"抛掷一个骰子时，出现各个数字的概率是否相同？"。这样的问题不仅与学生的日常经验相关，还能够引导他们思考并产生了解答案的兴趣。设疑导入能使学生通过学习新知识来解决问题，从而增加其学习的动力和深度。

（5）情境导入。情境导入指通过创造一个相关的教学情境来引入新知识的导入方法。这种方法通常涉及将数学概念置于一个具体的情境或背景中，使学生能够在实际的或模拟的情境中理解和探索数学概念。例如，在教授解析几何的知识时，教师可以通过构建一个与几何图形相关的实际问题或项目，如"设计一个公园的布局图"，来引入相关的几何概念和计算方法。通过这样的情境，学生不仅能够看到数学在实际中的应用方式，还能更积极地参与学习过程。情境导入使学生在具体的应用背景中学习数学，从而更好地理解和掌握数学概念。

（二）数学问题情境设计

数学问题情境设计旨在于数学教学过程中创造或模拟具体的情境，让学生在解决实际问题的过程中学习和应用数学知识。这种设计使数学学习更加生动、实际，有助于学生理解数学知识在现实生活中的应用。数学问题情境设计强调将抽象的数学概念与学生的实际经验和日常生活紧密联系起来，从而增强学习的意义和效果。

1. 数学问题情境设计的原则

（1）真实性原则。设计的数学情境应尽可能地接近真实世界的情况。这有助于学生理解数学知识在现实生活中的应用和意义，增强他们学习的动机和兴趣。例如，教师可以设计与当地社区相关的统计项目，让学生收集和分析数据，解决实际问题。

（2）相关性原则。情境应与学生的生活经验和兴趣相关联。通过连接学生已经熟悉的概念或经验，教师可以增强学生对新数学知识的理解和兴趣。例如，教师可以使用学生熟悉的体育运动数据来引入概率论的概念。

（3）挑战性原则。设计的情境应具有一定的挑战性，鼓励学生思考和解决问题，但同时要确保挑战在学生的能力范围之内。适度的挑战可以激发学生的好奇心和探索欲，使他们更积极地学习。

（4）多样性原则。情境设计应有多样性，以适应不同学生的学习风格和需求。这意味着教师可以使用不同类型的情境，如故事、游戏、实际问题解决等，来吸引不同类型的学生。

（5）互动性原则。设计的情境应鼓励学生之间进行互动和合作。通过参与小组讨论和合作解决问题，学生可以相互学习，共同探索数学知识。这种互动性不仅促进了学生社交技能的发展，还增强了其学习的深度和广度。

2. 数学问题情境设计的方法

（1）实际问题模拟。这种方法涉及设计基于现实生活问题的数学情境。例如，在教授关于线性方程的课程时，教师可以创建一个关于家庭预算规划的情景，让学生使用线性方程来解决预算分配的问题。通过这种模拟实际问题的方法，学生可以直观地看到数学在现实生活中的应用，从而增加学习的兴趣和动力。

（2）历史情境构建。利用数学历史中的重要发现或事件来构建教学情境。例如，介绍微积分的发展背景和历史，可以帮助学生理解这一数学分支的重要性和应用意义。历史情境不仅能够提供数学学习的背景知识，还能激发学生深入了解数学发展和应用情况的兴趣。

（3）探索性学习情境。设计需要学生自主探索和解决的开放式问题。例如，在微积分课程中，教师可以设计一个任务，让学生探索函数的导数与其图形之间的关系。这项任务可能涉及让学生选择几个不同类型的函数（如线性函数、二次函数、三角函数），然后使用微积分的原理来确定这些函数在特定点的导数，并进一步探讨导数能如何影响函数图形的斜率和形状。

（4）情境互动游戏。设计与数学相关的互动游戏或竞赛，可以增加学习的趣味性和学生的参与感。例如，创建一个涉及几何知识的解谜游戏，或者组织一个围绕概率理论的竞赛。这类游戏不仅提供了有趣的学习环境，还促进了学生之间的合作和交流。

（5）跨学科情境整合。将数学与其他学科内容相结合，设计跨学科的教学情境。例如，结合物理学中的力学问题来教授相关的数学计算方法，或者利用生物学数据进行统计分析。跨学科的情境设计能够拓宽学生的视野，帮助他们理解数学在多学科中的应用。

（三）提问设计

1. 提问的类型

提问是教学过程中的关键组成部分，它不仅是教师用来检查学生理解和掌握程度的工具，还是激发学生思考、参与和探索的重要手段。通过提问，教师可以引导学生深入学习内容，促进他们批判性思维和解决问题的能力的发展。提问可以根据其目的和性质分为不同的类型，每种类型都有其特定的作用和应用场景。

（1）回忆性提问。这类提问旨在帮助学生回忆和复述已学过的知识。它通常用于课程开始时的复习，或者作为新知识教学的铺垫。例如，教师可能会问"我们上节课学习了什么关于函数的重要概念？"，这种提问有助于激活学生的知识记忆，为新课程内容的学习做准备。

（2）理解性提问。理解性提问旨在检验学生是否真正理解了教学内容。这种提问需要学生解释概念、阐述过程或解释理论。例如，"你能解释一下什么是导数吗？"理解性提问鼓励学生深化对数学概念的理解。

（3）应用性提问。应用性提问要求学生将所学知识应用于解决具体问题或情境之中。例如，"如果给你一个函数方程，你如何找到它的最大值和最小值？"这类问题帮助学生将理论知识转化为实际应用。

（4）分析性提问。分析性提问鼓励学生分解、比较和评估信息或概念。这种类型的问题需要学生进行深入思考，例如，"比较并分析这两个函数的差异和相似之处。"这样的提问可以增强学生的批判性思维能力。

（5）创造性提问。创造性提问旨在激发学生的创新和想象力。这类提问鼓励学生思考新的解决方法或创造性的应用方式。例如，"你能设计一个实际问题,其中可以应用我们学过的概率理论吗?"创造性提问可以促进学生的创新思维和问题解决能力的发展。

(6)评价性提问。评价性提问要求学生对某个观点、方法或解决方案进行评价和反思。例如,"你认为这种解题方法有效吗?为什么?"。这种类型的提问有助于培养学生的反思能力和批判性思维。

通过运用这些不同类型的提问,教师可以有效地促进学生在各个层面的思考和学习能力的发展,从而提高教学活动的质量和效果。

2. 提问设计的原则

提问设计在高中数学教学中起着至关重要的作用。为了确保提问有效促进学生的学习和思考,教师应遵循以下原则。

(1)明确性原则。提问应该是明确且具体的,确保学生能够清楚地理解问题的要求。模糊或含糊不清的问题可能会使学生感到困惑,从而影响他们的回答质量。

(2)适宜性原则。提问应符合学生的认知水平。过于简单或过于复杂的问题都可能影响学生的参与度。教师需要根据学生的理解程度和课程进度来设计问题,确保每个学生都能参与讨论。

(3)激发思考原则。好的问题应该能激发学生的思考和探究。这意味着提问不仅仅是为了检验学生的知识掌握情况,更是为了促进他们的批判性思维和解决问题能力的发展。例如,提问可以鼓励学生分析、比较或应用数学概念。

(4)引导性原则。提问应该能够引导学生逐步找到问题的解决方法。这种类型的问题可以帮助学生从已知信息出发,逐步构建解决复杂问题的思路。例如,在解决一个复杂的几何问题时,学生可以先从了解基本概念开始,然后逐渐学习更复杂的部分。

(5)开放性原则。提问应尽量鼓励学生探索多种可能的答案和思路。这不仅能够提高学生的创造性思考能力,还能激活课堂上的讨论。例如,教师可以询问学生某个数学概念的不同应用方式,而不仅仅是告知其唯一的标准答案。

(6)及时性原则。提问应该及时,与教学内容紧密相连。及时的提问能够帮助学生在学习过程中及时反思和应用新知识,加强学习效果。例如,在新概念讲解后立即提出相关问题,可以帮助学生巩固和应用刚学过的内容。

（四）数学例题设计

数学例题通常指用于说明、演练或加深学生对数学概念和技能理解的具体问题。这些例题在数学教学中发挥着至关重要的作用，因为它们不仅能帮助学生理解抽象的数学理论，还能为其提供实践和应用这些理论的机会。通过解决这些具体的数学问题，学生可以更好地掌握数学概念、方法和技巧。有效的数学例题应当紧密结合教学目标和内容，同时考虑到学生的认知水平和学习需求。

数学例题的设计，通常按以下步骤进行。

1. 例题的选择

选择适当的例题是设计过程的第一步。这一步涉及对教材中现有例题的详细分析，包括例题的数量、类型和涵盖的内容。教师需要根据教学目标和学生的学习水平来判断现有教材中的例题是否充分、适当。如果现有例题不足以帮助教师达成教学目标或无法充分满足学生的实际需求，教师就需要考虑补充新的例题。补充的例题应与教学目标紧密相关，同时考虑学生的认知水平和学习风格。例如，如果目标是加强学生对微积分应用的理解，教师可能需要选择或设计一些实际问题，如物理运动中的速度和加速度问题，来作为例题。

2. 例题的编制

当现有的资源不能满足教学需求时，教师可能需要自编或改编例题。通常可用以下几种方法：①类比。教师可以通过类比的方法编制例题，即找到与已学知识的例题相似的新问题。例如，如果学生已经熟悉线性函数的概念，教师可以通过类比线性函数例题，设计与二次函数相关的问题。类比方法能够帮助学生通过对比已知和未知的概念，加深理解。②特殊化或一般化。教师可以将一般的数学原理应用于特定情境（特殊化），或从特定问题中抽象出一般原理（一般化）。例如，从一般的三角函数问题中选取特定角度，或者将特定的几何问题推广到更一般化的形式。③引申和拓展。在现有问题的基础上进行引申和拓展，增加额外的条件或考虑更复杂的场景。例如，对于一个关于几何图形的基本问题，教师可以通过增加条件或改变参数来设计出更高级的问题。④倒推。从已知结果出发，设计问题让学生探索得出这一结果的过程。这种方法适用于设计证明题或需要逆向思考的问题，如利用已知的几何属性推导出图形的构造方法。⑤逆向变换。改变问题的正常解题方向，要求学生采用不同的角度或方法来解决问题。例如，可以要求学生从函数的图形推导出函数的表达式，而不是传统的从表达式出发绘制图形。⑥组合。结合多个不同的数学概念或技能，设计综合性的问题。这种方法可以增加问题的复杂性和实际应用性，如结合代数和几何知识来解决实际问题。

3. 例题的编排

在高中数学教学中，对例题进行有效的编排是提高教学效果的关键环节。以下是几种常见的例题编排方式。

（1）一题多变式。这种编排方式是从一个基本题目出发，逐步增加问题复杂度或变化条件和结论，形成一系列相关的问题。例如，以某个二次方程为基础，先解简单的标准形式，然后增加条件，如变化系数，进而探讨该方程在不同条件下的解的性质。这种方法能够帮助学生深入理解一个概念的不同方面，同时逐步提升他们的解题能力。

（2）分类式。将同一内容的问题按照不同的类型进行分类编排。例如，在讲授积分的时候，教师可以将积分问题分为不定积分、定积分、面积求解等不同类型，给每种类型提供不同难度的问题。这种编排方式有助于学生系统地理解和掌握每一类问题的特点和解题方法。

（3）递进式。按照知识难度和技能要求逐渐提高的顺序排列问题。这种编排方法能够使学生逐步适应难度的提升并克服学习中的挑战。例如，对不等式的学习可以从解简单的线性不等式开始，逐渐过渡到解更复杂的二次不等式，最后解决包含多个不等式的问题。递进式编排有利于学生在掌握基础技能的基础上逐步提升解题能力。

（4）同一条件式。在同一条件或背景下设计一系列难度逐渐增加的问题。例如，教师可以围绕一个具体的几何图形，设计一系列探讨其性质、计算面积和体积、应用定理等不同难度的问题。这种方式可以帮助学生在熟悉的情境中逐步深入，提高他们的分析和解决问题的能力。

（五）课堂小结设计

课堂小结是教学过程的一个重要环节，它发生在课程的末尾，旨在帮助学生巩固和回顾课堂上学习的主要内容。课堂小结可以强化学生对重要概念和关键点的理解，同时为学生提供反思和整合所学知识的机会。一个有效的课堂小结能够帮助学生更好地理解和应用课堂上学习的知识，为未来的学习奠定基础。

在设计课堂小结时，遵循以下原则至关重要：①概括性。课堂小结应包含对课程主要内容的概括性回顾，帮助学生整合和理解关键概念或技能。这需要教师精准提炼课程的核心要点，确保学生能够把握课堂学习的主线。例如，在一节关于微积分的课程中，课堂小结可以概括一下导数的基本概念、计算规则和应用场景。概括性小结可以确保学生在离开教室时对课堂内容有清晰的认识。②简约性。课堂小结应简洁明了，避免冗长和复杂的描述。这样做能够确保学生在短时间内重点回顾并理解课堂的主要内容。简约性小结更容易被学生记住和理解，这在复杂或内容密集的课程中尤为重要。例如，高等数学的课程小结应聚焦于几个核心概念和公式，而不是尝试回顾每一个细节。③启发性。课堂小结不仅是对课堂内容的回顾，还应该包含对学生未来学习内容的展望。这可以通过提出问题、建议未来的学习方向或者联系课堂内容与实际应用来实现。例如，小结可以提示学生如何将课堂上学习的理论应用到实际问题中，或者鼓励他们对某个概念进行更深入的探索。启发性小结可以激发学生的好奇心和探究欲，促进他们的主动学习。

在高中数学教学中，常用的课堂小结方式有如下几种。

（1）归纳式。这种小结方式侧重于将课堂上讲授的内容进行归纳总结。教师会重点回顾和强调课堂上的主要概念、定理或公式，帮助学生形成对这些核心知识点的清晰认识。例如，在一节关于二次函数的课程结束时，其归纳式小结可能包括二次函数的标准形式、图像特点以及如何求解顶点和对称轴等关键信息。这种方法能够使学生清楚地理解课堂的主要教学内容。

（2）比较式。比较式小结通过对比，帮助学生理解和区分不同的概念、方法或问题。例如，在讲授微积分时，教师可以通过比较极限、导数和积分的不同概念，帮助学生更好地理解这些复杂的数学概念之间的关系和区别。比较式小结有助于深化学生的理解，同时提高他们的分析能力和批判性思考能力。

（3）规律式。在规律式小结中，教师应强调课程中出现的数学规律或模式。这种小结方式特别适合于那些涉及识别和应用数学规律的主题。例如，探讨多项式函数的行为时，教师可以总结一下不同阶数多项式的图像特征及其变化规律。规律式小结有助于学生把握数学内容的内在逻辑，提升他们的概括和归纳能力。

（4）问题式。问题式小结通过提出问题激发学生的思考，引导他们回顾和反思课堂内容。这些问题可能关系到课程的关键点，或是鼓励学生思考如何将所学知识应用到新的情境中。例如，教师可以在一节统计学课程的结尾提出一个实际应用问题，要求学生思考如何使用所学的统计方法来解决它。问题式小结鼓励学生积极参与，以促进他们的主动学习和深入思考。

（5）提升式。提升式小结旨在将课堂学习提升到更高的层次。这种小结方式不仅能回顾课堂内容，还能鼓励学生将所学知识与更广泛的概念或更复杂的问题联系起来。例如，在讲授几何课程时，提升式小结可以探讨这些几何概念在高级数学或物理学中的应用方式。这种方法有助于拓宽学生的视野，激发他们对学科的兴趣。

四、选择数学教学方法

（一）常用的数学教学方法

在高中数学教学中，选择合适的教学方法对提高教学效果和促进学生理解至关重要。以下是两种常用的数学教学方法。

1. 讲解法

讲解法是最传统的教学方法之一，通常由教师主导，指教师向学生系统地阐述数学概念、原理或解题方法的教学方法。在使用讲解法时，教师通过清晰、逻辑性强的语言来传递数学知识，同时辅以板书、图表或多媒体等教学工具来增强讲解的效果。例如，教师在讲解微积分中的导数概念时，可以先定义导数，然后通过具体的函数示例来展示如何计算导数，并解释其几何意义和物理应用。讲解法的优势在于能够高效、有序地传递大量的信息，特别适合于引入新概念或复杂理论。然而，这种方法也存在局限性，如学生被动接收信息，可能会缺乏足够的参与和探索机会。因此，教师在使用讲解法时需要注意调动学生的积极性，适时提出问题或邀请学生参与讨论，以增强教学的互动性。

2. 发现法

发现法是一种以学生为中心的教学方法，旨在激励学生通过探索、实验和讨论来自主发现数学规律或解决数学问题。在这种方法中，教师的角色更多是引导者和协助者，而不是单纯的知识传授者。例如，在教授几何证明时，教师可能会先提出一个待证明的几何命题，然后引导学生通过观察图形、提出猜想、进行逻辑推理来自行探索证明过程。发现法鼓励学生主动参与学习过程，通过实际操作和思考来构建知识，这不仅增强了学生的理解和记忆，还培养了他们的批判性思维、创造力和问题解决能力。此外，发现法还可以强化学习的趣味性和学生的动机，使学生对数学学习更为投入。然而，这种方法对教师的引导能力和学生的自主学习能力提出了更高的要求，且可能比传统的讲解法更为费时。

（二）选择数学教学方法的依据

选择数学教学方法的依据是多方面的，需要考虑学生特点、教学内容和教学目标等。

1. 学生特点

在选择教学方法时，最先要考虑的是学生的特点，包括他们的年龄、认知水平、学习风格、以往的数学学习经验，以及兴趣爱好。例如，对抽象思维能力较强的高中生，教师可以采用更多探索性和问题解决式的教学方法，如发现法、讨论法等，这些方法可以促进他们的批判性思维和独立解决问题能力的发展。相反，如果学生的数学基础较弱或对数学缺乏兴趣，那么更直接、具体的教学方法，如讲解法，可能更为有效，因为它们可以给学生提供更多的指导和支持。了解学生的学习需求和偏好有助于教师选择最适合学生的教学方法，从而提高教学效果。

2. 教学内容

不同的数学内容可能适合不同的教学方法。概念性或理论性较强的内容，如微积分、复数等，可能需要教师更多地讲解和示范，以使学生理解抽象的概念。而应用性较强的内容，如统计学、几何应用问题等，则可能更适合使用实际操作、案例分析等方法。此外，需要培养创新思维和问题解决能力的高级数学内容，如数学建模、研究性学习等，探索式和合作式的教学方法可能更为适用。因此，教师在选择教学方法时，需要充分考虑教学内容的特点和要求，确保教学方法与教学内容相匹配。

3. 教学目标

教学目标是影响教学方法的选择的另一个重要因素。不同的教学目标可能需要不同的教学策略和方法。例如，如果教学目标是帮助学生掌握具体的数学技能或解题方法，那么示范和练习可能是最有效的教学方法。如果目标是培养学生的创新思维和自主学习能力，则更应采用探索式和讨论式的教学方法。此外，对于旨在提高学生数学思维能力和批判性思维的高级数学教学，设计有挑战性的问题解决内容和案例研究可能更为适合。因此，教师在选择教学方法时，应根据教学目标的具体要求来决定最合适的教学策略。

五、选择教学媒体

教学媒体是指在教学过程中用以传递信息、协助教学和促进学习的各种工具和材料。这些媒体可以是传统的黑板、教科书，还可以是现代的电子媒体，如电脑、多媒体投影、教学软件等。在数学教学中，运用合适的教学媒体能够显著增强教学效果，帮助学生更好地理解和吸收复杂的数学概念。教学媒体的选择对创造一个高效的学习环境至关重要。

在选择教学媒体时，通常需要遵循以下原则。

（一）目标性原则

教学媒体的选择应与教学目标紧密相关。媒体的使用应能帮助教师实现特定的教学目标，如概念解释、技能训练或问题解决。例如，使用图形计算器或动态几何软件可以帮助学生更好地理解几何概念和属性。

（二）针对性原则

选择的教学媒体应考虑学生的特点和需求。不同年龄和认知水平的学生可能需要不同类型的媒体支持。例如，对于视觉学习者，使用图表和图形可能更有效；而对于更喜欢动手操作的学习者，实验和操作性活动可能更合适。

（三）功能性原则

教学媒体应具有明确的功能，能够有效支持教学过程。媒体的选择应基于其对学生学习和教师教学的辅助作用，而不是新颖性或流行性。例如，使用视频演示可以帮助教师解释复杂的数学过程，而在线测试可以为教师提供及时的反馈。

（四）可能性原则

在选择教学媒体时，应考虑其实用性和可行性。这包括考虑学校的资源情况、教师的技能水平和媒体的可获取性。例如，某些高科技教学工具虽然可能非常有用，但如果学校无法提供必要的支持，则不宜选择。

（五）适度性原则

教学媒体的使用应保持适度，避免过度依赖或滥用。媒体应成为教学的辅助工具，而不能完全替代传统教学方法或直接的师生互动。过多或不适当的媒体使用可能会分散学生的注意力，降低教学效果。

在选择教学媒体时，一般可按以下程序来进行：①教师需要评估通过传统的教学方法（如阅读课本、看板书、听讲等），学生是否能够充分掌握教学内容。这一步骤是以教学目标和对学生理解程度的初步评估为基础的。如果基本的教学手段足以满足教学目标，那么可能不需要使用额外的教学媒体。例如，在处理一些概念性较强但不需要深度可视化的数学内容时，传统的讲解和板书可能就足够了。②根据教学内容是否需要视觉形象，和这些视觉形象是静止的还是动态的，来决定媒体类型。如果教学内容需要静止的视觉辅助，如图形、图表或示意图，可以选择图片、投影、实物或模型等媒体。例如，在教授几何图形的性质时，使用几何图形模型或静态图像可能更有效。相反，如果教学内容需要动态展示，如演示数学概念的变化过程或应用场景，则录像或多媒体演示会更合适。例如，展示函数图像的变化或者统计数据的动态演示就需要视频或多媒体支持。③如果教学过程中需要学生与教学内容进行交互，那么计算机或其他交互性强的技术工具将是合适的选择。交互式媒体可以提供更高的参与性和更为动态化的学习体验，如使用计算机软件进行数学问题的探索、实验和解决。

这种类型的媒体尤其适用于需要学生主动参与和操作以加深理解的数学内容，如数学建模、算法编程或动态几何软件的使用。

六、选择教学组织形式

教学组织形式是指教学活动在空间、时间和人员配置上的组织方式。它决定了教师与学生以及学生与学生之间相互作用的方式，对于实现教学目标、适应学生的学习需求、促进学生的全面发展都具有重要意义。不同的教学组织形式适用于不同的教学目标和内容，教师在选择时需综合考虑课程特点、学生特点和教学资源等因素。

（一）班级教学

班级教学是最常见的教学组织形式，它指将整个班级作为一个单元进行教学。在这种形式下，教师需要管理和教授一个相对较大的学生群体，同时确保教学内容适应所有学生的需要。班级教学的优点包括能够高效地把知识传授给大量学生，方便进行集体管理和控制。在高中数学教学中，班级教学特别适用于讲授基础概念和理论，进行全班性的讨论和互动。然而，这种形式可能也会忽视学生之间的个体差异，不利于满足每个学生的个性化学习需求。

（二）小组教学

小组教学是指将学生分成小组进行教学活动的一种形式。每个小组可以进行协作学习、讨论或共同完成任务。这种教学形式促进了学生之间的合作和交流，有助于培养学生的团队协作能力、沟通能力和批判性思维。在高中数学教学中，小组教学适用于解决复杂问题、开展数学项目或进行探索性学习活动。例如，教师可以让学生小组一起解决一个复杂的数学问题或共同完成一个数学实验。小组教学的挑战在于教师需要确保每位学生都能积极参与并从活动中受益。

（三）个别教学

个别教学是指针对单个学生的教学活动，这种形式能够最大限度地适应学生的个别需求。在个别教学中，教师可以根据每位学生的特点、兴趣和学习速度来调整教学内容和方法。这种形式特别适用于帮助有特殊需要的学生，如需要额外辅导的学生或特别优秀的学生。在高中数学教学中，个别教学可被用于辅导学生解决特定的数学难题、加深其对某一数学领域的理解或进行个性化的学习指导。个别教学的局限性在于它需要更多的教师资源和时间。

通过综合运用这些不同的教学组织形式，教师可以根据教学内容、学生的需求和学校的资源情况，设计出最适合的教学方案，以实现学生学习效果的最大化。

第五节　高中数学教学设计的案例分析

本节以高中数学必修一中的"集合"为例，进行教学设计。

一、教学任务分析

（一）教材地位分析

集合作为高中数学教材中的基础部分，对培养学生的逻辑思维能力和数学抽象能力具有重要意义。它不仅是数学分析、概率论等高阶数学概念的基石，还是理解函数、数列等基本数学概念的前提。集合的概念、集合之间的关系和运算是学习更复杂的数学概念的基础。因此，它在高中数学课程中扮演着承前启后的角色。通过对集合的学习，学生可以更好地理解数学语言和数学逻辑，为后续的数学学习打下坚实的基础

（二）学生情况分析

高中生在此阶段的思维特点是从具体转变到抽象，他们开始学习处理更加抽象的概念和逻辑。在对集合的教学中，教师需要引导学生理解集合的基本概念、性质以及集合间的关系和运算方法。学生可能已经在初中数学或其他科目中接触过集合的简单概念，但对更深入的集合论知识可能还不太熟悉。教学中教师可以通过提出实际问题，如分类、逻辑推理等，来帮助学生形成对集合概

念的直观理解。同时，教师应鼓励学生通过集合运算来解决实际问题，从而加深对集合论的理解和应用能力。

二、教学目标

（一）知识与技能

（1）了解集合的含义，体会元素和集合的"属于"关系。

（2）知道常用数集（自然数、整数、有理数等）及其记号。

（3）了解集合元素的三个特性（确定性、互异性、无序性）。

（4）会用集合语言表示数学对象。

（二）过程与方法

（1）借助实例，抽象概括出集合的共同特征，然后引出集合的概念。

（2）教学过程中关注对集合基本知识的讲授，提高学生理解、掌握基本概念的能力，培育学生的数学抽象思维。

（三）情感态度与价值观

（1）通过有趣的集合应用案例，激发学生对数学学科的兴趣和热爱。

（2）鼓励学生在面对集合概念和问题时保持耐心和细致，培养他们面对困难和挑战时的积极态度。

（3）鼓励学生尊重和欣赏不同的观点和方法，培养团队合作精神。

三、教学重难点

（一）教学重点

第一，对基本集合概念的理解。集合的定义、元素、子集、空集等基本概念是集合论的基础，理解这些概念对后续的学习至关重要。

第二，对集合运算的掌握。并集、交集、差集、补集等集合运算是集合论中的核心内容，需要学生能准确理解并应用。

第三，对集合的应用。集合论在现实生活和其他学科中的应用，如使用集合语言描述实际问题，将理论与实际相结合。

（二）教学难点

第一，对抽象概念的理解。集合涉及较多的抽象概念，如集合的无限性、抽象性等，这对于高中生来说可能比较难以理解。

第二，对集合间的关系和运算。理解集合之间复杂的关系（如交、并、补的关系）以及运算规律对学生来说是一个挑战。

第三，对逻辑推理的培养。集合论中的逻辑推理要求学生能够准确地使用数学语言表达思想，这需要较强的逻辑思维能力和数学表达能力。

四、教学媒体

多媒体演示文稿可用于展示集合的定义、性质、元素、不同的表示方法等关键概念。这种视觉展示可以帮助学生更好地理解和记忆抽象的集合概念。

教材和习题册。提供标准的定义、理论解释以及习题练习，可以帮助学生巩固课堂所学的知识。

五、教学过程

（一）创设情境，导入新课

情境一：图书馆的书架。

展示图书馆书架上整齐排列的书籍。每个书架代表一个集合，书架上的每本书则是集合中的元素。

情境二：学校的不同课程班级。

展示学校不同课程的班级名单，如数学班、语文班、英语班。每个班级是一个集合，班级中的学生是集合的元素。

情境三：超市的商品分类。

展示超市中商品的分类，如饮料区、零食区、日用品区等。每个区域是一个集合，区域内的商品是该集合的元素。

设计意图：进行这些设计的目的是，通过贴近学生日常生活的实例，帮助学生形成对集合和元素概念的初步感性认识。图书馆的书架、学校的班级和超市的商品分类都是学生熟悉的概念，将这些日常现象与集合论的概念联系起来，可以更好地引导学生理解集合的基本概念和特性，为后续学习抽象的集合概念打下良好的基础。同时，这样的情境设计有助于激发学生的学习兴趣，使他们更容易接受和理解集合论的抽象概念。

在呈现上述情境后，依次提出以下问题。

问题一：在刚才的情境中，同学们观察到了哪些具体的物品或人群？

学生们可能会回答"许多书籍""不同的班级学生""各种商品"等等。通过这些回答，教师可以引导学生认识到这些情境中都包含了某种"集合"的概念。然后鼓励学生列举更多生活中常见的类似集合的例子，如运动队、植物园中的植物种类等，以增强他们对集合概念的理解。

问题二："图书馆的书架""学校的班级""超市的商品区"，它们有什么共同特征？

学生在分析和交流后，可以总结出这些实例共同具有的特征，如每个例子都涉及一组明确界定的对象（书籍、学生、商品），这些对象在某种规则下都能被归为一组。这个问题的目的在于帮助学生进一步理解集合的概念，即集合是一系列具有某种共同特性的对象的总体，锻炼他们的抽象概括能力。

（二）探究新知，构建概念

1. 呈现实例

教师可以使用多媒体展示以下两个实例。

（1）一组不同种类的水果。

（2）学校图书馆里的所有科学类书籍。

接着，引导学生讨论这些实例的共同特征。例如，在第一个实例中，每个水果可以被看作一个元素，而所有这些水果组成的整体就是一个集合；在第二个实例中，每一本科学类书籍是一个元素，而图书馆中所有这类书籍的总和可以构成一个集合。

2. 联系现实生活

教师向学生布置以下几个任务。

（1）请列举出你家厨房里常见的调料。

（2）请说出你所知道的各种运动项目。

（3）请列举出你所在学校的所有艺术类课程。

通过对这些问题的讨论，教师可以与学生一起概括出集合的概念。

设计意图：这一设计的目的是将抽象的集合概念与学生的日常生活紧密联系起来，使之更加具体和易于理解。通过实际生活中熟悉的例子，如厨房调料、运动项目、学校课程等，学生可以更直观地理解集合中"元素"和"整体"的关系。这种方法不仅能帮助学生理解集合的基本概念，还能锻炼他们的观察力和抽象概括能力，为他们深入理解集合论打下坚实的基础。

3. 集合的字母表示

教师引导学生用字母表示上面的实例。

（三）思考问题，发展思维

1. 提出思考问题

教师可以提出以下问题以突出关键概念。

（1）$B=\{$红色，蓝色$\}$，请问：绿色和蓝色哪个是 B 的元素？

（2）如果 B 由所有的汽车构成，那么 B 能不能是一个集合？

（3）$B=\{$苹果，苹果，橘子$\}$ 的表示方式是否正确？

（4）$C=\{$三角形，正方形$\}$ 与 $D=\{$正方形，三角形$\}$ 是否可以表示同一个集合？

学生在思考后给出以下回答（教师在必要时进行指导）。

（1）蓝色是 B 的元素，绿色不是。

（2）"汽车"这一范畴过于广泛，没有明确的界定标准，所以不能直接被表示成集合。

（3）不正确，正确的表示应为 $B=\{$苹果，橘子$\}$，因为集合中不包含重复元素。

（4）集合中的元素不必按顺序排列，所以 C 和 D 表示的是同一个集合。

设计意图：设置这些问题旨在加深学生对集合基本概念的理解，特别是集合元素的特性、集合定义的准确性，以及集合表示方法的规则。通过对具体问题的讨论和答案的反馈，学生能更好地把握集合的基本属性和规律，同时，这种问题解答的过程有助于提升学生的逻辑思维和分析能力。

2. 结合上述分析与回答，抽象出集合元素的特征

（1）互异性。集合中的元素不会重复出现。

（2）确定性。当给定一个集合后，集合中的元素便被确定了。

（3）无序性。集合中的元素没有先后顺序，可以任意调换位置。

基于集合元素的特征，让学生举出一些例子，加深学生对元素特征的理解。

设计意图：引导学生概括出集合元素的特征，并让学生举出一些与之相符的例子，加深学生对集合元素特征的理解，使之获得抽象概括能力的提升。

3. 教师继续提出问题

（1）假设用大写字母 B 表示高中足球队的全体成员的集合，用小写字母 c 表示该足球队的李华同学，用小写字母 d 表示学校篮球队的赵雷同学。那么，元素 c、d 与集合 B 的关系分别是什么？

这一问题旨在引导学生理解和总结元素与集合的基本关系：属于和不属于。

（2）如果用字母 C 表示所有亚洲国家组成的集合，那么印度、巴西与集合 C 的关系分别是什么？

这一问题旨在引导学生使用数学符号来准确表达元素与集合的关系。

4. 回顾数集扩充过程

让学生回忆并写出常见数集（如自然数集、整数集、有理数集、实数集）的标准数学记号。

5. 阅读教材并思考问题

（1）探讨集合的常用表示方法。

（2）分析列举法和描述法表示集合的特点及适用范围。

（3）讨论如何根据不同情境选择合适的集合表示方法。

通过具体实例和教材阅读，本环节可以让学生深入了解并体会用列举法和描述法表示集合的方法及各自的特点。同时，通过归纳总结，这一环节能锻炼

学生的抽象思考和归纳总结能力，帮助他们在不同情境中选择最适合的集合表示方法。

（四）巩固深化，反馈矫正

（1）用自然语言描述集合 $B=\{2, 4, 6, 8, 10\}$。

（2）用列举法表示集合 $B=\{$所有小于10的正偶数$\}$，问，集合 B 中的元素都是什么形式？$3 \in B$ 吗？

（3）完成教材中的相关习题。

设计意图：这些活动的目的是加深学生对集合概念的理解，并使其通过比较不同的表示方法和完成习题巩固集合表示方法知识。实际应用问题和习题可以帮助学生将理论知识应用于具体情境，加深他们对集合概念的理解。

（五）归纳总结

（1）本节课我们学习了哪些关于集合的关键知识点？

（2）你觉得了解集合概念在日常生活或其他学科中有什么用处？

（3）在不同的情境下，我们应该如何选择合适的集合表示方法？

设计意图：通过这些总结性问题，教师可以帮助学生回顾和巩固本节课所学的内容，同时引导他们思考集合概念在现实生活和学术领域中的应用。这种反思和总结对于加强学生对学习内容的长期记忆和理解非常重要。此外，讨论不同情境下对集合表示方法的选择，有助于提升学生的应用能力和临场判断力。

第三章　高中数学教学模式

第一节　数学教学模式概述

一、数学教学模式的概念

（一）模式

模式是一个抽象的概念，是对事物在某一特定方面所体现出来的共同特征或规律的反映，具有普遍适应性，是一种规范化体系。[①] 模式的核心在于其形式上的规律，这可以是图形变化的规律、具体操作流程或是经验的积累与升华。从实践中不断重复出现的事件发现和抽象出规律，可以形成对相似问题的处理方法，从而构建出相对稳定的规则和流程。例如，管理模式就是管理者基于一定经验而制订的稳定化的管理规则和操作流程，是被管理对象需要自觉遵守的规则。

模式是将解决某类问题的方法总结、归纳至理论层面之后而形成的一种方法论。这里的方法指的是达到某种目的或完成某项任务的途径和手段。模式是对这些方法的高度抽象，是结构化的步骤和程序。从实践中归纳概括可以提炼出各种模式，这些模式经过实证后可以形成理论。而从理论出发，经过演绎分析，也可以提出各种合理的模式以促进实践发展。

总的来说，模式是问题解决的一般步骤或形式化的策略，但它并不等同于形式。模式是一种高度概括的形式，通常适用于反复出现的事件。人们可以在

[①] 赵坤国，汪美玲，侯雅雅. 数学教学理论与解题实践[M]. 汕头：汕头大学出版社，2021：18.

生产生活实践中通过抽象和升华所积累的经验总结模式，从而形成更为高效和系统化的解决方案。

（二）教学模式

教学模式的概念可以从以下几个方面进行理解和分析。

1. 教学模式的不同观点

（1）结构说。结构说认为，教学模式是一种有序的教学架构，建立在扎实的教学理论基础之上。它强调教学活动不仅是一系列随机的行为，还是需要遵循特定的结构和框架。这个结构包括教学目标、内容、方法和评估等各个方面，可以形成一个完整的教学体系。

（2）程序说。这种观点认为，教学模式是一系列设计精良的教学步骤和策略的集合，它们共同作用于教学过程，以确保教学目标的实现。程序化的教学模式强调教学活动的顺序性和逻辑性，可以使教学过程更加清晰、高效，同时便于教师进行教学设计和评估。

（3）方法论说。方法论说视教学模式为一种涵盖教学内容、目标、过程和环境的综合教学方法。这种观点认为教学模式是多种教学方法的合理化和最优化组合，人们通过反复实践和验证将之升华为理论。

2. 教学方法与教学模式的关系

教学方法是师生为了实现共同的教学目标，在教学过程中运用的方式和手段。教学方法通过抽象、提炼、反复验证，上升至理论高度，形成独立化、程序化的稳定教学结构体系，即教学模式。与教学方法相比，教学模式是一个更宽泛的概念，它不仅包括教学的方式和方法，还包括程序步骤以及理论依据和指导思想。

综合来看，教学模式是教师为完成教学目标，在教学理论与学习理论的指导下，经历教学实践检验，并积累经验而形成的稳定的、程序化的教学结构体系，可操作性强，是理论与实践的有效结合。

（三）数学教学模式

数学教学模式是指在某种教学思想与教学原理的指导下，围绕特定的数学教学目标而形成的相对稳定的规范化教学程序与操作体系。无论是哪一种教学模式，都有其特定的教学程序与操作体系，它们是联系数学教学理论与实际数学课堂教学的中介。[①]

数学教学模式的本质就是将教学理论运用于数学课堂教学实践中所形成的一种规范化的体系，有着一定的规律并具有普遍适用性。数学教学理论是对数学教学实践进行研究之后而得到的系统化的思想与理论观点，是对数学学科的特点、学生学习数学的特点及学生学习数学的心理特点等方面的研究，为数学教学模式的形成奠定了理论基础。而数学教学模式是教师在课堂实践教学中，受已有观念和理论支撑影响而潜移默化地采用某种一贯的教学方法，并在实践中归纳总结寻找教学规律，进而得出的一种相对稳定的教学程序。

二、数学教学模式的特征

数学教学模式具有以下特征，如图3-1所示。

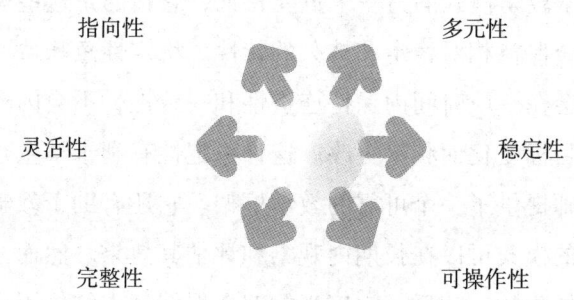

图 3-1　数学教学模式的特征

（一）指向性

数学教学模式的指向性主要体现在其明确的教学目标和方向上。这意味着每一种教学模式都是为了实现特定教学目的而设计的，如提高解题技能、培养抽象思维能力或者增强逻辑推理能力等。指向性确保教学活动不会偏离既定目标，同时能引导教师和学生在清晰的轨道上前进。例如，如果目标是培养学生

[①] 蒋亦华，周友士. 中学数学教学设计与案例分析 [M]. 苏州：苏州大学出版社，2016：62.

的创新思维，教学模式可能会更侧重于探究式学习和问题解决。这种目标导向的方法有助于集中教学资源和师生精力，确保教学活动能有效地达到预期效果。

（二）多元性

数学教学模式的多元性指的是它能适应多种教学环境和需求，包括不同的教学对象、教学内容以及教学方法。这种多元性体现为教学模式能够适应不同年龄段、不同认知水平的学生，同时适应不同的教学目标和内容。例如，对初学者而言，教学模式可能更注重对基础知识的传授和简单应用的练习；而对于高级学生，则可能更侧重于高阶思维的培养和复杂问题的解决。多元性使数学教学模式具有广泛的适用性和灵活性，教师可以根据具体情况调整教学策略和方法，满足不同学生的学习需求。

（三）稳定性

稳定性是数学教学模式的另一个重要特征，它指的是这些模式一旦形成，在实施过程中就会保持相对稳定和持久的特性。稳定性意味着一旦确定了特定的教学模式，它会在一段时间内保持连贯性和一致性，不会因教师个人的偏好或者短期的教学目标变化而频繁更改。这种稳定性有利于学生建立清晰的学习期望，同时为教师提供了一个可靠的教学框架。它还有助于教学实践的评估和改进，因为稳定的模式可以在长期内观察和评估其效果。然而，稳定性并不意味着教学模式是僵化的；相反，它应当能够在保持基本结构不变的前提下，适应新的教学挑战和变化。

（四）可操作性

可操作性是指数学教学模式必须是可实施、易于操作的，确保教师能够将这些模式实际应用于教学过程中。这意味着教学模式不应只停留在理论层面，而应具备清晰的操作指南和步骤，使教师能够轻松地将其融入日常教学中。可操作性要求教学模式具有明确的指导原则和具体的教学活动、评估方法、反馈机制等。例如，如果一个教学模式致力提高学生的解题能力，它应该包括具体的解题步骤教学、实例演示、学生练习以及评估和反馈环节。通过这种方式，教师可以根据模式有效地规划和实施课程，而学生则能明确理解所期望达成的学习目标。

（五）完整性

教学模式是教学现实和教学理论的统一，所以它有一套完整的结构和一系列的运行要求，这体现着理论上的自圆其说和过程上的有始有终。它是一定教学理论的简要形式，又是一个完整的过程与体系。

（六）灵活性

灵活性则指数学教学模式需要有足够的适应性和调整能力，以适应不同的教学情境和学生需求。灵活性允许教师根据学生的特定需求、兴趣和能力水平调整教学方法和内容。这也意味着教学模式应能适应不同的教学环境和资源条件。灵活的教学模式鼓励创新和个性化的教学方法，允许教师在保持教学目标和核心原则不变的同时，对教学策略进行必要的调整。例如，针对学生反馈或特定的课堂互动情况，教师可能需要调整教学节奏，采用不同的教学工具或组织不同的活动，以确保所有学生都能有效地参与并从课程中受益。

三、数学教学模式的构成要素

（一）指导思想

指导思想是数学教学模式的理论基础和核心，它决定了教学模式的方向和价值取向，包括教育的哲学理念、教学的方法论以及对数学学科本质的理解。指导思想影响着对教学内容的选择、对教学方法的应用以及与学生互动的方式。例如，一个以学生为中心的教学模式强调学生的主动参与和探索，鼓励对创新思维和问题解决能力的培养，这与传统的以教师为中心的讲授模式有着本质的不同。指导思想的明确性和科学性对确保教学模式的有效性和适宜性至关重要，它是引领教学实践的灯塔。

(二)教学目标

教学目标是数学教学模式中具体的教学绩效指标,它明确了教学活动的预期成果。教学目标通常包括知识技能、思维能力、情感态度和价值观等方面的指标。教学目标的设置应符合学科特性,反映教育规律,同时考虑学生的实际情况和发展需求。它们应该是具体、可量化、可达成的,以便教学过程中的实施和评估环节的顺利展开。

(三)操作程序

操作程序是数学教学模式的实施指南,它包括一系列具体的教学步骤和方法。这些程序应该根据指导思想和教学目标进行设计,以有效引导学生达到预定的教学结果。操作程序涵盖了教学活动的全过程,包括课程的引入、发展、实践、总结和评估等阶段。每个阶段都应具有明确的目标和相应的教学方法,如启发式教学、讨论式教学、实验式教学等。操作程序的有效性和合理性直接影响了教学模式的实施效果,它需要具备逻辑性、连贯性和可操作性。

(四)实现条件

实现条件是指数学教学模式被顺利执行所需要的各种条件和资源。这包括硬件条件,如教室设施、教学工具和技术支持,以及软件条件,如教师的专业素质、教学经验和学生的学习动机。实现条件的充分性和适宜性对确保教学模式的有效实施至关重要。

(五)效果评价

一种数学教学模式是否有效及其在数学教学实践中的实施效果,需要通过一定的方式进行衡量。就当前而言,对数学教学模式的有效性及其实施效果进行衡量的一个重要方式便是评价数学教学模式的实施效果。这种方式既可以帮助人们明确数学教学模式是否实现了数学教学目标及实现的程度,也可以帮助人们进一步把握数学教学模式中存在的不足以及需要改进的地方和方法等。通常来说,数学教学模式不同,对其进行评价的方法和标准也会有一定的差异。

也就是说，评价方法和标准必须有针对性，以确保得出的评价结果有准确性和合理性。

四、数学教学模式构建方法

随着数学教学理论的研究和教学实践探索的深入，反映新的数学教学理念、数学教学改革实验成果的数学教学模式不断涌现，这是一种永无止境的探索和研究活动。但如何构建数学教学模式这一问题，并没有固定不变的答案，从方法的角度分析，主要有以下几种。

（一）总结归纳法

总结归纳法的核心在于通过对实际教学经验和案例的观察、分析，提炼出普遍适用的教学模式。在应用总结归纳法时，首先，教师需要广泛收集教学实践数据，这可能包括不同教师的教学案例、教学方法的应用效果、学生的学习反馈以及教学过程中的各种观察记录。其次，教师需要详细分析这些数据，并寻找其中的共同点和差异，探究不同教学模式的有效性和适用条件。这一阶段的关键在于识别哪些教学实践是成功的，哪些不尽如人意，并理解背后的原因。例如，教师可能会发现在某些特定条件下，探究式学习比传统的讲授更能激发学生的学习兴趣和参与度，或者发现某些教学方法在提高学生的解题能力方面尤为有效。在分析的基础上，教师可以提炼出一系列的教学原则或模式。这些原则和模式应能概括大量的个别教学实例，并具有一定的普遍性和适用性。例如，教师可以总结一下有效的数学教学应包含哪些关键元素，如问题导向、学生参与、实践探索等，或者确定哪些教学模式在特定类型的数学内容传授中最为有效。最后，将这些总结出的模式应用于教学实践中，观察其效果，并进一步调整和完善。通过不断地实践、总结和调整，教师能够构建出更为科学、合理且有效的数学教学模式。

（二）理论推演法

理论推演法强调的是从已有的教育理论、心理学原理、学习理论以及数学学科的特点出发，发展出适合特定教学目标和学习环境的教学模式。

在应用理论推演法时，教师先要对教育理论进行深入研究，如建构主义学习理论、认知心理学、发展心理学、教育评估理论等。通过理解这些理论，教师能够获得关于如何有效传授数学知识、如何设计有效的教学活动、如何评估学习成效以及如何应对学生学习中的困难等问题的重要见解。随后，将这些理论与数学学科的特性相结合。数学作为一门强调逻辑推理、抽象思维和精确表达的学科，对教学方法和学生学习方式有着特殊的要求。教师需要考虑如何将理论中的教学原则和策略适配到数学教学中，以提高教学效果，还有如何利用构建主义理论中的主动学习和问题解决策略来提升学生的数学思维能力。接下来，教师应在理论的指导下进行教学模式的设计。这一过程涉及将理论原则转化为具体的教学活动、教学方法和评估策略。例如，参考认知负荷理论的话，设计数学教学活动时就需要考虑如何合理安排教学内容和难度，以避免学生认知过载。或者，根据区分学习理论，设计针对不同学习能力学生的差异化教学策略。最后，对设计的教学模式进行逻辑验证和理论检验。这需要通过理论分析来预测教学模式可能的效果和潜在问题，并据此进行调整。

理论推演法的优势在于，它提供了一种系统性和理论性强的教学模式设计路径，有助于确保教学模式不仅能符合教育理论，还能够辅助师生科学地应对教学实践中的各种挑战。然而，理论推演法也需要在实际教学中不断地进行实证检验和调整，以确保理论与实践的有效结合。

（三）综合法

综合法结合了总结归纳法和理论推演法的优势，通过整合实践经验和理论研究来设计教学模式。

在应用综合法时，教师先要从实践中收集数据和经验。这包括对现有教学方法的效果评估、对学生学习成效的观察、对教学过程中的问题和挑战的分析等。这些实践经验提供了设计教学模式的直接依据，能够帮助教育者了解在具体教学情境中哪些方法有效、哪些方法需要改进。随后，将这些实践经验与教育理论相结合。通过对相关教育理论的深入研究，教师可以获得关于如何设计有效教学、如何应对学生学习困难、如何评估学习成效等问题的理论思路。理论的引入有助于提高教学模式的科学性和系统性，使其不仅结合经验，还有理论的指导和支持。接着，在综合实践经验和理论的基础上，进行教学模式的设计和构建。这一过程需要综合考虑实践中的具体情况和理论的指导原则，设计出既符合理论又能适应实际教学需求的教学模式。例如，教师可以根据构建主义理论设计以学生为中心的探究式学习活动，同时根据实践中学生的具体需求调整活动的难度和内容。此外，综合法还强调对教学模式进行持续的评估和改进。这一过程涉及将设计的教学模式应用于实际教学中，观察其效果，收集学生和教师的反馈，然后根据反馈进行必要的调整等环节。这种循环迭代确保了教学模式能够不断优化和完善，更好地适应学生的学习需求和教学环境的变化。

综合法的优势在于它充分考虑了理论和实践的双重需求，能够在确保教学模式有科学性和系统性的同时，保持灵活性和适应性。用综合法构建的教学模式，既有理论的指导，又能够贴近实际教学情境，更有助于提高教学的有效性和学生的学习成效。

五、数学教学模式的发展趋势

（一）由单一性向多元化发展

20世纪50年代以前，教学实践基本上是约翰·赫尔巴特（Johann Herbart）的教学模式和约翰·杜威（John Dewey）的教学模式先后占主导地位，教学模式单一。20世纪50年代以后，新的教学模式层出不穷。多种多样的教学模式正在形成庞大丰富的"教学模式库"，为教师提供了优选教学模式的广阔空间。

（二）由归纳型向演绎型发展

数学教学模式正在从传统的归纳型向演绎型发展。在归纳型教学中，学生通过观察具体的实例和案例，总结出数学规律；而演绎型教学则是从一般原理出发，引导学生理解和应用这些原理以解决具体问题。演绎型教学鼓励学生从抽象的概念出发，运用逻辑推理和批判性思维来理解和解决问题。这种转变有助于学生更好地理解数学原理的深层含义，培养他们的分析能力和解决复杂问题的能力。在现代教育环境中，演绎型教学模式更有利于学生的深层次学习和长期记忆。

（三）由以教师为主向以学生为主发展

现代数学教学模式正在从传统的以教师为主向以学生为中心的模式转变。在以学生为中心的教学模式中，学生的需求、兴趣和学习进度是教学设计的核心。这种模式强调学生的主动学习和参与，教师的角色转变为引导者和促进者，而不再是知识的唯一传递者。这种教学模式的转变有利于激发学生的学习兴趣，提高学生的自主学习能力和批判性思维能力。以学生为中心的教学模式更加关注学生的个性化需求和差异化教学，教学过程更具互动性和参与性。

（四）技术手段更加现代化

随着科技的发展，数学教学模式在技术手段上也更加现代化。这包括使用数字化工具、教育软件、在线资源以及互动白板等技术手段，这些技术不仅丰富了教学内容，还提高了教学的互动性和吸引力。现代化的技术手段使数学教学可以跨越传统的时间和空间限制，为学生提供更多学习途径。例如，通过在线教育平台，学生可以获取大量的学习资源，实现个性化学习和自主学习。同时，技术的运用促进了教育的个性化和差异化，使教师能够更有效地满足不同学生的学习需求。现代化的教学技术手段为数学教学提供了更多的可能性，推动了教学模式的创新和发展。

第二节 高中数学常用的教学模式

一、讲解—传授教学模式

讲解—传授教学模式是一种传统的教学模式，主要特点是教师在课堂上通过讲解传授知识，学生则通过听讲来学习。这种模式强调教师的主导地位，以教师为中心，以教师的知识讲解和演示为主要教学活动。学生主要是接受和记忆知识,以及进行课后练习。讲解—传授模式在高中数学教学中非常常见,尤其适用于对知识点的传授和基础概念的解释。

(一)讲解—传授教学模式的操作程序

讲解—传授教学模式的操作程序如图 3-2 所示。

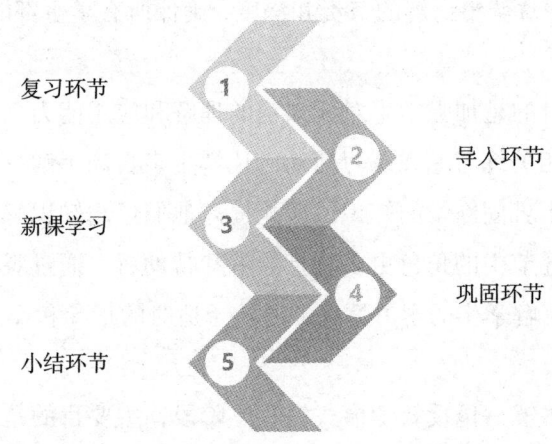

图 3-2 讲解—传授教学模式的操作程序

1. 复习环节

在讲解—传授教学模式中,复习环节是开启新课程之前的重要步骤。这一环节的主要目的是巩固学生对之前所学内容的记忆和理解,为新知识的学习打下坚实的基础。在这个环节中,教师通常会回顾前一课的或相关的知识点,重点强调关键概念和核心思想。这不仅能帮助学生梳理和连接之前的知识,还能够激发他们对即将所学内容的兴趣和好奇心。教师可能采用提问、讨论或者小测验等方式来进行复习,这样可以有效地评估学生对以往知识的掌握情况,并及时调整教学策略。

2. 导入环节

导入环节是讲解—传授教学模式中的关键部分,目的在于激发学生的学习兴趣和好奇心,为新课程的学习做好准备。在这个环节中,教师可以通过提出问题、讲述故事、展示实例或引入实际应用场景等方式,吸引学生的注意力,并引导他们进入新的学习主题。良好的导入不仅能够提高学生的参与度,还有助于为学生建立起对新知识的初步印象和理解,为深入学习打下基础。

3. 新课学习

新课学习是讲解—传授教学模式的核心环节。在这个阶段,教师通过详细的讲解,向学生传授新的数学知识和概念。教师会系统地介绍新的理论、公式、定理或解题方法,并通过例题演示来加深学生的理解。这个环节要求教师具有清晰的表达能力和深厚的专业知识,以确保学生能够准确地理解和掌握新知识。同时,教师需要注意调整讲解的节奏和深度,确保所有学生都能跟上教学进度。

4. 巩固环节

巩固环节的目的是加强学生对新知识的理解和应用能力。在这一环节中,教师通常会布置相关练习题和练习活动,让学生亲自动手解决问题。这些活动不仅可以帮助学生巩固新学的知识,还能提高他们运用知识解决实际问题的能力。教师在这个环节中的角色更多是指导者和帮助者。通过观察学生的作业和表现,教师可以了解学生的学习情况,并给予适时的指导和反馈。

5. 小结环节

小结环节是讲解—传授教学模式的收尾阶段,主要目的是帮助学生整合当堂课的学习内容,形成系统的知识结构。在这个环节中,教师会总结课堂上重要的知识点和核心思想,强调知识间的联系,帮助学生构建完整的知识框架。同时,小结环节是对学生学习情况进行初步评估的机会,教师可以通过提问或组织讨论,了解学生对课堂内容的掌握程度。这个环节对强化学生的记忆、促进深层次理解和为下一次的学习做好准备都至关重要。

(二)讲解—传授教学模式的优缺点

讲解—传授教学模式的优点:①效率高。这种模式适合快速传授大量的理论知识,尤其是在时间有限的情况下,能够确保覆盖所有重点教学内容。②结构清晰。教师可以系统地讲解数学概念和理论,以保证知识点的完整性和逻辑性,便于学生理解和记忆。③控制性强。教师可以完全控制教学进度和内容,确保教学计划的顺利实施。

然而,该模式也存在以下缺点:①学生参与度低。由于这种模式侧重于教师讲解,学生主动参与和互动的机会较少,这可能导致学生的思考和探究能力得不到充分发展。②忽视学生个体差异。这种模式往往采用统一的教学方法，难以满足学生的个性化学习需求。

二、引导—发现教学模式

引导—发现教学模式是一种以学生为中心的教学模式，旨在激发学生的探究兴趣和自主学习能力。在这种模式下，教师的角色更多是引导者和协助者，而不是单纯的知识传授者。教师通过设计具有挑战性的问题、情境或项目，引导学生自己发现问题的解决方法和数学规律。学生在这一过程中需要积极思考、探索和交流，通过自己的努力来构建知识体系。

（一）引导—发现教学模式的实现条件

1. 对教学内容的要求

不是任何教材内容的教学都适用于"引导—发现"数学课堂教学模式，具体来说，教学内容需满足以下几个条件：第一，内容应具有足够的开放性和探究性，以便激发学生的好奇心和探究欲。这意味着教学内容不应仅仅局限于对事实和概念的传授，还应包括问题情境、案例研究或实际应用，鼓励学生进行深入思考和探索。第二，教学内容应与学生的知识水平和认知能力相匹配，既不能过于简单以致缺乏挑战性，也不能过于复杂以致超出学生的理解范围。第三，教学内容应具有一定的连贯性和逻辑性，使学生能够在探索过程中逐步建构知识，形成完整的认知结构。最后，教学内容应灵活多样，能够适应不同学生的学习风格和兴趣，以促进所有学生的参与和学习。

2. 对教师的要求

首先，教师需要具备较强的专业知识和教学技能，能够设计合适的探究活动和问题情境，并有效地引导学生进行探索。其次，教师应具有良好的引导和沟通能力，能够鼓励学生提问、思考和讨论，同时提供必要的支持和指导。教师还需要具备较强的应变能力，能够根据学生的反馈和学习进展，适时调整教学策略和内容。此外，教师应具有一定的创新意识和教育研究能力，不断探索和改进教学方法，以提高教学效果。

3. 对学生的要求

（1）学生需要具备积极主动的学习态度，愿意参与探究活动，对学习充满好奇心和热情。

（2）学生应具有一定的知识基础和思维能力，能够理解和处理相对复杂的问题。

（3）学生需要具备良好的合作和交流能力，能够在小组活动中有效沟通、共享信息，并与同伴协作解决问题。

（4）学生应具有一定的自我管理和反思能力，能够自主安排学习进度，对自己的学习过程和结果进行评估和反思。这些能力和态度不仅有助于学生在引导—发现教学模式中取得成功，还是他们终身学习和个人发展的重要基础。

（二）引导—发现教学模式的组织形式

在引导—发现教学模式中，组织形式的选择对促进学生的积极参与和深入理解至关重要。常用的组织形式有以下四种。

1. 师生谈话

师生谈话是引导—发现教学模式中一种重要的组织形式，它通过教师与学生之间的对话来引导学生探索和发现新知识。在这种形式下，教师不是单向地传授知识，而是通过提问、引导、反馈等方式与学生进行互动交流。这种对话可以是关于数学概念的探讨、对解决数学问题方法的探索，或对学生疑惑的解答。师生谈话鼓励学生主动思考，表达自己的观点和想法，并接受教师的指导和启发。教师在谈话过程中需注意引导学生深入思考，同时要善于倾听学生的回答，适时给予正向鼓励和建设性反馈。这种互动形式有助于建立积极的师生关系，增强学生的学习动力，同时能够促进学生批判性和创造性思维的发展。

2. 小组讨论

小组讨论是另一种在引导—发现教学模式中常用的组织形式，特别适用于鼓励学生进行合作和交流。在这种模式下，学生被分成小组，每个小组有 4～6 人，共同讨论或解决一个数学问题，分享彼此的想法和解题方法。小组讨论不仅可以激发学生的学习兴趣和参与度，还能促进学生之间的社交互动和团队协作能力的发展。在讨论过程中，学生能够从同伴那里学到不同的观点和方法，提高自己的理解和认知水平。教师在小组讨论中的角色是观察者和引导者，需要监控讨论进程，确保每位学生都有参与的机会，并在必要时提供指导和支持。小组讨论的成功依赖于良好的组织和管理，包括设立明确的讨论目标，进行合理的小组分配和有效的时间控制等。

3. 实践活动

实践活动着重于通过实际操作和体验来促进学生对数学知识的理解和掌握。在这种形式下，学生被鼓励参与各种数学实践活动，如实验、操练、制作模型或参与数学游戏等。这些活动使学生能够直观地感受数学概念和理论在现实世界中的应用，增强学习的趣味性和实用性。实践活动有助于学生从抽象的数学符号和公式中抽身，将理论知识转化为具体的操作技能。这不仅有助于巩固学生的学习成果，还能激发他们的探究欲望和创造力。教师在这种活动中的角色是提供指导和支持，确保活动的安全和有效性，并引导学生进行反思和总结，以加深对所学知识的理解。

4. 独立探究

独立探究强调学生应在教师的初步引导下独立进行数学学习和研究。在这种组织形式中，学生被赋予了更多的自主性，教师应鼓励他们自己设定学习目标、寻找学习资源、计划学习进程，并独立解决遇到的数学问题。独立探究可以帮助学生发展自我学习和自我管理的能力，同时培养他们的批判性思维和创新能力。这种模式下的学习不仅可以应用于课堂内，还可以延伸到课堂外，如通过网络资源、图书馆或实地考察等方式进行。教师在独立探究的过程中扮演着咨询者和指导者的角色，为学生提供必要的学习策略和研究方法的指导，同时鼓励学生进行自主探索和批判性思考。独立探究对学生的自我激励和持久关注能力有较高的要求，因此，教师需要适时给予鼓励和反馈，帮助学生保持学习的热情和方向。

（三）引导—发现教学模式的操作程序

"引导—发现"数学课堂教学模式的操作程序，如图 3-3 所示。

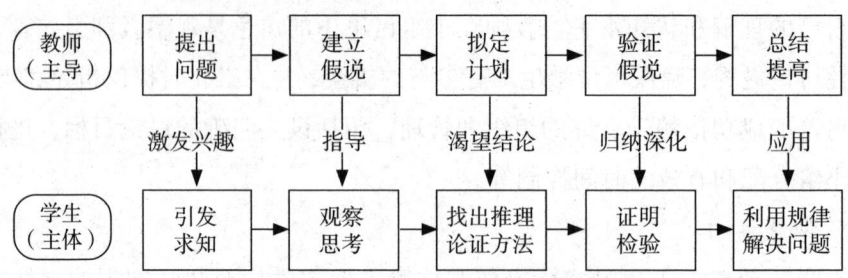

图 3-3 引导—发现教学模式的操作程序

1. 提出问题

这一步骤是引导—发现式教学的起点,由教师先提出一个能引发思考的问题,或者激发学生提出自己的问题。问题应该足够开放,能够激发学生的好奇心和探索欲望,同时与学习目标和学生的现有知识水平紧密相关。一个好的问题不仅是学习探究的触发点,还是引导学生思考、提供学习方向的指南针。在这个阶段,教师需要引导学生理解问题的本质,思考问题背后的数学概念和原理,为后续的探究活动奠定基础。

2. 建立假说

假说是指为解决问题而提出的初步的假定性推测。它是以事实和科学原理为依据,尚待证明或实践检验的命题。具体来说,教师在提出问题之后,应引导学生由原有认知结构中的旧知识联想或类比出新内容,实现知识的建构,形成对事物的一些初步认识。例如,本节课所学的内容与学过的哪些知识有关,可以用什么方法或途径去解决。当学生形成初步猜想后,教师应指导学生开放性地设计解决问题的各种可能途径,并修正学生错误的思维方向,给他们指明正确的探究方向,同时,给予学生信任与关怀,使他们能在轻松的环境中自由地、无拘无束地交流探讨,使其创新能力得到有效发挥。

3. 拟定计划

建立假说之后,就要拟定实施计划。学生对各种可能的假设,都要设计相应的执行计划。计划是执行推理验证的思路和根据,需要学生一步一步地精心设计。在教师的启发引导下,学生要思考如何通过实际操作、观察、实验或数据收集来测试他们的假说。在这个过程中,学生需要确定所需的资源、工具和方法,并制订详细的操作步骤。这不仅是对学生实践操作能力的考验,还是对其计划和组织能力的培养。教师在此阶段的角色是提供必要的指导和支持，确保学生的计划是切实可行的，并帮助他们理解和应用适当的数学工具和方法。

4. 验证假说

在验证假说的阶段，学生开始实施他们的计划，通过具体的活动来检验假说的正确性。这可能包括进行数学实验、进行数据分析、解决问题或实施其他探究活动。这个阶段对学生而言是实践和探索的过程，他们需要收集和分析信息，观察和记录结果，并从中得出结论。如果结论被证伪则说明假说被推翻，而如果结论被证实则说明假说能够得到一定程度的支持，但不意味着假说成立。只有从假说中推出的诸多结论能被反复验证，假说才可被视为科学真理。在验证假说的过程中，学生需要不断对原来的假说进行修正，已经被证伪的结论要被删除，新发现的内容要补充进去，以形成新的假说。总之，假说就是在这种不断修正的过程中一步步接近真理的。

这一阶段教师的任务是监督学生的探究活动，确保其安全有效，并在必要时提供帮助。同时，教师应鼓励学生保持批判性和客观性，对结果进行科学的分析和解读。

5. 总结提高

学生在这个阶段需要对整个探究过程和结果进行反思和总结。这包括评估假说的有效性，提炼所学习到的数学知识和技能，以及思考探究过程中的得失和可能的改进思路。这一阶段对加深学生对数学概念的理解，培养他们的反思能力和学习能力具有重要作用。教师应帮助学生整合和理解他们的发现，指导他们从中提取有价值的经验和教训，并将这些经验应用到未来的学习中。此外，教师还可以提供反馈和建议，帮助学生提高探究和学习的策略水平。

三、情境教学模式

（一）情境教学模式的概念

情境教学模式的心理学基础是人本主义心理学理论。情境教学模式是指在教学过程中，运用各种教学媒体，创设渗透着教学目的并充满了美感和智慧的情境，并利用暗示、移情帮助学生感知具体形象，形成表象，掌握知识，并让学生通过具体场景的体验，产生积极的情感。与其他教学模式不同的是，情境教学模式可以通过创设具体情境，将学生置于某种特定的氛围中，形成一种心理环境，并使学生产生移情效应，获得在其他情况下无法产生的情感。这样，从刺激学生第一信号系统出发，由感知深入思维和情感领域，引起认知与情感的变化。

（二）情境教学模式的操作程序

1. 创设情境

在情境教学模式的第一阶段，创设一个与教学内容密切相关的情境是关键。这个情境应当符合教学目标，能够吸引学生的注意，并与学生现有的知识水平相适宜。创设的情境类型可以分为实在情境和虚拟情境两种。实在情境通常依靠教学媒体来实现，如使用实物、图表、视频或音频等，这些媒体能够直观地展示数学概念或问题情境。而虚拟情境则更多激发学生的想象力，如通过角色扮演、戏剧表演或模拟演练等方式，创造一个使学生能够在心理上融入的学习环境。这个阶段的目标是使学生能够在一个具体和直观的背景中学习数学，从而提高他们对数学的理解和兴趣。

2. 观察想象

第二阶段是观察想象，学生需要在教师的引导下对创设的情境进行细致的观察和想象。在这一阶段，学生通过观察，将新的信息与他们已有的知识结合起来，形成新的认识。这一过程不仅涉及视觉观察，还包括思考、推理和想象。教师的任务是引导学生从多个角度观察情境，鼓励他们提出问题、发表意见和做出假设。通过这样的深度参与，学生能够更好地理解和吸收新知识，这也能培养他们的批判性思维和创造性思维的能力。

3. 激发情感

情感的激发对提高学习的动力和深度有重要意义。在这一阶段，教师利用情境来触动学生的情感，使他们在情感上投入学习。这种情感的激发可以通过各种方式实现，如讲述感人的故事、展示引人入胜的情境或与学生共同经历一项挑战。被激发了情感的学生更有可能对学习内容产生兴趣，投入更多的精力，并在学习过程中保持积极的态度。同时，教师应引导学生的情感发展，促进他们对数学学习的积极态度和价值观念的形成。

4. 情能转化

最后一个阶段是情能转化，其目的是将学生在情境中的情感体验转化为知识和能力的提升。情能转化是情境教学的终极目标，意味着学生不仅可以在情感上接受教学内容，还能够将所学知识应用于实际问题解决中。在这一阶段，教师需要引导学生将情境中的体验与实际的数学概念和技能相联系，帮助他们理解数学知识是如何应用于现实生活中的。这可能涉及解决实际问题、参与项目工作或进行实验研究等。通过这种应用，学生的学习成果得以巩固，他们的数学能力也能得到实际的提升。

第三节　新课标背景下高中数学教学模式的创新

一、翻转课堂教学模式

翻转课堂教学模式有效地响应了高中数学教育的现代化要求。通过颠倒传统的课堂教学和家庭作业的顺序，这种模式鼓励学生在课前通过视频和其他材料自主学习基础知识，从而释放了课堂时间，使更多的时间可被用于更深入的讨论、探究和应用实践。这种模式不仅提高了学生的学习主动性和参与度，还促进了学生批判性思维和创新能力的发展，完全符合新课标所倡导的学生中心和终身学习的理念。

（一）翻转课堂教学模式的概念与特征

1. 翻转课堂教学模式的概念

翻转课堂，也被称为反转课堂或者颠倒课堂，是一种创新的教学模式。在翻转课堂，任课教师根据授课内容，把课程的重点、难点和部分新知识进行融合，创建相关教学视频。在课下，学生先通过观看教学视频自学新课，获得一定的知识。然后，学生根据教学视频自主完成在线测试，进而吸收内化新知识。

最后，学生带着学习过程中的疑问去课堂上参与师生、生生之间的互动交流、合作、共享与讨论，从而理解并熟练掌握新知识，最终实现教学目标。

2. 翻转课堂教学模式的特征

（1）以学生为中心。翻转课堂的核心在于将学习的主动权交给学生，从而实现以学生为中心的教学。在这种模式下，学生可以在课前通过观看视频、阅读或其他自学材料来获取知识，这能够使他们根据自己的学习节奏和风格来掌握基础概念。课堂时间被用于深入讨论、问题解决和合作学习，学生在这个过程中需承担更多的责任，并发挥自己的主动性。这种学习方式鼓励学生自主探索，增强了他们对学习的控制感和参与感。学生可以根据自己的理解程度和兴趣选择重点和难点，进行深入探究。同时，这种方法有助于培养学生自我学习的能力和终身学习的习惯，为他们未来的学习和职业生涯打下坚实的基础。

（2）教师角色的转变。在翻转课堂教学模式中，教师的角色由传统的讲授者转变为学习的引导者和协助者。这种转变意味着教师不再是课堂上的主导者，而是学生学习过程中的支持者和促进者。教师在课堂上的主要任务是引导学生进行深入的讨论，解答学生的疑问，提供有针对性的指导，帮助学生在知识点之间建立连接和深化理解。此外，教师还需要设计课堂活动，监控学生的学习进度，并对学生的学习进行评价和反馈。这种角色的转变要求教师具备较强的组织能力、沟通能力和创新能力，同时要求教师能够灵活运用多种教学策略和工具，以适应学生的不同学习需求。

（3）强化课堂互动。在传统课堂中，学生的参与度往往因被动听讲的形式而受限。而在翻转课堂中，教师将讲授内容移到课前自学，课堂时间被释放出来用于组织更加积极的学习活动，如小组讨论、案例分析、互动问答和合作解决问题等。这种互动不仅能够使学生更深入地探讨和理解数学概念，还有助于提高他们的沟通能力和团队协作能力。在这种互动中，学生可以从同伴那里学习新的观点和策略，同时可以在表达自己的思想时获得反馈和支持。教师在这个过程中扮演着促进者的角色，帮助维护积极的互动环境，确保每位学生都有机会参与和做贡献。

（4）利用技术资源。翻转课堂教学模式的实施在很大程度上依赖于各种技术资源的使用。视频讲座、在线教程、电子教材和互动学习平台等技术工具的使用是实现课前自学的关键。这些资源为学生提供了灵活的学习方式,使他们可以根据自己的时间安排和学习节奏进行学习。此外,这些技术资源通常包含丰富的教学内容和互动元素,能够吸引学生的兴趣,提高学习效率。在课堂上,技术工具,如投影仪、智能板和学习管理系统等,也可以被用来支持互动教学的开展。例如,教师可以使用这些工具来展示学生的作业、组织实时投票或反馈以及监控学生的学习进度。利用技术资源的优势是,它不仅增加了教学的多样性和趣味性,还提高了教学的灵活性和有效性。

(二)翻转课堂教学模式的实施流程

1. 课前准备

课前准备阶段涉及教师和学生两方面的活动。

(1)教师活动。在高中数学的翻转课堂教学模式中,课前准备是确保教学效果的关键。教师的课前准备主要包括以下几个方面:第一,制作或筛选高质量的自学材料。为了支持学生的课前自学,教师需要准备高质量的学习材料,如教学视频、在线课程、阅读材料或互动式学习工具。这些材料应清晰地介绍和解释数学概念和方法,同时应具备一定的吸引力和可理解性。对于视频资源,教师可以选择制作自己的讲解视频,或者从现有的教育资源中挑选合适的材料。第二,设计学习任务单和引导问题。教师需要设计详细的学习任务单和引导问题,以帮助学生在课前进行有效的自学。这些任务单和问题应指导学生关注重要的知识点,激发他们的思考,并为课堂上的深入学习做好准备。任务单可以包含具体的学习目标、建议的学习步骤、预习问题以及预习材料的链接等。第三,准备课堂活动和资源。尽管课堂活动在课堂阶段进行,但教师需要在课前就对这些活动进行规划和准备。这包括设计用于课堂讨论的问题、小组活动的安排、实践练习和互动游戏等。教师还应准备必要的教学辅助材料和工具,如投影片、实物模型或互动软件等,以便在课堂上有效地支持学生的学习。

(2)学生活动。学生在课前的准备主要包括以下几个方面:第一,学习教师所提供的材料。学生的首要任务是学习教师为课前自学提供的材料,如观看教学视频、阅读资料、学习在线课程等。学生应认真观看和阅读这些材料,尤其是关注教师强调的关键概念和理论。在观看视频或阅读教材时,学生应积极做笔记，记录下重要的信息和自己的疑问。第二，完成预习任务和练习。如果教师在学习任务单中布置了预习任务或练习题，学生需要在课前完成这些任务。这可能包括解答一些数学问题、完成小测试或参与在线讨论。这些练习和任务有助于学生巩固和应用他们通过自学材料所获得的知识。第三，思考并准备课堂讨论。学生应该在课前思考教师可能会在课堂上提出的问题或讨论主题。他们可以思考自己对某个数学概念的理解、对解题方法的选择或对特定问题的看法，并准备一些自己的观点或问题，以便在课堂上积极参与讨论。第四，自我评估和提出疑问。学生应在课前进行自我评估，检查自己对课前材料的理解程度，并识别出自己的不确定点或困惑。如可以制作一个问题清单，准备在课堂上向教师或同学求助。

2. 课堂环节

课堂环节是整个学习流程的重点部分，它有两个重要作用：一是帮助学生内化知识。获取知识是学习者在特定的情境下通过人际协作活动完成意义建构的过程。翻转课堂让学生在课前准备环节依靠教学视频等教学资源自学知识，让学生把潜在意义的新知识与自身认知结构中的相关已有知识建立实质性的联系，并在课堂上通过小组讨论、交流互动等方式灵活应用，逐步内化新知识。二是反馈信息。教师根据课堂上同学间、师生间交互的过程以及结果，对课前的教学资源以及教学目标进行反思对比，根据反馈的意见适当修改课程设计。在翻转课堂教学模式中，课堂环节由四个方面组成，各个方面所涉环节的时间并不固定，由教师根据学生掌握的情况酌情增减。

（1）回顾和检测课前学习。在翻转课堂的开始，教师需要对学生的课前自学情况进行回顾和检测。这一环节的目的是确保学生已经理解了课前自学材料中的基本概念和知识点。教师可以通过提问、小测验或简短的讨论来检测学生的理解情况。这不仅可以帮助教师评估学生的学习成果，还为学生提供了一个复习和巩固知识的机会。在这个过程中，教师应鼓励所有学生参与进来，确保他们对基础知识有扎实的掌握。此外，这个环节也是教师了解学生在自学过程中可能遇到的困难和疑问的机会，为接下来的教学活动做好准备。

（2）小组讨论或合作学习。学生在课前活动阶段，已建立了自己的知识体系，但仍需要通过交流合作，完成知识的深度内化。在翻转课堂中，学生被分成小组，学生通过课前阶段的学习之后，与同伴交流自己对知识的理解。教师在各个小组之间巡视，并适当地参与学生的探讨。当学生在讨论中遇到问题时，教师给予及时的帮助，引导学生自我纠正对知识的错误认知。在此过程中，学生的批判性思维、课堂参与能力和对待学习的态度会发生很大的改变，这真正把学生推到了学习的主体地位。当学习本身成为学生自身需要的时候，学生就会成为真正的学习的主人，变"要我学"为"我要学"。教师也从传统的知识传授角色转变为学生学习的引导者和促进者。

（3）成果展示，分享交流。学生在经过合作交流后，完成小组的任务，并对成果进行展示。学生可以通过报告、演示或其他形式向全班展示他们的工作。这一环节不仅是学生展示自己理解水平和创造力的机会，还是他们从同伴那里学习新想法和方法的机会。通过分享和交流，学生可以获得更广泛的视角，同时能够收到来自同学和教师的即时反馈。教师应鼓励每个学生参与展示和交流，确保每个声音都被听到。

（4）信息反馈，集中答疑。在这一环节中，教师对学生在课堂上的表现进行评价和反馈，同时解答学生在学习过程中积累的疑问。这可以通过全班讨论、个别辅导或书面反馈的形式进行。信息反馈和答疑环节对提升学生的学习效果至关重要，它可以帮助学生及时纠正错误的理解，加深对数学知识的掌握。此外，这一环节也是教师收集学生学习反馈、调整教学策略和改进未来教学的重要时刻。

3. 课后反馈及评价反思

翻转课堂教学模式的评价体系更加关注学生的多元化发展，教学评价不仅仅包括对学生学业的评价，对教师教学能力的评价，更有对学生学习态度、进步程度的评价。教师可以建立多层次的评价体系，把学生在学习的方方面面都作为评价体系的一部分。教师给每位学生都建立了成长档案袋，成绩不再是唯一的评价标准，成长档案袋里记录了学生的方方面面，大到学期的整体表现，小到课堂表现情况。同时对学生来说，学生可以有多种评价方式，如自评、他评、师评等。

（三）翻转课堂的实施要点和保障因素

1. 翻转课堂的实施要点

将翻转课堂引入高中数学教学时，在具体的落实环节需要关注以下几个要点。

一是要确保学生在自主学习阶段有足够的自觉性。这是实施翻转课堂教学模式的基石。后续所有教学过程中的设计和落实环节以及最终教学目标的可行性，都依赖学生在自主学习阶段的表现。尤其是，在翻转课堂的环境下，学生是否能够完整地观看视频，并从中获取和吸收新的知识，这将直接决定课堂活动的开展质量。倘若学生无法或者不愿进行自主学习，那么预定的课堂活动就无法顺利开展，教学质量和教学效果的提高便只能是一种理想化的设想。因此，在教学设计和实施过程中，教师必须高度重视激发和培养学生的自主学习能力和自主学习意愿，这也是翻转课堂教学模式体现其教学优势的关键环节。

二是要确保教师提供的教学资源有一定的趣味性。尽管学生需要承担起自主学习的责任，但教师也需要做出相应的努力以使学生保持对学习的兴趣，使他们愿意投入自主学习。具有趣味性的教学资源不仅可以吸引学生的注意力，还能够提高他们对学习的热情。例如，将复杂的数学原理通过动画或故事的形式呈现，可以使枯燥的知识变得生动有趣，增强学生的学习动力，激发他们的好奇心和探索欲望，使他们更容易理解和记住这些知识。因此，教师在制作和选择教学资源时，必须考虑其趣味性和吸引力，使学生在自主学习时能够感到愉快和满足，从而提高他们的学习效果和学习满意度。

三是在设计课堂活动的过程中，要目的性和趣味性并存。设计教学活动的核心目标在于激发学生对知识的热情，并帮助他们将知识运用到实际中去。因此，活动的设计应尽可能地以学生为中心，强调学生的参与性和实践性。设计者应深入理解学生的需求和兴趣，使活动既能够达到教学目标，又能满足学生的兴趣，从而使学生在愉快的学习氛围中提高学习效果。例如，通过设计一些模拟实际生活中可能遇到的数学问题的游戏或挑战，让学生在实践中深入理解数学原理的运用，这种活动既有目的性，又有趣味性。在活动设计中，要注意创新和差异化，避免一成不变，让学生始终保持新鲜感，从而激发他们持续学习的动力。

四是要注意维持课堂纪律。课堂教学是一种半公开的、有组织的活动,因此,维护课堂秩序、营造良好的教学氛围是非常重要的。特别是,在翻转课堂教学模式中,学生的自主性和参与性大大增强,如果课堂纪律不能得到有效的维护,可能会影响教学效果。维持课堂纪律不仅包括让学生遵守一些基本的课堂规则,如上课不迟到、不早退、不吵闹等,更重要的是在课堂上形成一种良好的互动氛围,让学生能够积极参与教学活动,而不是消极地接受教学。教师可以通过设计明确的教学目标、合理的教学组织、有效的课堂管理等方式,来营造一个有序、活跃、高效的学习环境,从而提高教学效果。同时,教师还应该注意引导学生树立良好的学习习惯,培养他们自主学习的能力,使他们能够在翻转课堂教学模式下更好地完成学习任务。

2. 翻转课堂实施的保障因素

要保证翻转课堂教学模式的正常实施还需要具备以下几个条件。

第一,学校信息技术水平的提高和网络设备的完善,这对翻转课堂教学模式的正常实施至关重要。翻转课堂教学模式的实施离不开对信息技术的广泛运用。翻转课堂教学模式中的教学资源主要以电子资源为主,学生课前的自学,教师在课堂中的教学,以及课后的学习反馈等,都需要通过网络进行。因此,如果学校的信息技术水平不够高,或者网络设备不完善,就将直接影响到翻转课堂的实施。例如,如果网络速度太慢,或者经常断线,将导致学生无法正常观看教学视频,对学习的积极性产生影响;教师在课堂上的教学也需要用到电子设备,如果设备出现问题,教学就会受到干扰。因此,学校要确保信息技术的不断更新和网络设备的良好运作,这对翻转课堂的实施起着决定性的作用。同时,随着科技的不断进步,新的教学工具和应用在不断出现,如何有效利用这些工具和应用,结合翻转课堂教学模式进行教学,也是学校和教师需要思考和研究的问题。

第二,对数学教材进行优化调整,是实施翻转课堂教学模式必须考虑的重要因素。数学教材的质量和适用性可以直接影响到学生的学习效果。在翻转课堂教学模式中,教师要提前布置自学任务,教材便是学生自主学习的主要依据。因此,如果教材没有做到相应的调整,那么学生就很难在课前完成预设的学习目标。例如,教材中的知识点过于烦琐复杂,可能会让学生难以在短时间内自主掌握，或者教材中缺少实例分析，可能导致学生在理解复杂数学概念时无从下手。这些都会影响到翻转课堂教学模式的实施效果。因此，对教材进行优化调整，对其内容进行合理的精简和重组，加入更多的实例，以便学生进行自主学习，是非常有必要的。这样不仅可以提高学生的学习效果，还可以提高教师的教学效率，从而更好地实施翻转课堂教学模式。

第三，教师需要不断完善自己，以满足翻转课堂和信息时代的要求。翻转课堂教学模式的成功实施，不仅依赖优质的课程内容和技术设备，更取决于教师的教学态度和教学能力。教师应熟练掌握课程设计技巧，能够有效组织和引导学生进行自主和协作学习，并熟练地掌握各类多媒体教学工具的使用方法，以增强课程的趣味性和吸引力。此外，翻转课堂教学模式对教师的网络教学能力和教学资源开发能力提出了更高的要求。教师需要不断探索和研究如何更好地利用网络平台进行教学，如何开发和整合适合学生自主学习的教学资源等。同时，作为学习的引导者和辅导者，教师应具备敏锐的观察力和高度的敬业精神，能够发现学生的学习困难，并及时提供指导和帮助。因此，教师需要有强烈的自我提升意识和自我完善动力，以适应信息化时代教育教学的新要求。同时，教师还需要拥有开放的心态，勇于尝试新的教学方法和技术，实现教学理念和教学方法的创新，以满足翻转课堂和信息时代的教育教学要求。

二、互动教学模式

在新课标的引导下，互动教学模式成了高中数学教学的重要创新方向。这种模式强调在课堂上创建一个互动和参与的环境，其中教师和学生通过讨论、合作和共同解决问题的方式进行学习。这样的互动不仅增强了学生对数学概念的理解，还提升了他们的沟通能力和团队协作精神，符合新课标对学生综合素质培养方面的要求。

（一）互动教学模式的概念

互动教学模式主要是以师生在教学过程中的交互作用和影响为主线，同时力求构建反映学生认知过程、情绪过程的对应关系的教学结构框架。它是通过优化"教学互动"的方式，即通过调节师生关系及其相互作用，形成和谐的师生互动、生生互动，充分调动学生的学习主动性和主体性，提高教学效果，塑造学生良好个性的一种教学模式。

（二）互动教学模式的操作程序

1. 创设互动环境

在互动教学模式中，创设一个适合学生互动的环境至关重要。这个环境不仅包括物质环境，如舒适的教室布局、适宜的教学设施，还包括心理环境和人际环境，如开放和支持的学习氛围、尊重和鼓励的师生关系。物质环境应促进学生间的交流和合作，例如，圆桌或群组式的座位排列可以增进学生间的互动。心理环境的创设需要教师营造一种安全、包容和激励探索的氛围，使学生感到自己的想法被尊重并愿意表达自己的观点。人际环境的建立则侧重于促进积极健康的师生互动和学生间互动，鼓励学生在相互尊重的基础上进行合作和讨论。

2. 组织互动行为

组织互动行为是互动教学模式中的核心环节。在这个阶段，教师需要设计和实施各种互动行为模式，如小组讨论、角色扮演、辩论、合作解决问题等。每种互动方式都应当力求激发学生主动学习的兴趣，以促进他们之间的思想交流和合作。例如，通过小组讨论，学生可以在小组内分享各自的理解和观点，从而获得更广阔的视角。在组织这些活动时，教师应考虑学生的个性和兴趣差异，确保每位学生都有机会参与并分享自己的想法。同时，教师还需要引导和调节课堂互动，确保讨论有序进行，让每位学生都能在安全和充满尊重的环境中学习。

3. 评价互动结果

互动教学模式的评价与传统讲授式教学的评价有所不同。在互动教学中，评价的焦点不仅是知识的掌握程度，还有学生互动的开展程度和互动成果。评价应关注学生在互动中的参与度、合作能力、沟通技巧和批判性思维能力的发展。教师可以通过观察记录、学生反馈、小组报告等多种方式来评估学生的互动表现。此外，评价也应包括对教学活动本身的反思，如互动策略的有效性、课堂管理的适宜性和教学目标的实现程度。通过这种全面和多维度的评价，教师不仅能够了解学生的学习进展，还能够不断优化和改进自己的教学方法。

（三）互动教学模式的优点

在高中数学教学中应用互动教学模式有多方面的优点，具体论述如下。

1. 促进深入理解和长期记忆

互动教学模式通过鼓励学生主动参与学习和探索数学概念，有助于加深其对知识的理解。在这种教学环境中，学生不是在被动接受知识，而是需要通过讨论、解决问题或合作学习来探究数学的原理和应用。这种主动的学习过程使学生能够更深入地思考数学问题，从而建立起更牢固的知识结构。此外，互动过程中的讨论和实践活动可以加强学生的记忆，有助于长期记忆的形成。学生在实际应用和讨论中所获得的经验和理解，比单纯的记忆更容易在大脑中留下持久的印象。

2. 培养批判性思维和解决问题的能力

互动教学模式通过给学生提供多种观点和解决策略，激励学生发展批判性思维。在互动讨论中，学生被鼓励质疑、分析并评估不同的观点和方法，这种过程促进了他们思维能力和判断力的发展。通过与同伴讨论和合作解题，学生能够学会从多个角度思考问题，并在实践中提炼有效的解决策略。这种能力在数学学习中尤为重要，因为数学问题往往有多种解决途径，而找到最有效的方法需要灵活和富有创造性的思维。

3. 提高学习动机和参与度

互动教学模式能显著提高学生的学习动机和参与度。在这种模式下，学生可以感觉到自己是学习过程的重要部分，他们的观点和想法被重视并被鼓励表达，这种感觉能够激发他们的学习兴趣。互动教学通常涉及小组工作和讨论，这不仅能使学习过程更加有趣和动态化，还能增强学生的归属感和团队精神。当学生积极参与并与他人共享知识时，他们通常会感到更加满足和有成就感，从而进一步提高对学习的热情和投入程度。

4. 促进社交技能和团队合作

互动教学模式还有助于学生社交技能和团队合作能力的发展。在互动的课堂环境中，学生需要与同伴沟通协作，共同完成任务或解决问题。这种过程不仅是在学习数学知识，更是一种对社交和合作技能的锻炼。学生在这种环境中学习如何倾听他人的观点，有效地表达自己的想法，以及如何在小组内协作和解决冲突。这些技能对学生的整体发展和未来的职业生涯都是至关重要的，因为良好的沟通和团队合作能力在现代社会中越来越受到重视。

三、自主学习教学模式

自主学习教学模式鼓励学生在教师的引导下独立探索和学习数学，培养了学生的自我学习能力和自我管理能力。学生自学、自检和自我反思的过程，不仅提高了其对数学知识的掌握程度，还促进了其批判性思维和解决问题能力的发展。这种教学模式体现了新课标所倡导的对学生主体性和自主性的重视，有助于学生适应未来学习和工作中的自主学习需求。

（一）自主学习教学模式的概念

自主学习教学模式是指学习者在总体教学目标的引领下，在教师的指导下，根据自身条件和需要制订并完成具体学习目标的学习模式。当然这种学习模式有两个必要前提，即学习者具备自主学习的能力，同时教育机制中有自主学习的空间。实际上，自主学习的能力和自主学习的条件都是自主学习模式的组成部分。

（二）自主学习教学模式的实施

根据高中生学习以及数学学习的特点，高中数学自主学习教学模式的实施可分为以下九个步骤。

1. 激发学生的学习动机

在高中数学的自主学习教学模式中，激发学生的学习动机这一步骤是整个教学流程的关键起点。这个环节的目标是唤起学生对数学学习的兴趣和好奇心，进而驱动他们积极地参与后续的学习过程。

首先，激发学生学习动机的关键在于使学习内容与学生的实际生活、兴趣或未来目标相联系。教师可以通过展示数学在现实生活中的应用，如统计学在日常决策中的作用、几何学在建筑设计中的重要性等，来显示数学的实用价值和美感。这种关联可以帮助学生理解学习数学的意义，激发他们探索数学世界的欲望。其次，教师可以通过讲述数学历史上有趣的故事、展示解决数学问题的美妙和挑战性，或者引入一些引人入胜的数学谜题和游戏来激发学生的好奇心，使他们对数学产生兴趣。再次，教师应该强调学习数学的长远价值，尤其是在高中阶段。例如，教师可以向学生展示良好的数学基础能如何帮助他们在未来的大学学习和职业生涯中取得成功。通过理解数学与高等教育和各种职业之间的联系，学生可以更清晰地看到学习数学的实际意义。最后，教师还应通过积极的反馈和鼓励来提升学生的自信心。对于学生在数学学习中的任何进步和努力，教师都应给予及时的认可和肯定。这种积极的反馈可以增强学生的成就感，鼓励他们继续努力学习。

2. 教师与学生共同确定学习目标

尽管高中课程的框架和学习任务大多是由教育标准规定的，但在自主学习模式下，学生的个人学习目标也应得到充分的考虑。这意味着教师在设定学习目标时，不仅要遵循课程标准，还需要考虑到学生的知识基础、能力水平和兴趣爱好。为了实现这一点，教师可以通过讨论、问卷或一对一沟通等方式，了解学生的学习需求和期望。

教师需要为学生编写自学辅导提纲，将学习目标具体化并明确化。这些提纲应详细说明学习的基本内容、应达到的标准、学习步骤和方法以及自学练习题的内容。提纲的设计应有利于学生回忆和应用已有知识，符合学生学习和思考的顺序，并能促进学生掌握有效的学习策略。通过这种方式，学生可以在提纲的引导下有效地学习，同时学习活动的成效能与教学目标相一致。此外，还需要考虑到学生自主学习能力的差异。对自主学习能力较弱的学生，教师需要提供更多的指导和支持，帮助他们逐步提高自主学习的能力。而对于那些自主学习能力较强的学生，教师可以鼓励他们设定更高的学习目标，甚至进行超前学习，以发掘他们的潜能。

将学生个人的学习目标与课程整体的学习目标相结合，可以确保学生的学习既符合教育标准，又能满足他们个性化的学习需求。这样的目标设定不仅能使学生的学习更加有目的性和效率，还有助于培养学生的自我调控能力、独立学习能力和对知识的深入理解能力。在高中数学教学中，这种目标设定的过程尤其重要，因为数学学习需要精确性和深度，同时需要考虑到学生的兴趣和能力。

3. 学生围绕学习目标自学

确定了学习目标之后，就可以要求学生开始围绕所制订的学习目标来学习了，这是培养学生独立获取知识和技能的主要环节。在自主学习课堂教学试行初期，教师可以带领学生一起阅读课文，特别是有些比较长、附加条件较多的概念定理，引导学生找出其中的关键词，多方面、多角度地理解所学的知识，并在重点的、易错的地方标上记号。在自学过程中，学生可以围绕所学的知识做相应的自检题，自检题一般为课本后面的练习，这些题目多数是一些基础题，这样有利于学生及时了解自己的学习状况，调整学习速度，同时有利于提高学生的自我反思能力，有助于之后学习的展开。在这个环节，要给学生充足的时间，特别是在刚开始的时候，不要为了赶时间而忽略了培养学生自学能力的机会，因为当学生提高自主学习能力之后，他们掌握知识的效率才会大大提高，所以很有必要给学生以充分的自学时间。教师在这个环节的作用是鼓励、督促学生的学习，特别是应对基础薄弱、自控能力较差的同学给予个别辅导。

4. 自学检查

在这一步骤中，学生需要对自己的学习成果进行反思和检验，这通常包括回顾课本内容、解决练习题、完成自我测试或参与在线测验。通过这些活动，学生可以确定自己的学习强项和薄弱环节，识别需要进一步学习或复习的领域。例如，在学习一个复杂的数学概念后，学生可能需要解决一系列问题来测试自己对该概念的理解。这不仅有助于巩固知识，还能够提高学生的自我评估能力。教师在这一环节的作用是提供必要的支持和资源，如练习题答案、自测工具和反馈，以帮助学生更有效地进行自学检查。

5. 讨论

通过自学检查，教师可以知道学生在哪些方面达到了目标，哪些方面没有达到目标。这时，教师不要马上讲解，而应通过投影展示巡视中发现的典型问题，包括正确的和错误的，引导同学讨论。当然，在讨论过程中，除了师生的讨论，还应该有学生之间的讨论，在有限的时间、空间里使不同的思想在交流、碰撞中互相启发、升华。通过交流，学生可以克服传统教学中信息交流不通畅的弊病，看到自身的价值，增强合作意识，提高学习兴趣。此时教师的作用是讨论的参与者和促进者，同时，教师要对学生在这期间的表现给予评价。

6. 教师讲解重点

在自主学习的过程中，学生通过独立探索和实践活动对数学知识有了初步的理解和应用。但为了确保学生能够正确理解核心概念和方法，教师的专业引导是不可或缺的。在"教师讲解重点"这一步骤中，教师不仅要复述课本内容，更要对学生自学过程中可能产生的疑问和误解进行澄清和纠正。教师可以通过对难点和重点的讲解帮助学生建立起正确和深入的理解，尤其是那些抽象的和复杂的数学概念。此外，教师的讲解还应包括对解题策略、思维方法和学习技巧的介绍，这些对学生理解数学问题的本质和提高解题能力至关重要。教师的讲解应精准、高效，能够直击学生学习中的关键点，同时要激发学生的思考和兴趣。

7. 练习巩固，教师个别辅导

在理解了数学概念后，学生需要通过练习和应用来巩固和深化这些知识。在"练习巩固，教师个别辅导"这一步骤中，学生通过回答一系列练习题来实践和应用所学知识。这些练习题应涵盖不同的难度级别，以帮助学生巩固基础知识，同时锻炼更高层次的思维。在学生进行练习时，教师的角色转变为辅导者和支持者。教师应关注学生在练习过程中的表现，为遇到困难的学生提供个别辅导。这种辅导可能包括对解题步骤的解释、策略的建议或对错误的纠正。对于那些基础较弱的学生，教师需要提供更多的关注和支持，帮助他们逐步提升解题能力。同时，对于进展较快的学生，教师可以提供更高难度的题目，以鼓励他们深入学习和挑战。通过这种有针对性的练习和个别辅导，学生可以更有效地掌握数学知识，提高解题技巧。

8. 学生反思、小结

这一步骤是自主学习过程中的关键环节，它要求学生对自己在学习过程中的经历和收获进行深入的反思。在高中数学学习中，这种反思不仅包括对数学概念和解题方法的理解，还包括对学习方法和过程的思考。学生需要回顾自己在学习中遇到的挑战、成功经验和失败教训，思考如何在未来的学习中避免相同错误的发生，提高学习效率。例如，学生可以总结哪些学习策略对理解某个数学概念特别有效，或者在解决数学问题时，哪些步骤需要特别注意。教师在这个环节的作用是引导学生进行深入的反思，鼓励他们诚实地评价自己的学习表现,并提出建设性的自我改进建议。这种自我反思不仅有助于学生巩固已学知识,还能让他们成为更有自觉性和自主性的学习者。

9. 布置课外作业

在高中数学教学中,课外作业通常包括一系列练习题、项目作业或研究任务,布置这些作业旨在巩固和加深学生对课堂所学知识的理解。课外作业的设计应符合学习目标,既能够有挑战性,其难度又在他们的能力范围之内。除了传统的数学练习题,教师还可以鼓励学生参与更具创造性和探究性的活动,如数学模型的构建、实际问题的解决或数学概念的进一步研究。这些活动不仅能够提高学生对数学的兴趣和热情,还能够帮助他们将数学知识与实际生活和其他学科领域相联系。同时,教师需要对课外作业进行跟踪和评估,以确保学生能够从这些活动中获得最大的学习收益。

第四章 基于核心素养的高中数学教学

第一节 核心素养概述

一、核心素养的提出

(一) 国外核心素养的提出

"核心素养"的概念源自西方,英文词为"Key Competencies"。其中,"Key"的意思是"关键""必不可少的","Competencies"的意思是"能力"。根据上述词义,人们可以将"核心素养"理解为"关键的能力"。

"核心素养"一词最早出现在经济合作与发展组织(Organisation for Economic Co-operation and Development,以下简称"经合组织")和欧盟理事会的研究报告中。1997年,经合组织启动了"素养的界定与遴选:理论和概念基础"(即"Definition and Selection of Competencies:Theoretical and Conceptud Foundations",以下简称 DeSeCo)研究项目,不过当时的项目名称中并未提及"核心素养"一词。在 2003 年出版的最终研究报告——《核心素养促进成功的生活和健全的社会》(Key Competencies for a Successful Life and a Well Functioning Society)中,"核心素养"一词正式出现。

DeSeCo 项目是关于提出和研究核心素养一词的一个标志性事件。该项目在确定核心素养的框架时,没有局限于某一个学科,而是跨越了学科的边界。在这一视角下确定的核心素养框架,为后来其他国家建立本土化的核心素养框架提供了重要的参考和借鉴。

（二）国内核心素养的提出

改革开放以来，我国在经济上实现了快速的发展，同时在教育上取得了显著的成绩。1985年，中共中央发布了《中共中央关于教育体制改革的决定》，指出要进行教育体制改革，而改革的一个重要目的就是要提高全民的素质。1993年，国务院颁布了《中国教育改革与发展纲要》，明确指出中国的教育要从应试教育转向全面提高国民素质的轨道。1994年，中共中央发布了《中共中央关于进一步加强和改进学校德育工作的若干意见》，"素质教育"的概念被正式提出。自此，中国开始正式步入素质教育的时代。虽然此时我国还没有提出"核心素养"的概念，但"素质教育"的提出为"核心素养"概念的提出奠定了基础。

2014年，教育部印发了《关于全面深化课程改革落实立德树人根本任务的意见》，提出"教育部将组织研究提出各学段学生发展核心素养体系，明确学生应具备的适应终身发展和社会发展需要的必备品格和关键能力"[1]。"核心素养"的概念在我国被正式提出。核心素养的提出是党的教育方针的具体化，也是连接宏观教育理念、培养目标与具体教育教学实践的中间环节。通过核心素养这一桥梁，党的教育方针可以转化为更加具体的要求，使教育工作者更容易理解，也更容易在教育实践中落实。进一步来说，核心素养的提出也从中观的层面深入回答了"立什么德、树什么人"的根本问题，进一步明确了学生应具备哪些品格和关键能力。

二、核心素养的内涵

核心素养主要指为了实现终身发展和满足社会发展需要，学生应该具备的品格和关键能力。核心素养结构框架，如表4-1所示，以"全面发展的人"为核心，分为文化基础、自主发展、社会参与三大层次，这三大部分具体表现为人文底蕴、科学精神、学会学习、健康生活、责任担当、实践创新等六大素养，这六大素养又能进一步具体细化为十八个基本要点。然而这些要素并不是独立

---

[1] 中华人民共和国教育部.关于全面深化课程改革落实立德树人根本任务的意见[EB/OL].（2023-12-11）[2014-03-30]http://www.moe.gov.cn/.

的，而是相互协调、相互促进、共同发展的。目前，我国正在根据这一总体框架，制订针对不同年龄段的学生核心素养内涵、具体的课程实施策略以及课程质量评价体系。

表 4-1 核心素养结构框架

三大层次	六大素养	基本要点
文化基础	人文底蕴	人文积淀
		人文情怀
		审美情趣
	科学精神	理性思维
		批判质疑
		勇于探究
自主发展	学会学习	乐学善学
		勤于反思
		信息意识
	健康生活	健全人格
		珍爱生命
		自我管理
社会参与	责任担当	社会责任
		国家认同
		国际理解
	实践创新	劳动意识
		问题解决
		技术应用

(一) 文化基础

文化基础强调学生对人文、科学等领域的知识与技能的学习和掌握，旨在使学生发展成为具有深厚文化底蕴且具有更高精神追求的人，主要包括人文底蕴和科学精神两个方面。

1. 人文底蕴

人文底蕴指学生在学习、理解和运用人文领域相关知识与技能时所需要的能力、态度和价值取向，主要包括人文积淀、人文情怀和审美情趣三个基本方面。

(1) 人文积淀。人文积淀是指在学习过程中形成的对人类文化和历史的深厚理解。这种理解不仅包括对重要的历史事件、文学作品、艺术形式和哲学思想的认知,还涉及对这些领域的深入思考和批判性分析。通过这种积淀,学生能够更好地理解当代社会的文化背景和价值观念,形成自己的文化认同和历史视角。它不仅要求学生记忆和理解知识,更要求培养他们的思辨能力和对文化传承的责任感。

(2)人文情怀。人文情怀强调的是对人类情感、生活和社会现象的深入理解和同情。这种情怀通常表现为对他人境遇的共情、对不同文化的尊重和对社会问题的敏感。通过培养人文情怀,学生能够更加关注人的价值和尊严,理解和尊重多样性和差异性。在人文情怀的引导下,学生不仅能学习到知识,还能学会如何在日常生活中实践这些价值观,如何更好地与他人交流和互动。

(3)审美情趣。审美情趣涉及对美的认识、欣赏和创造。这不仅是指对传统艺术形式,如绘画、音乐、文学的欣赏能力,也包括对日常生活中美的感知和创造。培养审美情趣能够帮助学生培养个人品位,激发其创造力和想象力。这种素养使学生能够在日常生活中寻找和创造美,同时能够更好地理解和欣赏不同文化和历史时期的艺术作品。对审美情趣的培养有助于提升学生的生活质量和心理健康水平。

2. 科学精神

科学精神指学生在学习、理解和运用科学知识与技能时所需具备的能力、思维方式与价值标准,主要包括理性思维、批判质疑和勇于探究三个基本方面。

(1)理性思维。理性思维是科学精神的核心,指的是在学习和研究中运用逻辑和进行分析性思考的能力。这种思维方式要求学生在面对问题时,能够基于证据和事实进行推理,而不是依赖直觉或未经验证的假设。理性思维的培养使学生能够更好地理解复杂的概念和现象,有效地解决问题,并在日常生活中做出合理的决策。此外,它还能帮助学生发展对理论和实践的关系的深刻理解,为他们提供了一种清晰、有序和客观的思考方式。

(2)批判质疑。批判质疑是指在学习过程中不断对已知知识和新信息进行质疑和评估的能力。这种素养鼓励学生不接受未经证实的信息,对传统观点持开放态度但也持有怀疑精神,并能不断地寻求证据和理由来支持或反驳某个观点。通过批判质疑的训练,学生可以培养独立思考的能力,避免盲目接受权威的观点,同时能够更加深入和全面地理解学习材料。

（3）勇于探究。勇于探究体现了科学精神的积极探索性质。这不仅是指对未知领域的好奇心，更是指有行动上的勇气和毅力去进行探索。勇于探究的学生乐于接受新的挑战，不畏惧失败，而是将其视为学习和成长的机会。这种素养鼓励学生在学习过程中主动提出问题，进行实验和研究，从而在实践中学习和进步。通过不断地探索和实践，学生能够更好地理解科学知识，并将其应用于实际问题的解决。

（二）自主发展

自主发展强调学生应能够有效管理自己的学习和生活，能够认识到自我的价值，从而成长为一个具有终身发展能力、有明确人生方向，且具有一定生活品质的人。自主发展主要包括学会学习和健康生活两个方面。

1. 学会学习

学会学习一般指学生在学习意识形成、学习方式方法选择、学习进程评估调控等方面的综合表现，主要包括乐学善学、勤于反思和信息意识三个基本方面。

（1）乐学善学。乐学善学强调在学习过程中培养积极的态度和有效的学习方法。一个乐于学习的学生不仅对新知识充满好奇心，还能够自发地探索和吸收这些知识。善学则意味着学生能够采取合适的学习策略，如合作学习、批判性思考和创造性思维等，使学习过程更为高效和深入。这种态度和方法的结合不仅提高了学习的效果，还使学习变得更加有趣和有意义，从而激发学生对终身学习的热爱。

（2）勤于反思。勤于反思的学生在学习过程中会不断审视和评估自己的学习方法和成效，以便进行相应的调整。这种能力使学生能够识别自己的强项和弱点，理解学习过程中遇到的挑战，并能采取有效的策略来应对这些挑战。通过反思，学生能够更好地理解学习材料，提高解决问题的能力，并能够更加自主地规划自己的学习路径。

（3）信息意识。信息意识涉及对信息的识别、评估和利用能力。在信息爆炸的时代，有效地筛选和利用信息是一项至关重要的技能。学生需要学会如何在众多信息源中找到可靠和相关的信息，如何评估信息的准确性和可信度，以及如何将这些信息有效地应用于学习和实践中。具备良好的信息意识能够帮助学生在快速变化的世界中保持竞争力，同时对终身学习大有裨益。

2. 健康生活

健康生活主要指学生在自我认知、自我身心发展以及人生规划方面的综合表现，主要包括健全人格、珍爱生命和自我管理三个基本要点。

（1）健全人格。健全人格的核心在于培养学生的道德品质、情感态度和社会责任感。这包括诚实、正直、同情心以及对社会和他人的尊重和关怀。具有健全人格的学生能够在各种社会互动中展现出高尚的品德，对自己的行为负责，并能理解和尊重他人的感受和权利。通过这种人格的培养，学生能够在个人和社会层面上做出贡献，拥有积极和谐的人际关系，个人得以全面发展，并能推动社会的整体进步。

（2）珍爱生命。珍爱生命是指学生对生命的价值应有深刻的认识和尊重，包括自身的生命和他人的生命。这种认识促使学生关注自己的身体健康和心理状态，选择积极的生活方式，如合理饮食、适量运动和良好的压力管理。同时，珍爱生命意味着对他人生命的关怀，包括在社会活动中展现出对公共安全和他人健康的考虑。培养这种素养有助于学生形成健康、平衡的生活观念，对个人和社会的福祉做出贡献。

（3）自我管理。自我管理是指学生能够有效地管理自己的行为、情绪和时间。这包括设定目标、规划时间、调节情绪和应对压力的能力。具备良好的自我管理能力的学生更能够适应各种环境和挑战，保持个人的生活和学习的平衡。这种能力对于学生的个人发展至关重要，因为它不仅有助于学习和职业成功，还是维持健康人际关系和获得生活满足感的关键。通过自我管理的训练，学生能够更好地控制自己的生活轨迹，实现个人目标。

（三）社会参与

个体与社会之间有着非常紧密的联系，核心素养中的社会参与便是基于这一联系而提出的。它的提出旨在使学生能够处理好自己与社会的关系。社会参与主要分责任担当和实践创新两个方面。

1. 责任担当

（1）社会责任。社会责任与学生对社会问题的认识、关心和参与相关。担负社会责任的学生不仅要意识到自己作为社会成员的角色，还要主动参与社会活动，致力解决社会问题。这包括环保意识、公共卫生、社会正义和志愿服务等方面。培养社会责任感能够使学生更加深入地理解自己在社会中的作用，激发他们对公共事务的兴趣和参与度，从而为社会进步做出贡献。通过这种方式，学生学会了在个人利益与社会利益之间找到平衡，为建设更加和谐的社会环境做出努力。

（2）国家认同。国家认同与学生对自己国家的认知、情感和忠诚有关。这种认同感使学生能够了解并欣赏自己国家的历史、文化和价值观，同时对国家现状和未来发展持有积极的态度。具有强烈国家认同感的学生通常会参与国家事务，关注国家政策和发展，为国家的繁荣和进步贡献自己的力量。同时，国家认同还能促使学生在国际舞台上积极展示自己国家的优秀文化和成就，增强国家的软实力。

（3）国际理解。国际理解强调学生对经济全球化背景下的国际关系和文化多样性的理解和尊重。在这个多元化的世界中，学生不仅需要了解自己的国家和文化，还需要对其他国家和文化持开放和尊重的态度。国际理解的培养有助于学生在当今国际环境中更好地沟通和合作，理解和处理国际问题。这种素养使学生能够在国际社会中有效地发挥个人作用，促进不同文化和国家之间的理解和和平共处。

2. 实践创新

实践创新主要指学生在日常社会生活、问题解决以及适应挑战等方面所形成的实践能力，主要包括劳动意识、问题解决和技术应用三个基本要点。

（1）劳动意识。劳动意识指学生能掌握一定的劳动技能，并具有动手操作的意识。在社会生产劳动中，学生应能够比较高效地运用劳动技能，甚至改进和创新劳动技能，同时做到尊重他人的劳动成果。

（2）问题解决。学生在学习和生活中，不可避免地会遇到一些问题，核心素养中的问题解决指的就是学生解决处理问题的能力，即学生应具备发现问题、分析问题与解决问题的能力，能够结合具体的问题制订合理的解决方案。

（3）技术应用。技术应用指学生具有学习掌握技术的兴趣与意愿，具有一定的工程思维，能够认识到技术与人类文明的关系，并具有将无形的创意转化为有形物品的能力。

三、核心素养的特征

核心素养的特征有三个：系统性、普遍性和动态性，如图4-1所示。

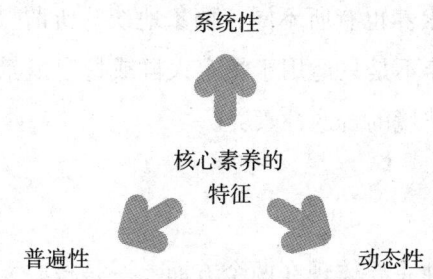

图4-1 核心素养的特征

（一）系统性

核心素养的系统性是指核心素养的各个要素之间是相互联系、相互补充、相互促进的，缺少任何一个要素，核心素养都是不完整的。从横向的角度看，核心素养各要素之间是相互渗透的，甚至有些要素之间存在重叠的部分，这彰显了核心素养的本质，也彰显了核心素养的多元功能、多元面向、多元场域等特质。从纵向的角度去看，核心素养的生成是从生理到心理，到文化，再到思想的，有四个不同方面的、纵向发展的层面，在这四个层面中，前面都是后面那一个的基础。这里的"基础"有两个含义：一是在发生顺序上前者对后者存在一种逻辑在先的意义；二是在内容上后者以萌生的形式存在于前者之中。[①]由于核心素养具有横向和纵向上的系统性，因此在培育学生核心素养时，需要从系统性、综合性上做好把控。

---

① 柳夕浪.从"素质"到"核心素养"：关于"培养什么样的人"的进一步追问[J].教育科学研究，2014（3）：5-11.

(二）普遍性

核心素养的普遍性表现为核心素养并不是针对某一学科、某一专业、某一职业而言的，而是针对所有学生，甚至每一个个体而言的，它是每一位学生都需要具备的，也是不同学习领域中都不可或缺的要素。此外，在谈论核心素养时，也不能将其和素养混为一谈。素养是个体在与情境的有效互动中生成的，这些情境包括家庭、职场、社区及其他公共领域等。素养不应该脱离特定的情境，不同的情境所要求的素养也有所不同，抽象地谈论所谓"素养"是没有太大的价值的。① 而核心素养不是只适用于特定人群或特定情景的特殊性素养，它是适用于所有人和一切情境的普遍性素养。

（三）动态性

核心素养的动态性主要体现在两个方面：一是核心素养本身会随着社会的发展而不断发展；二是学生的核心素养也会随着学生的发展而不断变化。核心素养是基于一定的社会背景而提出的，而社会是不断发展的，随着社会的发展，其对人才的要求也会发生变化，这会促使核心素养的内容随之发生变化。从学生的角度来看，学生也是不断发展的，而随着学生的发展，学生所具备的核心素养也会随之得到深化。因此，无论是从核心素养本身而言，还是从核心素养所指向的学生而言，核心素养都体现出了动态性的特征。

四、数学核心素养

（一）数学核心素养的概念

不同学者对数学核心素养的界定存在一些差异。吴蓉等人在《PISA 关于数学素养的测评特点简析》一文中对数学核心素养用词的缘起、内涵发展过程及其框架结构等进行了分析，最终将数学核心素养界定为"数学情感态度价值

---

① 柳夕浪. 从"素质"到"核心素养"：关于"培养什么样的人"的进一步追问 [J]. 教育科学研究，2014（3）：5-11.

观、数学知识、数学能力的综合体现"①。康世刚、宋乃庆在《论数学素养的内涵与特征》一文中,将数学核心素养界定为"学生在已有数学经验的基础上,通过数学活动对数学的体验、感悟和反思,并在真实情境中表现出来的一种综合性特征"②。朱立明在《基于深化课程改革的数学核心素养体系构建》一文中将数学核心素养界定为"以数学核心知识为载体来培养学生的数学能力、数学思维与数学态度,并能为后续的学习提供持续性支持的动态发展系统"③。

上述定义虽然不同,但通过归纳总结可知,数学核心素养不是单纯的数学知识与数学技能,而是在数学知识、数学技能的基础上形成的一种综合性的数学素养。笔者认为数学学科核心素养是指学生在对数学学习的过程中,通过对数学知识和技能的理解与掌握,对思想和方法的积累和运用,而在实际的问题情境中从数学的角度去分析问题解决问题的能力素质。对数学核心素养的培养有利于促进学生的全面发展,所以数学教育的终极目标是,一个人学习了数学之后,即使以后不从事与数学相关的工作,或是在已经忘记数学知识的前提下,仍然能用数学的眼光去观察世界,用数学的思维去思考世界,用数学的语言去表达世界,能通过头脑中的逻辑思维和理性思维有条理、有目的地分析和解决生活和工作中的问题。

(二)数学核心素养的要素

数学核心素养是数学课程目标的集中体现,是具有数学基本特征的思维品质、关键能力以及情感态度和价值观的综合体现,是在数学学习和应用的过程中逐步形成和发展的。数学核心素养包括数学抽象、逻辑推理、数学建模、直观想象、数学运算、数据分析六方面,如表4-2所示,这些数学学科核心素养既相对独立又相互交融,是一个有机的整体。

---

① 吴蓉,宋金锦,黄倩.PISA关于数学素养的测评特点简析[J].数学通报,2014,53(7):10-14.
② 康世刚,宋乃庆.论数学素养的内涵及特征[J].数学通报,2015,54(3):8-11,43.
③ 朱立明.基于深化课程改革的数学核心素养体系构建[J].中国教育学刊,2016(5):76-80.

表 4-2 数学核心素养的六大方面

要素	内涵	具体表现
数学抽象	数学抽象是从一些事实和命题出发，依据规则推出其他命题的素养	获取数学概念和规则；提出数学命题和模型；形成数学方法和思想；认识数学结构与体系
逻辑推理	逻辑推理是指从一些命题出发，依据逻辑规则推理出另一个命题的过程，主要包括两类：①从一般到特殊的推理；②从特殊到一般的推理	掌握推理基本形式和规则；发现问题和提出命题；探索和表述论证过程；理解命题体系；有逻辑的表达和交流
数学建模	数学建模是对现实问题进行数学抽象，用数学语言表达问题，用数学知识与数学方法构建模型解决问题的过程	发现和提出问题；建立求解模型；检验和完善模型；分析和解决问题
直观想象	直观想象是指借助空间想象能力感知事物形态与变化，利用几何图形理解和解决数学问题的过程	借助于空间，认识事物的位置关系、形态变化和运动规律；利用几何图形描述问题；借助几何图形直观理解问题；运用空间想象认识事物；建立数与形的联系，构建数学问题的直观模型
数学运算	数学运算是指在明确运算数学对象的基础上，依据运算规则，解决数学问题的素养	理解运算对象；掌握运算法则；探究运算思路；选择运算方法；设计运算程序；求得运算结果
数据分析	数据分析是指针对研究对象获得相关数据，运用统计方法对数据中的有用信息进行分析和推断，最终获得结论的过程	收集和整理数据；理解和处理数据；获得和解释结论；概括和形成知识

数学抽象是数学的核心之一，它在一定程度上反映了数学的本质特征，贯穿在数学的产生、发展和应用中。正是因为数学抽象的存在，数学才成了高度概括、结论一般、有序多级的系统。对于学生而言，数学抽象素养是他们形成理性思维的一个重要基础，同时，只有具备了数学抽象素养，才能更好地理解

数学概念、命题、方法和体系，能通过抽象、概括去认识、理解、把握事物的数学本质，能逐渐养成一般性思考问题的习惯，能在其他学科的学习中主动运用数学抽象的思维方式解决问题。

逻辑推理是分析推理数学内部的联系与变化所需的素养，这一素养能使学生从已知的条件推导出所要的结果，对数学知识之间的联系有清楚的认识，构建知识框架，有利于学生形成严谨的逻辑思维习惯，理性客观地对待周围的事物。

数学建模是指在数学抽象的基础上解决数学问题，它可以使学生体会到数学与现实生活的联系，加深对数学知识的理解，尝试对问题构建数学模型，运用数学知识求解，进而增强创新意识。

直观想象是分析和解决数学问题的重要手段，是构建抽象结构、进行逻辑推理的思维基础。在数学学习中，学生应积极发展空间想象能力，以促进直观想象素养的形成，从而提升自己数形结合的能力，增强运用空间想象能力分析、解决问题的能力。

数学运算素养的形成有利于进一步提高学生快速运算的能力，使其有效地选择运算方法。它不仅能够培养学生解决数学问题的能力，还有利于学生养成思考问题的习惯。利用数学运算不仅能促进数学思维的发展，更有利于学生培养科学、严谨的科学精神。

数据分析有利于学生从复杂的数据中提取处理有用信息，有利于提高学生用数据描述数学问题的意识，使其养成用数据思考问题的习惯，提高他们的数据分析能力。

（三）数学核心素养的特征

1. 综合性

数学核心素养的综合性体现在它不仅仅涵盖了数学的基本知识和技能，还包括了数学思想方法、数学文化、数学习惯和态度。在高中数学教学中，学生不仅需要掌握数学的基础知识和技能，更重要的是要学会用数学语言去描述问题、用数学的视角去看待问题，并能运用数学思维去分析和解决问题。这种综合性反映了数学素养不仅仅是知识的积累，更是一种能力的培养和思维方式的塑造这一事实。学生学习数学,不仅能够解决具体的数学问题,还能在生活中运用数学思维去解决实际问题,形成一种习惯和态度,这可以使数学学习产生更广泛、更深远的影响。

2. 阶段性

数学核心素养的阶段性是指它在不同的学习阶段有不同的表现和要求。由于学生在不同年龄阶段心理和认知能力不同,因此相应的数学核心素养的要求也有所不同。在不同的学习阶段,学生会展现出不同水平的数学思维和解决问题的能力。例如,低年级学生可能会更多地关注对数学基础知识的学习,而高年级学生则能够运用更高级的数学思维去解析复杂的问题。这种阶段性体现了数学素养的递进性,即学生在不断地学习和实践中逐步提高自己的数学素养水平。

3. 持久性

数学核心素养有持久性,也就是说学生在学习和内化数学知识和技能后,所形成的数学能力和品质会伴随他们的一生。培养数学核心素养不是短期内就能完成的任务,而需要长期的、持续的努力。在日常生活和未来的工作中,人们会不自觉地运用数学思维去分析和解决问题,这正是数学素养的长期影响。因此,数学教育的目标不仅仅是让学生掌握当前的数学知识,更重要的是培养他们持续学习和应用数学的能力,使之成为一种终身受益的素养。

第二节 高中数学教学中学生数学核心素养的培养策略

一、数学抽象素养培养策略

(一)数形结合培养学生数学抽象素养

数学学科的抽象性导致它必须以具体的形式呈现给学生。数学内容的抽象性通常使人们不容易注意到它们与具体内容之间的联系,所以在教学时教师务必要以翔实的具体内容为重中之重。高中生发展思维的能力正处于从以经验型抽象思维为主慢慢向理论型抽象思维转换的阶段,逻辑思维能力还处于提高阶段中，接受能力不足，所以如果只注意呈现数学学科的精密逻辑性和缜密抽象性，教学会收效甚微。因此，为了让学生更好地消化一些抽象的概念和命题，教师可以在教学过程中由具体实例开始，将直观具体和抽象感性的事物结合起来，列举一些学生熟悉的例子。

在攻克数学抽象问题上，直观感性始终是第一要点。"数"与"形"是描述事物本质的两个重要方面，"数"往往抽象难懂且需要理性思维，"形"一般形象直观。在中学数学中建立数与形之间的一一相对关系是解决问题的重要手段之一。"以形助数"或"以数解形"，能使复杂问题简单化，抽象问题具体化，从而达到培养学生数学抽象素养的目标。

（二）引导学生通过观察、分析、类比等方式发展数学抽象素养

数学概念的掌握、数学法则的建立、数学规律的探索、数学定理的归纳、问题策略的提炼，往往都需要学生经历完整的抽象活动过程。教师应该尽可能地引导学生进行观察、分析、类比、猜想、概括，这有助于学生思维的开拓和发散，有助于学生在综合的情境中去构建数学知识与现实世界的模型。观察、分析、类比有多种来源，可以结合具体的情境，可以结合图像，也可以在活动中进行。在具体的课堂教学中，教师可以多开展一些数学建模活动与数学探究活动，在数学活动中充分调动学生的积极性与自发性，让学生体验抽象的全过程，以培养其数学抽象素养。例如，讲解幂函数、等比数列等抽象概念时均可以引导学生观察、分析、类比。

以等比数列的学习为例，教师给出数列 1，2，4，8，…，学生观察之后可发现数列中的各项在增大，且每一项与前一项的比值为 2。再给出数列 $1, \frac{1}{2}, \frac{1}{4}, \frac{1}{8}, \cdots$，学生又可发现这一数列中各项在减小，每一项都是前一项的一半。此时学生通过感知、观察、辨别这两个数列的共同属性，可以发现数列各项在增大或减小，每一项都是前一项的相同倍数。接着教师再列举数列 1，-2，4，-8，…，此数列的各项不是呈规律性地增大或减小，而是像钟摆一样做简谐运动，且每一项与前一项的比值为 -2。学生可以归纳、类比、抽象出这三个数列的本质属性，即每一项与前一项的比为一个定常数，且常数比不同，数列

单调性不同。此时将等比数列推广到一般，概括形成数学概念，用数学语言表达，看学生能否观察和分析得出等比数列定义所隐含的条件，即各项都不能为0。练习时可结合实际生活中存在的问题和现象，如细胞分裂、病毒传播、银行利息等，以强化学生的抽象能力并加深学生对等比数列本质属性的理解。

（三）重视数学抽象的过程性教学

重视数学抽象的过程性教学，就是将数学抽象的过程向学生展现出来，这样可以使教学更具连贯性和逻辑性，有助于理解和把握数学抽象的过程。需要注意的是，在这个过程中，教师需要把握好过程呈现的度，不要过于关注细微的自发性思维历程而应合理地将学习过程进行抽象化、形式化，也不要过多压缩教学过程，以致对数学抽象过程的展现程度较低。此外，教师还需要发挥学生的主体作用，给学生一定的时间对数学抽象进行探究。学生在探究的过程中，不可避免地会犯错，教师应允许学生犯错，并针对学生的错误进行指导，让学生针对其错误认知进行修正。在错误修正的过程中，也许会多花费一些时间，但这会让学生形成更加深刻的印象，也会让学生在深入的反思中对数学抽象形成更加深刻的认识，进而获得数学抽象素养的提升。

（四）借助数学工具和软件培养学生数学抽象素养

1. 借助GeoGebra培养学生数学抽象素养

GeoGebra作为一款动态的数学软件，拥有几何、代数和微积分运算等多种功能，可以为高中数学教学提供一个极为有效的平台。通过使用GeoGebra，学生们能够将抽象的数学概念转化为直观的图形，从而深化对数学概念的理解。

例如，在学习函数时，传统的教学方法可能依赖纸笔来绘制函数图像，这种方式对于许多学生来说可能显得枯燥且难以理解。然而，利用GeoGebra，学生可以通过输入不同的函数表达式，并能立即看到相应的图像。更重要的是，他们可以实时调整函数中的参数，观察到这些变化能如何影响函数图像的形状和位置。这种直观的体验不仅使学习过程更加有趣，还有助于学生理解如系数变化对函数图像的影响等数学问题，增强对函数概念的抽象理解。再如，在探索几何问题时，GeoGebra可以提供一种动态的探究几何形状和性质的方式。

学生们可以构造各种几何图形,如三角形、圆形等,并通过改变这些图形的大小、位置或角度来观察其性质的变化。这不仅能使几何学习更加生动和直观,还有助于学生深入理解几何抽象概念。

2. 借助Python培养学生数学抽象素养

Python作为一种编程语言,它的数学库,如NumPy和Matplotlib,可以为学生提供一个实验和探索的平台,让他们能够通过编程将抽象的数学概念转化为具体的解决方案。

当学生使用Python进行数据分析时,他们通常会遇到从大量数据中提取有意义信息的任务。例如,在一个涉及统计分析的项目中,学生可能需要使用Python来计算数据集的平均值、中位数、标准差等统计量,并通过图表来展示数据分布。这一过程不仅涉及数学计算,还要求学生理解如何从一组具体的数据中抽象出有意义的统计信息。这种从具体到抽象的思维过程是发展抽象思维能力的关键。

编程活动中的问题解决也是促进抽象思维发展的一个重要方面。在编写Python程序解决数学问题的过程中,学生需要学会如何将一个复杂的问题分解为更小、更具体的步骤(算法设计)。例如,在解决一个涉及几何计算的问题时,学生不仅要理解几何原理,还要思考如何将这些原理转化为一系列计算步骤。这种分解问题和重建问题的能力是抽象思维的核心。

3. 借助图形计算机培养学生数学抽象素养

图形计算机指一种能够绘制函数图像、解方程及方程组以及执行其他各种操作的手持计算器。在高中数学教学中,借助图形计算器,教师可以更加直观和便捷地呈现数学知识,这有助于激发学生学习的动机。与此同时,教师可以引导学生进行实验和探究,从而帮助学生获得数学抽象素养的发展。其实,第一次抽象的形成往往依赖大量的数学模型或典型实例,是由学生经历自主探究的过程,如果缺少大量模型或典型实例的支撑,学生就往往需要教师的引导,才能抽象出结果,这样会影响学生数学抽象素养的发展。

在第一次抽象的过程中,学生通常会经历"辨别(刺激模式)—分化(各种属性)—类化(共同属性)—抽象(本质属性)—检验(确认)—概括(形成概念)"的过程。在这个过程中,图形计算机可以为学生提供大量实例,学生在绘制出草图后,其解析式会直接显示在图形计算机的屏幕上,这种实时呈现数形结合效果的功能,有助于学生分化、类化出图像的各种属性,进而抽象出本质属性,再利用"符号"视图与"图像"视图的验证,最终概括出基本规则。

二、逻辑推理素养培养策略

(一)帮助学生克服对逻辑推理的畏难情绪

1. 培养学生对数学的兴趣

第一,充分了解和研究学生。既要了解学生的学习基础与认知特点,还要了解学生的生活实际、爱好、兴趣,从而有针对性地进行教学设计,恰当地呈现学习内容,展示逻辑推理过程,将数学推理准确鲜明地展现在学生面前。

第二,教学时要注重实用性与趣味性相结合。数学并非仅是抽象理论和复杂公式的堆砌,它在现实生活中有着广泛的应用。为了激发学生的兴趣,教学时教师可以将数学概念与日常生活中的实际问题相联系。例如,通过讨论数学在建筑设计、经济预测,甚至是艺术创作中的应用,学生可以看到数学知识的实际价值,从而提高学习兴趣。此外,引入趣味性较强的数学游戏和谜题,如逻辑推理游戏、数独等,也可以帮助学生在轻松愉快的环境中提升对数学的兴趣,同时无形中锻炼了他们的逻辑思维能力。

2. 促进学生对逻辑推理的正确认识

(1)强调逻辑推理的重要性。教师要在数学教学中强调逻辑推理的重要性,帮助学生理解逻辑推理在数学乃至其他学科中的核心地位。当学生认识到逻辑推理对解决问题的重要性时,他们更有可能对提高这项技能产生兴趣。具体来说,教师可以通过实例展示逻辑推理在日常生活和职业决策中的应用,如科学研究、法律辩护等,让学生明白学习逻辑推理不仅仅是为了应对数学课程,还是为了培养一种终身受益的思维方式。

(2)培养逻辑思维的自信心。第一,鼓励学生在数学学习中提出问题,挑战既有的观点,以及尝试解决复杂问题。这种开放式的学习环境可以帮助学生建立逻辑推理的自信心。第二,对学生在逻辑推理方面的小成功给予积极的反馈和奖励,即使是小的进步也应得到认可。这有助于学生建立起对逻辑推理的自信,并渐渐克服对难题的畏惧。

(二)明确高中各年级逻辑推理素养培养的具体目标

一般来说,高一学生在归纳推理和类比推理方面的能力相对平衡,而到了高二和高三,学生的归纳推理和类比推理能力可能有所下降,但演绎推理能力会有所提升。因此,高二和高三学生在综合运用演绎推理和类比推理方面的表现通常优于高一学生。目前的数学课程和教学活动往往更加重视演绎推理,却忽略了对合情推理能力的培养。然而,合情推理对于培养学生的创新精神和实践能力尤为关键。只有结合合情推理的猜想假设与演绎推理的严谨证明,数学才能真正发挥其价值,而逻辑推理也才能真正成为学生核心素养发展的关键一环。因此,教师在教学过程中应当为不同年级的学生设定清晰的推理能力培养目标,以确保学生逻辑推理素养的有效发展。

1. 高一学生应注意保持合情推理能力,发展演绎推理能力

高一学生处于高中学习的起始阶段,这一时期是形成和发展逻辑推理能力的关键时期。对于高一学生而言,重要的是保持和加强合情推理能力,同时开始培养演绎推理能力。合情推理,即基于情境和经验进行的推理,对激发学生的创新精神和实践能力尤为重要。在数学和其他科目的学习中,教师可以通过提出开放性问题和情景模拟,鼓励学生运用自身经验和直觉进行推理。同时,演绎推理能力的培养不容忽视。演绎推理强调从一般原理出发,逐步推导出具体结论。教师应通过逻辑严密的教学和练习,如公理、定理的证明,帮助学生逐步构建和理解演绎推理的过程。这种平衡的推理能力培养,有助于高一学生在进入更高年级时,更好地理解和应用复杂的逻辑推理方法。

2. 高二、高三年级发展演绎推理的同时不应忽视合情推理

对于高二和高三学生,随着对数学和科学课程的深入学习,演绎推理能力的培养变得尤为重要。这一阶段的学生需要学会从已知的原则和定理出发,通过逻辑推导解决更为复杂的问题。然而,在加强演绎推理的同时,不应忽视合情推理的重要性。尽管合情推理在高级数学和科学课程中的直接应用可能较少,但它在培养学生的创新思维、问题解决能力以及应对现实世界问题时,仍然发

挥着重要作用。因此，教师应当通过设计具有实际背景的问题、鼓励学生提出自己的假设和猜想，来持续培养学生的合情推理能力。这样，学生就能够在逻辑的严密性和创新思维之间找到平衡，为未来的学术和职业生涯奠定坚实基础。

3. 高中三个年级的学生均应加强对逻辑推理的重视

无论是高一、高二还是高三学生，都应该注重逻辑推理能力的发展。逻辑推理不仅是数学和科学学习的基础，还是发展批判性思维和解决问题能力的关键。在整个高中阶段，教师应当通过各种教学方法和活动，持续加强学生对逻辑推理的理解和应用。这包括但不限于在数学课程中强化逻辑推理的训练，如练习证明题和逻辑谜题等；在科学实验中培养观察、假设和验证的科学方法；以及在人文和社会科学课程中，通过分析论证、辩论等方式培养批判性思维。此外，教师还应鼓励学生在日常生活中应用逻辑推理，如在决策和问题解决中运用逻辑思维。通过这些综合性的方法，教师可以确保高中生在不同学科和日常生活中均能有效运用逻辑推理，为他们的全面发展打下坚实的基础。

（三）注重学生对基础知识的掌握

使学生掌握基础知识是高中数学教学的一个目标，同时是学生逻辑推理素养发展的基础，因为严密的逻辑推理需要以扎实的基础知识为支撑。因此，无论从哪个角度来看，教师都需要注重学生对基础知识的掌握。为实现这一目的，教师应从教学的全过程着手。

首先，在新课的导入中，教师可以采取提问式导入、悬疑式导入、旧知识复习导入、情景导入等方法，带领学生顺利地进入新课的学习中。以旧知识复习导入法为例，在学习新知识前，教师应先对之前学习的内容进行一个简单的复习，让学生对旧知识进行回忆，并构建和新知识的联系，然后再开始新的一课。这种导入方法可以帮助学生巩固已学过的旧知识，有助于学生加强对新旧知识的融合理解，同时还潜移默化地培养了学生类比推理素养。

其次，在讲授新知识的过程中，教师应充分利用有助于发展逻辑推理素养的教学内容，如通过具体例子展示概念的应用方式，让学生在实际问题中运用新知识。此外，将新知识与旧知识深入联系起来，有助于学生理解知识之间的逻辑关系，从而在观察、分析和总结的过程中，形成对新旧知识逻辑关系的更深刻理解。

最后，在每一节或每一章的知识讲解完后，教师可以将本节或本章的知识系统地整理出来，引导学生进行一个系统的回顾与复习。这样做的目的有两个：一是帮助学生巩固旧知识；二是引导学生构建知识框架，使学生对本节或本章知识在逻辑关系上形成宏观认识。这不仅有利于学生逻辑推理素养的发展，还有助于学生形成知识体系，对学生的学习具有重要意义。

（四）挖掘教材，适时培养逻辑推理素养

教材作为课堂教学的主要载体，不仅承载了丰富的知识点，还为教师提供了培养学生逻辑推理能力的良好基础。教材的内容选择、形式确定和框架设置都符合课程标准的要求，同时留有一定的开放空间，这为教师的教学提供了条件。教师应深入挖掘教材，利用教材来教学，并巧妙地将教材中体现的数学思想和逻辑推理观念融入教学的各个环节中。例如，在讲解一个数学概念时，教师可以引导学生探索这一概念的形成过程和逻辑基础，或者在解决数学问题时，鼓励学生不仅关注答案，还要分析解题过程中的逻辑推理思路。此外，教师可以利用教材中的例题和练习题，鼓励学生发现和构建问题解决的不同逻辑路径，从而培养他们的逻辑思维能力。通过这样的教学方式，学生可以在学习数学知识的同时，逐渐形成稳固的数学推理能力，并将这种能力应用到更广泛的学习和生活场景中。

例如，在人教 B 版必修一关于集合的概念中，集合是学生进入高中以来第一个接触到的抽象数学符号语言，理解它需要学生具有抽象思维能力。在引入集合概念时，教师可以通过一系列具体的实例来完成。例如，让学生通过以下实例，归纳出它们的共同特征。

（1）《西游记》中的师徒四人。

（2）高一九班的全体同学。

（3）不等式 $x+1>0$ 的解集。

（4）平面内到点（0，0）的距离为 1 的所有点。

（5）所有的正方形。

这几个例子的共同点是都是集合。此时，教师可以要求学生给集合下一个描述性的定义，让同学观察实例，启发同学归纳抽象出集合的概念。师生共同探讨总结归纳，得到集合的定义。通过教师的启发和生动而有代表性的实例，学生的积极性被调动了，教师也可以引导学生进行数学归纳，得到新知。

（五）进行变式训练，培养学生逻辑推理素养

变式训练指的是在基本题型和概念的基础上，通过变换条件、调整问题的形式或增加难度，来训练学生逻辑推理能力的教学方法。

变式训练能够帮助学生在掌握基础知识的同时，加深对问题本质的理解。在数学学习中，仅仅记住公式和解题步骤是不够的，更重要的是理解其背后的逻辑和原理。通过对基本题型进行变形和重新组合，教师可以引导学生重视解题过程中的逻辑推理。例如，在几何题目中，通过改变图形的位置或大小，教师可以检验学生应用定理和公式的能力，同时鼓励他们探索在不同条件下解决问题的逻辑路径。此外，变式训练通过引入新的或更复杂的条件，激励学生运用和扩展已有的知识。这种训练不仅能加深学生对知识的理解，还能让他们在面对新问题时灵活运用逻辑推理。例如，在代数方程的训练中，增加变量或改变方程形式，可以帮助学生理解方程解的多样性，并激发他们通过逻辑分析寻找解决方案的能力。

（六）锻炼学生的逆向思维能力

逆向思维，即从结果出发进行反向推理的思考方式，对提高学生解决问题的能力和逻辑思维的深度具有显著作用。教师要在教学中加强对学生逆向思维的培养，训练学生熟练应用逆向思维的能力，培养他们思维的灵活性。在教材中，只要留心就会发现很多相关的知识，如性质定理与判定定理、映射与逆映射等内容。逆向训练能够帮助学生巩固基础知识，提升应变能力，拓宽解题的思维，突破思维定式，从而使思维进入新的境界。

例如：已知曲线 C_k 的方程为 $\frac{x^2}{9-k}+\frac{y^2}{4-k}=1$，试证对于坐标平面内任意一点 (a,b)，$a\neq 0$，$b\neq 0$，总存在 C_k 中的一椭圆和双曲线通过该点。

分析：如果从曲线系的角度来考虑，以 x,y 为主元，不能够有效地打开思路，但是如果从 k 的角度出发，当 $k<4$，或 $4<k<9$ 时，C_k 表示的曲线分别为椭圆和双曲线，问题就可以简化为在区间 $(-\infty,4)$ 和 $(4,9)$ 内来求取 k 值，使曲线 C_k 过点 (a,b)。

证明：设 (a,b)，$a\neq 0$，$b\neq 0$，在曲线上，则有 $\dfrac{a^2}{9-k}+\dfrac{b^2}{4-k}=1$，

整理得 $k^2+(a^2+b^2-13)k+(36-4a^2-9b^2)=0$，

令 $f(k)=k^2+(a^2+b^2-13)k+(36-4a^2-9b^2)$，则 $f(k)$ 是一条开口向上的抛物线，其中 $f(4)=-5b^2<0$，$f(9)=5a^2>0$，

∴ $f(k)=0$，即方程 $k^2+(a^2+b^2-13)k+(36-4a^2-9b^2)=0$，

∴ 在 $(-\infty,4)$ 和 $(4,9)$ 内分别有一根，即对平面内任意一点 (a,b)，$a\neq 0$，$b\neq 0$，总存在 C_k 中的一椭圆和双曲线通过该点。

三、数学建模素养培养策略

（一）教授学生系统的建模知识

1. 让学生了解数学模型的类型

数学模型是用数学语言描述、解释和预测现实世界问题的一种工具。通过了解不同类型的数学模型，学生可以更全面地理解数学建模的概念、方法和应用，从而为建模素养的进一步发展打下坚实的基础。基于对高中数学知识的认识，笔者认为学生需要掌握的模型主要包括以下几类。

（1）函数模型。函数模型是数学建模中的基础，包括线性函数、二次函数、指数函数、对数函数和幂函数等。这些函数模型可以描述变量之间的关系，还可以用于解决实际问题，如经济增长（指数函数）、衰减过程（对数函数）和物理运动（二次函数）等。理解这些函数及其图像的特点对分析和预测问题至关重要。

（2）数列模型。数列模型主要用于描述一系列按特定规律变化的数的排列。

在高中数学中，学生会学习等差数列和等比数列等基本数列类型。数列模型在金融（如计算复利）、计算机科学和工程问题中有广泛应用。

（3）三角模型。三角模型可以利用三角函数来解决与角度和长度相关的问题，尤其在物理、工程和测量学中非常重要。例如，它们可以用于计算物体的高度和距离、声波和光波的模式等。

（4）不等式（组）模型。不等式模型用于表示变量之间的不等关系，常被用于约束条件的表达和优化问题。在线性规划中，不等式组是表达资源限制和需求状况的基本工具。

（5）统计概率模型。统计概率模型是处理不确定性和随机性问题的关键工具。它们可以在数据分析、风险评估和决策制订中扮演重要角色。这类模型包括概率分布、统计推断等。

（6）立体与平面解析几何模型。解析几何模型将代数方法应用于几何问题，可以帮助学生理解空间和平面内的形状、尺寸和位置关系。这些模型在建筑设计、工程图纸和计算机图形学等领域非常重要。

2. 让学生了解数学建模的方法

数学建模的方法有很多，对高中生而言，常用的方法为机理分析法，即通过对系统内部机理的分析研究，探寻出其发展规律的方法。机理分析法可进一步细分为直接法、拟合法、模拟法等几种方法，这几种方法也是学生需要了解的数学建模方法。

（1）直接法。直接法是一种基于已知理论和公式直接构建模型的方法。这种方法通常在问题结构清晰且与已有数学理论有紧密联系时使用。例如，如果一个问题涉及物体的自由落体运动，可以直接应用牛顿第二运动定律建立模型。直接法的优点在于直接性和明确性，它可以给出问题的精确或近似解答。在教学中，教师需要引导学生识别适合使用直接法的情况，并教学生如何有效地将数学理论应用于具体问题的解决。

（2）拟合法。拟合法是一种通过已知数据点构建数学模型的方法，主要用于处理有丰富数据的问题。这种方法使用数学函数（如多项式、指数函数或对数函数）来"拟合"实际观察到的数据点，从而得到一个能够描述数据趋势的数学模型。在统计学中，线性回归就是一种常见的拟合法。拟合法对理解数据中的潜在规律和趋势非常有用，尤其在科学研究和市场分析等领域。教学中应强调数据处理的技巧和拟合模型的选择与评估。

（3）模拟法。模拟法是一种通过构建数学模型来模拟和研究复杂系统或过程的方法。这种方法通常被用于那些难以直接解析求解的复杂问题。在模拟法中，模型通常包括多个变量和参数，人们通过调整这些参数来观察系统的行为和响应状况。一个典型的例子是天气预报的数学模型，它通过模拟大气的物理过程来预测天气变化。模拟法能够提供对复杂系统行为的深入洞见，但同时需要强调模型的验证过程和精确度。教师应指导学生构建和分析模拟模型，并解释模拟结果。

（二）关注学生数学建模的过程

要培育学生的数学建模素养，教师不能只关注"学生是否具备了数学建模素养"这个结果，应多关注学生进行数学建模的过程，这样才能发现学生在数学建模中存在的问题，进而有针对性地予以指导，以促进学生数学建模素养的提升。数学建模主要包含六个环节：模型准备、模型假设、模型建立、模型求解、模型分析、模型检验。在各个环节中，学生都有可能出现问题，教师需要关注数学建模的全过程，切忌只关注模型的建立或模型的求解。在学生建模的过程中，教师应注重学生主体性的发挥，让学生自主进行探究（或合作探究），激活学生的思维，这样更有利于学生数学建模素养的发展。如果学生遇到了棘手的问题，教师应给予必要的指导，帮助学生分析问题、解决问题，构建正确的数学模型。

（三）加强与其他学科的联系

数学作为一门基础科学，其建模思想和方法已被广泛应用于物理学、生物学、医药学等众多领域，并对这些学科的发展产生了深远影响。因此，在教学中，以其他学科为切入点，让学生通过具体的生活实例理解数学建模，不仅能加深他们对数学本身的理解，还能增强他们对其他学科知识的掌握。

例如，当探讨物理学中的运动定律时，教师可以引导学生使用数学建模来分析和预测物体的运动。通过这样的实践，学生不仅能更好地理解物理学概念，还能学习如何运用数学工具解决实际物理问题。同样，在生物学的研究中，数学模型可以帮助学生分析生态系统的动态，在医药学中，数学模型还能够用于对疾病传播状况的预测和药物剂量的计算。

通过这种跨学科的教学方法，学生能够明白数学并非孤立存在，而是与现实世界紧密相连的。这不仅激发了学生对数学学习的兴趣，还能帮助他们建立起跨学科思维，理解不同领域之间的内在联系。学生在解决实际问题时，能更加灵活地运用数学建模技巧，从而提升解决问题的综合能力。

（四）开展数学建模的实践活动

在培养高中数学建模素养的过程中，定期开展数学建模的实践活动是一项重要的策略。通过举办数学建模讲座和参加数学建模竞赛，学生可以将理论知识转化为实践能力，同时培养对数学建模的深入理解和兴趣。

1. 举办数学建模讲座

举办数学建模讲座是启发学生认识和理解数学建模的有效方式。学校可以邀请数学建模领域的专家或有经验的教师来介绍数学建模的基本概念、方法及其在现实生活中的应用。例如，如何构建和解读不同类型的数学模型，如何使用数学工具和软件进行建模，以及如何将数学建模应用于解决实际问题。此外，还可以展示成功的数学建模案例，激发学生的学习兴趣和探索欲望。通过这些活动，学生不仅能够获得数学建模的专业知识，还能了解到数学建模在多个领域的实际应用，从而拓宽视野。

2. 参加数学建模竞赛

数学建模竞赛通常要求学生团队合作，解决一个实际问题，这不仅需要学生运用数学知识，还要求他们具备数据分析、问题解决和团队协作等综合能力。在竞赛中，学生需要从真实世界中提炼问题，构建合适的数学模型，并运用计算工具进行分析，最终提出解决方案。这个过程不仅锻炼了学生的数学建模能力，还培养了他们的创新思维和批判性思考能力。通过参与竞赛，学生可以更深入地理解数学建模的实际意义和价值，同时提升解决复杂问题的能力。

四、直观想象素养培养策略

（一）重视对有关空间图形及其相互关系的基础知识、基本技能的教学

无论再造想象还是创造想象，都需要一定的基础知识和基本技能。培养直观想象素养的过程也是逐步形成空间观念、发展空间想象能力的过程。只有理解并掌握了一定的基础知识和基本技能，才能在头脑中再造有关的空间形式，并将其用图形正确表述出来。高中阶段，学生需要掌握的基础知识如下：常见空间几何体的概念及结构，空间几何体的直观图和三视图，空间几何体的表面积和体积，空间点、线、面的位置关系，直线、平面平行与垂直的判定及其性质等。虽然这些知识的基本要素仍然是点、线、面，但与初中的平面几何相比却有本质的差别。教师在概念、定理和公理的教学中，还应按认识规律、空间想象能力形成规律进行教学。例如，三垂线定理，已知直线、斜线和它的射影，教师可以引导学生画出已知直线的各种位置，以及垂线与平面垂直的通常画法与特殊情况。这对培养空间想象能力有较大帮助。

（二）通过教授自然语言、图形语言、符号语言的相互转化，培养学生的空间想象能力

首先，文字语言、图形语言和符号语言的互相转化。文字语言在数学中常用于描述问题背景和条件，而图形语言则能更直观地展示这些条件的空间布局。符号语言则用于精确地表达数学关系和公式。在教学过程中，教师应指导学生将复杂的文字描述转化为图形表示，以及使用符号语言来精确描述图形的属性和关系。这种对转化能力的培养有助于学生更好地理解和解决数学问题，尤其是在处理抽象或复杂的数学概念时。

其次，空间问题与平面问题的互相转化。许多空间问题可以通过投影或剖分转化为平面问题来解决，这样不仅简化了问题，还能帮助学生建立起空间问题与平面问题之间的联系。例如，剖切或展开立体图形，可以将其转化为平面图形，以便更容易地计算面积或体积。这种转化能力的培养有助于学生在空间想象中建立更加灵活和多维的思维方式。

最后，"线线""线面""面面"之间的互相转化。这涉及理解和分析空

间中直线与直线、直线与平面、平面与平面之间的相互关系，如相交、平行或垂直等。教师应通过具体的例子和练习，帮助学生掌握这些基本关系，并使其能够在解决实际问题时灵活应用这些知识。这不仅增强了学生对空间几何概念的理解，还提升了他们解决复杂空间问题的能力。

（三）借助多媒体培养学生的空间想象力

在高中数学教学中，借助多媒体工具进行教学是培养学生的空间想象力的有效策略。多媒体技术，如计算机软件、虚拟现实、动画和视频等，可以提供生动、直观的学习材料，极大地增强学生对空间几何概念的理解和想象水平。例如，通过计算机辅助设计（CAD）软件，学生可以直接操作和观察三维几何对象，从而更好地理解这些对象的属性和空间关系。软件中的动态演示和模拟可以帮助学生将复杂的空间变换过程进行可视化处理，如旋转、平移和镜像等，这对发展学生的空间直观能力非常有帮助。多媒体技术还可以帮助学生更好地理解和记忆复杂的几何定理和公式。通过动画和视频演示，复杂的几何概念和证明过程可以变得更加直观易懂。同时，多媒体工具还能够帮助学生在视觉上捕捉几何形状的变化和发展，这有助于加深他们对空间几何知识的理解。

（四）注重学生的动手操作能力

在高中数学教学中，教师可以组织一些与动手操作相关的教学活动，让学生可以真正自己动手进行操作，以此进一步锻炼学生的空间想象能力，同时锻炼学生的动手操作能力。学生的动手操作活动，可以从实物模型制作和几何图形绘制两个角度进行组织和策划。

1. 制作实物模型

制作实物模型是锻炼学生空间想象能力的一个有效手段，因为只有在头脑中形成较为清晰的几何表象，学生才能利用一些分散的"零件"组建一个立体的实物模型。因此，在课余时间，教师可以布置一些制作实物模型的任务，然后在课堂上以学生制作的实物模型为例，为学生讲解相关的知识。需要注意的是，高中阶段学生已经具备了一定的空间想象能力，教师在布置实物模型制作的作业时，不能太过简单（如制作一个正方体），而应让学生制作一些复杂的模型，如三棱锥里面有一个和三棱锥四个面相交的球体，这个模型在高中数学习题中比较常见，和习题的相关性较强，既有助于锻炼学生的空间想象能力，也有助于学生解决相关数学问题的能力的提高。

2. 绘制几何图形

在制作实物模型的基础上，教师还需要让学生动手绘制几何模型，让学生能够将现实生活中的模型或数学语言转化成图形语言，这是学生直观想象素养培育中的必要一环。与此同时，学生在数学学习中面对的问题都是呈现在纸面上的，如果学生不能准确绘制几何图形，也会影响学生解决数学问题能力的发展。因此，在学生动手操作的环节，让学生绘制几何图形必不可少。在绘制几何图形时，要以纸面上的绘制为主，当遇到一些复杂的几何图形时，可以用几何画板、Geogebra、Mathematic 等数学绘图软件进行辅助，让学生能通过电子设备更加直观地感受几何要素的形状与位置关系。

（五）加强几何教学与实际生活的联系

通过将几何知识与日常生活相结合，学生可以更好地理解几何概念的应用价值和实用性，从而提高对几何学习的兴趣和动力。例如，教师可以引导学生观察和分析周围环境中的几何元素，如建筑物的形状、艺术品的几何图案、家用设备的设计等，让学生发现几何知识在生活中的具体应用。此外，教师还可以设计一些与日常生活密切相关的几何问题，如计算家庭装修所需材料的数量、分析体育运动中的几何原理等，这些实际问题不仅能够激发学生的学习兴趣，还能帮助他们培养解决实际问题的能力。通过这些活动，学生可以更加深入地理解几何知识，同时发展空间想象力和创新思维。因此，将几何教学与生活实际紧密联系起来，是提高学生直观想象素养的有效途径。

五、数学运算素养培养策略

（一）加强运算技能的训练

数学运算素养的基础是基本数学运算知识，包括加、减、乘、除以及更高级的代数运算和函数运算。在教学中，应通过定期的练习和测试来加强学生的基础运算能力,确保他们能够快速准确地进行计算。这不仅包括书面计算,还包括对心算能力的培养,特别是对一些常见数学模型和公式的应用。在高中阶段,数学问题变得更为复杂,这要求学生具备解决复杂问题的运算能力。教师应引导学生学习如何将复杂问题分解为更简单的子问题,逐步解决。同时,教师应教授学生如何运用代数变换、方程求解等方法来处理更复杂的数学问题。对这种能力的培养有助于提高学生的逻辑思维能力和分析能力。

(二)通过培育数学思维和数学思想发展数学运算素养

1. 注重学生数学思想的培育

数学思想是高中数学学习的核心内容,包括数学结合思想、分类讨论思想、函数思想、划归思想等。这些思想在数学运算教学中的渗透,有助于降低学生在运算过程中的盲目性和随意性,提高其运算素养。例如,运用分类讨论思想时,教师应引导学生首先确定分类标准,科学合理地对问题进行分类;接着,全面考虑各类别的具体内容;最后,对小结进行系统归纳,得出综合结论。对这种方法的运用可以使学生在进行数学运算时具有清晰的思路和方法,提高运算效率。

2. 注重学生数学思维的培育

学生数学思维的培育可以从一题多解和变式引申两方面着手。在一题多解的练习中,教师应引导学生从不同角度进行数学运算,让学生学会在多种可能的方法中选择最合适的一种。这不仅锻炼了学生多种运算技能,还提升了他们选择合理运算方法的能力,促进了数学运算素养的发展。变式引申则是从一个问题出发,通过改变条件或求解要求来生成新的问题,但基本的解题思路保持不变。这种练习可以让学生学会思维的灵活转换,不局限于固定的思维模式,从而促进数学思维的发展。

(三)重视非智力因素的影响

1. 培养学生规范运算的习惯

规范的运算习惯对提高数学运算的准确性和效率至关重要。在数学教学中,教师应重视培养学生按照数学规则进行运算的习惯。这包括正确的符号使用、规范的步骤表达和逻辑清晰的运算过程。例如,教师可以通过示范、练习和反馈等方式，引导学生逐步掌握如何规范地进行代数变换、方程求解等。此外，规范运算的习惯还包括整洁有序的书写，以防在运算过程中出现错误。通过这种方式，学生不仅能提高运算的准确度，还能在解决数学问题时形成清晰有序的思维方式。

2. 培养学生板书清晰的习惯

清晰的板书不仅是展示数学解答的手段，还是对学生思考过程的直观反映。教师应鼓励学生在板书时注意布局的合理、条理的清晰、字迹的工整，以便自己和他人的理解和检查。良好的板书习惯有助于学生理解数学运算的逻辑结构，同时方便教师和同学对运算过程进行评价和反馈。例如，在解答几何题时，合理的图形位置和标记，清晰的解题步骤，都能帮助学生更好地理解和记忆几何知识。

3. 培养学生及时检验的习惯

在数学运算过程中，及时进行检验是防止错误和提高准确率的重要策略。教师应培养学生在每次运算后及时检查自己的答案的习惯。这可以通过回代验证、估算结果的合理性或与同学交流对比等方式进行。例如，解决方程后，可以将解代回原方程验证是否成立；计算面积和体积时，可以估算结果是否在合理的范围内。这种习惯不仅能提高学生运算的准确性，还能培养他们的自我监控和自我纠错能力。

（四）对运算进行反思，发展数学运算素养

1. 对运算错误原因的反思

学生在数学运算过程中不可避免地会犯错，重要的是通过分析和反思找出错误的根源。错误可能源自对概念的误解、计算的疏忽、步骤的混乱或逻辑的错误。教师应鼓励学生面对错误，分析出错的具体环节，如是否对概念理解不透彻、计算过程中是否有粗心大意的错误等。通过这样的反思，学生不仅能够纠正当前的错误，还能在今后的学习中避免类似错误的发生。

2. 对运算过程的反思

对运算过程的反思有助于学生优化运算策略和提高运算效率。学生在反思时应关注自己选择的运算方法是否最有效、步骤是否最简洁、逻辑是否严密等。

例如，学生可以思考是否有更简单的方法来解决同样的问题，或者在运算过程中是否有不必要的步骤可以省略。教师可以引导学生比较不同的运算方法，讨论各种方法的优缺点。这种对运算过程的反思有助于学生形成批判性思维，促使他们不断寻找更高效的运算方法。

3. 对运算结果的反思

学生在得到运算结果后，应反思这个结果是否合理，是否与实际情况相符，是否满足题目要求。例如，学生可以通过估算或逻辑推理来检验结果是否在合理的范围内，或者通过对结果的应用场景进行分析来判断其实用性。这种对结果的反思不仅有助于提高答案的准确性，还能让学生理解数学运算在实际生活中的应用价值。

六、数据分析素养培养策略

（一）注重培养学生的数据意识

数据意识是指认识到数据在解决问题和决策过程中的重要性，并能够灵活运用数据进行分析和解释的能力。在高中数学教学中，强化学生的数据意识意味着不仅要教他们数据处理的技术和方法，更要使他们理解数据在现代社会的应用价值。这包括识别数据在新闻报道、科学研究、市场分析等领域的应用，以及理解如何通过数据来支持论点或做出决策。教师可以通过讨论现实世界中的案例，如选举预测、消费者行为分析等，来展示数据分析的实际应用。通过这些活动，学生不仅能学会如何处理数据，更重要的是，他们还能学会如何在现实世界中应用数据，增强了对数据分析重要性的认识和理解。

（二）教授学生基础统计知识

数据分析的基础是对统计学基本概念和方法的理解。在高中数学教学中，应重视教授基础统计知识，如对平均值、中位数、众数、方差、标准差等统计量的计算和理解。此外，也应包括数据的收集、整理和表示方法，如表格、直方图、折线图等。通过掌握这些基础知识，学生能够对数据进行初步的分析和解读。

（三）加强对相关方法的培养

在培养学生数据意识和教授学生基础统计知识的基础上，还需要加强对相关方法的培养。具体而言，教师可以从数据收集方法和数据处理方法两个方面着手。

1. 数据收集方法

在高中阶段，常用的数据收集方法包括调查、实验、测量等直接获得数据的方法，也包括查阅图书、网上搜集等间接获得数据的方法。在高中数学教学中，很多教师常常忽视数据收集的过程，直接将数据呈现给学生，这样虽然节省了时间，但却不利于学生数据收集能力的提升。因此，在不耽误教学进度的基础上，教师应教授学生一些数据收集的方法，并为学生提供一些数据收集的机会，以此达到锻炼学生数据收集能力的目的。

2. 数据处理方法

在高中阶段，数据整理常用的方法有排序、分类、分组、编码等，数据描述常用的方法有文字、统计表、统计图等。例如，先将收集到的数据进行分类，然后借助统计表对数据进行描述。上述数据处理方法都需要教师教授给学生。

（四）联系生活实际进行锻炼

将数据分析与生活实际紧密联系起来，是提高学生数据分析能力的有效方法。在日常生活中，存在大量的数据和信息，学生可以通过收集和分析这些数据来练习他们的数据分析技能。例如，教师可以指导学生进行学校食堂的菜品喜好度调查，或者分析本地气候变化的数据。在这些活动中，学生不仅需要收集数据，还要进行整理、分析和解释，最终提出基于数据的见解或建议。这种实际操作的经验不仅能够加深学生对数据分析方法的理解，还能增强他们将理论知识应用于实践的能力。此外，这也能帮助学生建立起数据分析与日常生活之间的联系，理解数据分析在解决实际问题中的作用

第三节 核心素养导向下的高中数学教学评价

一、教学评价概述

教学评价是指以教学目标为依据，通过一定的标准和手段，对教学活动及其结果进行价值上的判断，即对教学活动及其结果进行测量、分析和评定的过程。[①] 它以参与教学活动的教师、学生、教学目标、内容、方法、教学设备、场地和时间等因素的有机组合的过程和结果为评价对象，是对教学工作的整体效能所作的评价。

（一）教学评价的类型

教学评价的类型按照不同标准、不同功能，从不同的角度可以分成许多类别，常见的分类标准如下。

1. 按评价的对象和范围分类

根据评价对象和范围的不同，可将教学评价分为宏观教学评价、中观教学评价和微观教学评价。

（1）宏观教学评价。宏观教学评价关注的是整个教育系统或教育政策的有效性和质量。这类评价从全局的角度出发，探讨教育制度、策略和资源配置是否科学、合理，是否能够满足教育目标和社会发展需求。通过收集和分析大量数据，评估教育改革、创新和发展的趋势，为政策制定者提供决策依据。宏观教学评价关注的问题包括但不限于教育质量、教育公平、教育效率等。

（2）中观教学评价。中观教学评价集中关注某一特定学校或教育机构的教学质量和效果。与宏观评价不同，中观评价更关注具体学校的教学计划、课程设置、师资队伍、教学方法和学生的学习成果等。这种评价有助于学校进行自我反思，不断优化和改进教学质量和教育服务，更好地满足学生和社会的需求。

---

① 丛红艳，房玲玲. 高校教学改革与文化的融合创新研究[M]. 长春：吉林人民出版社，2019：131.

（3）微观教学评价。微观教学评价是对教学活动进行评价，评价的对象是教学内容、教学方法、教学过程和学生学习效果等，范围最为具体，评价指标也最为细致。微观教学评价主要考虑教学内容的科学性、教学方法的有效性、教学过程的严密性和学生的学习效果等。微观教学评价的实施者是教师自身和学校内部的评估人员或机构，对提高教学质量和学生学习效果有着重要的推动作用。

2. 按评价方法分类

按评价方法分，教学评价可分为定性评价和定量评价。

（1）定性评价。定性评价是一种更加灵活、综合的教学评价方式。它不仅依赖于数据和统计，还能通过观察、访谈、反思等方法来深入探究教学过程和效果的复杂性。定性评价关注教学中的个体差异、情境背景、学生的感受和体验等多方面因素，以获得关于教学质量和效果的全面、深入的理解。在定性评价中，教师、学生、家长和其他利益相关者都可以成为评价的参与者，共同为教学改进和优化提供宝贵意见和建议。

（2）定量评价。定量评价则主要依赖数据和统计方法来分析教学的质量和效果。这类评价往往涉及学生的考试成绩、完成任务的速度、教学满意度调查等可量化的指标。定量评价能够为教学效果提供明确、具体的数据支持，便于教师进行客观、系统的分析和比较。虽然定量评价能够提供清晰、直观的评价结果，但也存在忽视教学过程和学生个体差异、情境背景等复杂因素的风险。因此，它往往需要与定性评价相结合，以获得更全面、准确的教学评价。

3. 根据评价的基本标准分类

根据评价的基本标准不同，教学评价可分为相对评价和绝对评价。

（1）相对评价。相对评价是一种将学生的学习表现与其他学生或固定标准进行比较的评价方法。在这种评价方式中，学生的成绩、能力和表现并不是被独立评价的，而需要与其他学生或预定的群体进行比较。这可以帮助教师识别学生在特定群体或范围内的相对位置和水平。相对评价可以揭示学生的竞争力和优势所在，但也可能导致学生间的过度竞争和压力的增大，以及教育资源的不均衡分配。

（2）绝对评价。绝对评价则以固定、明确的标准和期望为基础来评估学生的学习表现。在这种评价方式下，每个学生的表现都要根据一组既定的标准进行评估,而不是与其他学生进行比较。这样可以更公正、客观地评估每个学生的能力和知识水平。绝对评价有助于确定学生是否达到了特定的学习目标和水平,也更便于教师、家长和学生自己了解学习的进步和不足。然而,绝对评价有时可能忽视学生的个体差异和潜力,或者出现学习标准和期望过于严格或宽松的问题。

4. 根据评价的目的进行分类

以评价的目的为标准,可以将教学评价细分为以下三类。

(1)选拔性评价。选拔性评价的主要目的是通过考试或评估来筛选或进行学生分级,以确定他们是否能满足某种特定的标准或资格。这种评价通常出现在入学考试、奖学金申请、专业资格考试等场合。选拔性评价的特点是具有竞争性和排他性,它通常关注学生在某个特定时间点的表现,如通过一次考试来决定学生是否能够进入下一个学习阶段。这种评价方式的优点在于能够快速、清晰地区分不同水平的学生,但缺点是可能导致学生过分重视考试成绩,忽视了学习过程和全面发展。选拔性评价还可能给学生带来心理压力,影响他们对学习的兴趣和动力。

(2)发展性评价。发展性评价旨在促进学生的学习和个人成长,它更关注学生能力的提升和知识的深化。这种评价不仅仅是为了测量学生的知识水平,更重要的是诊断学生的学习问题,并对此提供反馈和指导,帮助学生在学习过程中取得进步。发展性评价通常是持续的、形成性的,如课堂参与、作业、项目和持续的评估等。它鼓励学生进行自我反思,理解学习目标,并在教师的引导下调整学习策略。这种评价方式能够帮助学生建立起积极的学习态度,增强其自我调节和终身学习的能力,但可能需要更多的时间和资源来实施。

(3)水平性评价。水平性评价的目的是衡量学生在某一时间点的学习水平和成就,通常与具体的学习标准或目标相关。这种评价可以帮助学校和教师了解学生的整体学习情况,评估教学效果,同时为学生和家长提供学习成果的反馈。水平性评价通常通过标准化测试、年级考试等方式进行,其结果可以用来比较不同学生、班级或学校的表现。这种评价方式的优点是公平、客观和易于量化,但它可能无法全面反映学生的能力和潜力,也可能导致学生和教师过分关注考试成绩,而忽视了对创造性思维和批判性思维的培养。

(二)教学评价的功能

教学评价的功能主要体现在以下几方面,如图 4-2 所示。

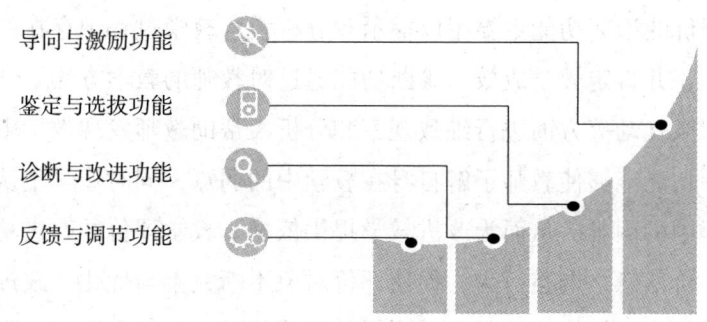

图 4-2 教学评价的功能

1. 导向与激励功能

教学评价的导向功能主要指教学评价可以定向引导实际的教育活动。教学评价通过明确的目的、预设的指标系统和严格的程序,像一个指挥棒、一把标尺或一盏指路灯,引导着教学活动朝着理想的目标发展。这种定向引导作用使教学评价成为教育过程中的关键环节,对教学活动的开展具有指导性和导航性。同时,教学评价还具有激励功能。合理有效地运用教学评价,可以激发和维持评价对象的内在动力,调动被评价者的内部潜力。这种激励作用有助于提高教师和学生的积极性和创造性,从而实现教学管理的目的。在教学评价过程中,导向与激励功能相互交织、相互促进。导向功能为教育活动提供了方向,使教师和学生明确目标,而激励功能则通过奖励和认可,激发教师和学生为实现这些目标而努力的热情。这两种功能共同推动着教育的发展,促进着教学质量的提升。

2. 鉴定与选拔功能

教学评价的鉴定功能是指教学评价活动具有认定、判断评价对象合格与否、优劣程度、水平高低等实际价值的功效和能力。教学评价通过全面收集教师的教学过程、学生的学习成果以及其他相关方面的数据,可以对教学质量进行系统性、客观性的分析和评估。这种评估结果不仅能够呈现出评价对象的教学水平高低、优劣程度,还能为进一步的教育决策提供依据。教学评价的选拔功能在鉴定功能基础之上发挥作用。根据鉴定结果,选拔功能意味着教学评价可以选出表现优秀或先进的师生，并对不合格者进行淘汰。这一功能有助于激发教师和学生的积极性，形成竞争性的教育氛围，推动教育质量的提升。

3. 诊断与改进功能

教学评价的诊断功能主要用以揭示和分析教育教学过程中存在的问题，找到症结所在，并肯定教学成效。诊断功能通过对教师的教学方法、学生的学习成果以及课堂互动等方面进行细致观察和分析，帮助教师发现教学中的问题和不足。这一功能能够使教师了解自身在教学中的弱点，同时让学生认识到自己在学习过程中的困难，从而为改进教学提供依据。教学评价的改进功能着重于及时反馈评价信息，调整行为，促使评价对象不断完善与优化。改进功能关注评价结果的应用，旨在为教师和学生提供明确的进步目标和要求，引导他们在诊断的基础上进行自我调整和发展。

4. 反馈与调节功能

教学评价的反馈功能，是指评价者将有目的、系统收集的关于评价对象的信息及其意义传递给评价对象，然后收集评价对象反馈的信息，以此来实现信息的循环，并借此不断修正评价对象或评价者的行为。有效的反馈可以让教师了解自己的教学方法是否合适，学生能否跟上教学进度，同时让学生了解自己在学习过程中的优点和不足，为他们制订合适的学习计划提供依据。教学评价的调节功能是在评价信息被及时、有效地反馈的基础上实现的。调节功能主要表现在以下两个方面：一是评价者可以根据评价结果，为被评价者提供合适的指导和建议，帮助他们调整教学目标和教学进程。二是可以通过教学评价，被评价者可以了解自己的优缺点，明确努力方向及改进措施。

二、核心素养导向下的高中数学教学评价指标体系设计

（一）核心素养导向下高中数学教学评价指标体系设计的依据

在设计高中数学教学评价指标体系时，一般以普通高中数学课程标准、现有的评价指标体系、数学教学实践这三方面作为依据，而在以核心素养为导向的高中数学教学中，评价指标体系设计还需要增加核心素养这一依据，即在核心素养的宏观引导下，设计具体的评价指标体系。

1. 核心素养

关于核心素养，笔者已在本节已经进行了系统的论述，并列出了核心素养的结构框架。在以核心素养为依据设计高中数学教学评价指标体系时，可以以该框架所包含的三个层次、六大素养以及十八个基本要点作为具体指导。

2. 普通高中数学课程标准

《普通高中数学课程标准（2017年版2020年修订）》是设计高中数学教学评价指标体系的准绳，也是评价指标体系设计水平的一个重要依据。自2003年教育印发《普通高中课程方案和课程标准实验稿》以来，课程标准一直发挥着非常重要的作用，有效推动了我国教育质量的提高。《普通高中数学课程标准（2017年版2020年修订）》是在《普通高中数学课程标准（2017年版）》基础上进行修订后的版本，共包含六部分内容：课程性质与基本理念、学科科学素养与课程目标、课程结构、课程内容、学业质量、实施建议。这六个部分共同反映了先进的教育思想和理念，虽然每一部分都没有针对高中数学教学评价指标体系设计做出明确指示，但其所包含的思想和理念对高中数学教学评价指标体系的设计具有非常重要的指导意义。

3. 现有的评价指标体系

目前关于高中数学课堂教学评价指标体系设计的研究并不少，这些已有的高中数学评价指标体系是非常重要的依据。例如，毕力格图在《数学教师学科知识发展》一书中针对中学数学教学设计了九个一级指标，分别为教学思想、教学目标、教学过程、教学内容、教学基本功、教学方法、教学特色、教学态度、教学效果。毕力格图也在书中对这九个一级指标做了说明。[1]需要注意的是，高中数学教学评价指标体系的设计虽然有共通之处，但由于不同教师、学者的认知不同，不同学校的学情也存在差异，因此在借鉴他人的评价指标体系时，不能采取"拿来主义"，而是要结合自身教学实际，设计出更具针对性和操作性的评价指标体系。

4. 高中数学教学实践

高中数学教学实践提供了设计评价指标体系的实际基础。这涉及教师的教

---

[1] 毕力格图.数学教师学科知识发展[M].呼和浩特：内蒙古教育出版社，2015：85.

学方法、学生的学习经验、课堂互动模式,以及教学资源的使用等方面。教育工作者在设计评价指标时,需要考虑这些实践活动的具体情况和需求,确保评价指标与实际教学密切相关,能够真实有效地反映学生的学习过程和成果。

(二)核心素养导向下高中数学教学评价指标体系设计的原则

在设计核心素养导向下的高中数学教学评价指标体系时,以下三个原则至关重要。

1. 科学性原则

评价指标的设计必须基于科学的理论和实践依据,确保评价内容的科学性和合理性。这意味着评价指标应当有明确的理论依据,如学习心理学、教育测量学和数学教育理论,并且这些依据应能经得起实践的验证。

2. 系统性原则

评价指标体系应当是系统的,能涵盖学生数学学习和教师数学教学的各个方面。这些指标应当相互关联,要能构成一个完整的评价体系

3. 可操作性原则

评价指标体系的设计应具有可操作性,这意味着评价指标要清晰、具体,教师能够依据这些指标实施有效的评价。可操作性原则要求评价指标不仅在理论上可行,还在实际操作中易于实施。这包括确保评价方法的实用性、评价工具的易用性,以及评价流程的高效性。

(三)核心素养导向下高中数学教学评价指标体系的具体设计

1. 一级指标设计

一级指标的设置应具有清晰的层次性和逻辑性,以使评价体系条理分明、易于理解和操作。指标之间应有明确的区分和联系,避免重复或相互矛盾。此外,一级指标的数量应控制在 5~7 个。过多的话会增加教学评价工作的难度,导致可操作性降低,进而影响评价指标体系的效用。过少的话容易导致整个评价指标体系不够全面,从而使评价结果缺乏可信度。笔者设计的高中数学教学评价指标体系中的一级指标包括教学思想、教学目标、教学内容、教学过程、教学态度、学生学习情况等六个指标。

2. 二级指标设计

一级指标是进行高中数学教学评价的几个评价维度,即高中数学教学应该从哪几个方面进行评价,但一级指标的范围太广,在实际操作中存在较大的困难,所以需要在一级指标的基础上设计二级指标,将指标进一步细化。因此,二级指标可以看作一级指标的具体化。笔者在针对上面所提及的六个一级指标进行深入分析后,对每个一级指标都做了进一步的细化,并对二级指标的具体含义进行了说明。

笔者设计的核心素养导向下高中数学教学评价指标体系,如表4-3所示。

表4-3 核心素养导向下的高中数学教学评价指标体系

一级指标	二级指标	二级指标说明
教学思想	教学理念	1. 在传授学生知识的同时,注重学生核心素养与数学素养的发展; 2. 坚持以人为本的理念,尊重学生人格,尊重学生间的个体差异; 3. 面向全体学生,使每一位学生都能在原有基础上得到发展
教学思想	问题意识	1. 具有问题意识,时刻反思自身教学中可能存在的问题,并进行改正; 2. 注重问题的合理性、有效性、创新性,明确问题意识、发现问题、提出问题、分析问题、解决问题,以及反思问题之间的关系
教学目标	目标正确	1. 教学目标应明确、清晰、完整,符合高中数学课程标准、核心素养要求与教学实际; 2. 教学目标应具有较强的可操作性,切忌假、大、空
教学目标	适合学生	1. 教学目标应符合学生的认知水平、认知规律与心理特征; 2. 教学目标既要着眼于学生当前的发展,也要着眼于学生长远的发展;
教学目标	切合标准	课程标准是制订教学目标的重要依据,应与高中数学课程标准相契合;
教学内容	教材处理	1. 对教材进行系统的分析,包括分析全册教材总体要求及基本内容,分析单元教材的教学目标及重难点,分析单课教材的具体目标及内容结构; 2. 合理对教材内容进行编辑,丰富教材实例; 3. 将教材知识与现实生活和生活实际联系起来,合理安排内容

续　表

一级指标	二级指标	二级指标说明
教学内容	教学层次	1. 知识层面：知识讲述透彻，知识间关系讲述清晰，让学生明白"是什么""怎样进行联系"； 2. 事实层面：讲述知识背景与学科文化，让学生适当了解知识背后的相关事实； 3. 方法层面：掌握多种教学方法，能够结合教学需要选择合适的教学方法； 4. 认知层面：对高中数学教学、核心素养、数学素养等有深入的认识； 5. 思维层面：思维清晰，有一定的宏观与微观思维能力，对每一个环节或知识的讲述清楚明了
	教学设计	1. 教学过程设计内容完整、层次分明、循序渐进，体现教学目标，突出知识主线，对教材内容的把握要完整准确； 2. 注重知识与现实生活的联系，凸显数学知识的应用性； 3. 注重知识与核心素养和数学素养间的联系； 4. 知识、技能、原理阐述清晰、准确，重点突出，难点分散； 5. 课堂容量适宜，难度适中，进度适中
教学过程	课堂结构	1. 课堂内容与课前准备和课后活动有衔接关系； 2. 课堂教学过程中应蕴含着学科教学思想、目标、内容、方法、技能、态度、过程、组织、媒介，以及评价等方面的元素； 3. 课堂教学组织蕴含着内容与问题引入、讲述与讲解内容、操作与练习技能、思考与分析关系、概括与探究规律、总结与评价因果等方面的元素
	重点突出	突出重点，抓住关键
	资源利用	1. 充分利用现实生活中的资源； 2. 有效利用多媒体等现代教育技术资源
	难点突破	运用富有启发性的教学方式和教学语言多角度地启发学生，帮助学生突破难点，使学生在知识、思维、能力、素养等方面得到发展
	课堂文化	1. 课堂氛围平等、民主，学生可以自由表达自己的观点，教师尊重学生个性； 2. 师生关系、生生关系和谐，学生合作积极愉快
	反馈评价	积极给学生以反馈，采用恰当的方式对学生进行评价

续 表

一级指标	二级指标	二级指标说明
学生情况	学生知识掌握	1. 掌握必要的数学知识； 2. 联系新旧知识并相互整合； 3. 构建完整的知识体系
	学生教学活动参与	1. 积极参与数学教学相关的活动； 2. 学生思维水平获得提升，注意力集中，具有合作交流意识，能够较深层次地参与教学活动，并敢于质疑
	学生核心素养	初步形成核心素养，包括前面提及的三个层次、六大素养和十八个基本要点
	学生数学素养	具备数学抽象素养、逻辑推理素养、数学建模素养、直观想象素养、数学运算素养和数据分析素养等六大数学素养

三、核心素养导向下高中数学教学评价模式多元化

教学评价模式应改变传统的以成绩为主的评价模式，要更加关注学生核心素养的发展，关注评价本身（评价的发展性、客观性、科学性等），关注教师、学生等各主体在评价中的作用，同时丰富评价的模式。在查阅资料的基础上，笔者结合自身的教学实际，总结了以下四种适合应用到核心素养导向下高中数学教学中的评价模式。

（一）发展性目标评价模式

1. 发展性目标评价模式的特点

发展性目标评价模式是一种以学生长期学习和能力发展为核心的评价方式。与传统的以结果为导向的评价不同，它更关注学生在学习过程中的进步、能力的提升以及态度和习惯的形成。下面是发展性目标评价模式的五个主要特点。

（1）过程导向。发展性目标评价模式强调学习过程的重要性，重视学生在学习过程中的表现和进展。这种评价方式不仅关注学生的最终成绩，还关注学生是如何达到这些成绩的。它通过持续的观察和反馈，帮助学生理解自己的

学习方法和策略，识别自己在学习过程中的优势和不足。这种过程导向的评价能够让学生对自己的学习负责，并激励他们在学习过程中不断进步。

（2）强调反馈和指导。发展性目标评价模式强调，评价不仅是对学生学习成果的量化，更是一个提供持续反馈和指导的过程。这种反馈旨在帮助学生理解自己在哪些方面做得好，哪些方面需要改进，并提供具体的改进策略。通过这种方式，评价可以成为一个促进学生学习和成长的工具，而不仅是一种衡量工具。

（3）促进自我评估和自我调节。发展性目标评价模式鼓励学生进行自我评估和自我调节。在这种评价模式中，学生被鼓励反思自己的学习过程，评估自己的进步，并设定个人学习目标。这种自我评估的过程能使学生更加主动地参与学习过程，提高自我监控和自我调节的能力，从而成为更独立和自主的学习者。

（4）对长期发展和终身学习的促进。这种评价模式着眼对于学生长期发展和终身学习能力的培养。它不仅关注学生在高中数学学习期间的表现，更关注他们如何将学到的知识和技能应用到日常生活和未来的学习中。通过强调发展批判性思维、解决问题的能力以及学习策略，发展性目标评价模式为学生未来的学习和职业发展奠定了坚实的基础。

2. 发展性目标评价模式的实施

发展性目标评价模式的实施流程可以分为以下三个关键阶段。

（1）制订评价标准和目标。在发展性目标评价模式的第一阶段，教师需要根据课程目标和学生的具体需求制订清晰、具体的评价标准和学习目标。这些标准和目标应当全面覆盖数学知识、技能、态度和思维能力等方面，同时要具有可实现性和适应性。制订标准时要考虑学生的先前知识水平、学习风格和个人兴趣，确保评价目标既有挑战性又能激发学生的学习动力。此外，这些评价标准应当与学校的教学大纲和教学目标保持一致，确保教育的连贯性和系统性。

（2）持续的观察和评估。在评价过程的第二阶段，教师需要通过持续的观察和评估来监控学生的学习进程。这一阶段不仅包括布置传统的书面测试和作业评估，还应包括对学生课堂参与度、讨论贡献度、项目工作和个人表现的观察。教师可以采用多种工具和方法进行评估，如组织自我评估、同伴评估、项目展示等，以获得对学生学习的全面理解。持续的评估可以帮助教师及时了解学生的学习状况，识别学习中的难点和挑战，并根据需要调整教学策略。

（3）反馈和调整。在这个阶段，教师需要向学生提供及时、具体和建设性的反馈。这些反馈应当着重于学生的进步和成长，指出他们在学习过程中的优点和需要改进的地方。同时，教师还应鼓励学生进行自我反思，帮助他们理解自己的学习过程，制订改进策略。基于评估结果和学生反馈，教师可能需要调整教学计划、学习活动和评价方法，以更好地满足学生的学习需要和促进他们的全面发展。

（二）CIPP 评价模式

1. CIPP 评价模式的概念与特点

CIPP 评价模式又称改良导向评价模式或决策导向评价，是一种由背景评价（Context Evaluation）、输入评价（Input Evaluation）、过程评价（Process Evaluation）、成果评价（Product Evaluation）四种评价组成的一种综合评价模式。

CIPP 评价模式的特点如下。

（1）全面性。CIPP 评价模式提供了一种全面评估教学的方法。它不仅关注最终的学习成果，还涵盖了对教育环境和背景、所使用的资源和策略以及教学实施过程的评估。这种全面性确保了教学评价能够覆盖项目实施的所有关键方面，为教师提供了对教学活动有效性的深入理解。

（3）指导性。CIPP 模式具有很强的指导性。通过对项目背景、资源、过程和成果的评估，这种模式为教育者提供了关于如何改进和优化教育活动的具体指导。评价结果可以用来调整教学策略、改善资源分配和优化教学过程，从而提高教育质量。

（3）持续性。CIPP 评价模式强调评价的持续性。它不是一次性的活动，而是一个持续的过程，贯穿于教学的整个生命周期。这种持续性评价能够帮助教师及时发现问题并进行调整，确保教育项目始终行进在正确的轨道上。

（4）参与性。CIPP 模式鼓励各利益相关者的参与。教师、学生、家长，甚至社区成员都可以参与评价过程，提供宝贵的反馈和见解。这种参与性不仅增加了评价的多样性和深度，还有助于各方建立共识，促进教育项目的成功实施。

2.CIPP评价模式的实施

CIPP评价模式的实施流程可以分为以下四个步骤。

（1）背景评价。背景评价是对所在环境的需求、资源、问题和机会的评价。"需求"主要包括那些实现目的所必需的、有用的事物，"资源"是指在本地可以得到的专家和服务，"问题"是指在满足需要时必须克服的障碍，"机会"主要指满足需要和解决相关问题的时机。背景评价的主要目的如下：①描述所需服务的背景情况；②界定预期的受益人并评定其需要；③弄清满足需要所存在的问题和障碍；④界定本地资源和资助时机；⑤评定方案、教学和其他服务目标的清晰度和适切性。背景评价的基本方向是确认方案目标与方案的实际影响之间的差距，本质上属于诊断性评价。

（2）输入评价。输入评价关注的是教学活动的规划和资源配置。在这一阶段，评价着眼于项目所需的资源（如教材、设备、师资等）、策略（如教学方法、学生参与方式等）以及计划的实施方式。输入评价是为了确保项目的设计合理有效，资源得到最优化配置。通过分析和评估不同输入要素的合适性和效率，教师可以在项目开始之前预测可能的挑战和问题，从而采取相应的预防措施或改进策略。

（3）过程评价。过程评价是在方案实施过程中做连续不断的监督、检查和反馈工作，其目的有三个：一是为教学方案制订者、管理人员、执行人员提供反馈信息，以便了解教学实施的进度以及是否有效地利用了可用的资源；二是用于发现教学实施过程中的潜在问题，为修正方案提供指导；三是为定期评估教学的参与人员提供有效信息。总之，过程评价在于调整和改进教学实施过程，本质上属于形成性评价。

（4）成果评价。成果评价集中于评估教学活动的最终成果和效果。这包括学生的学习成就、知识和技能的掌握以及项目对学生态度和行为的影响。成果评价不仅关注学术成绩，还包括非认知方面的成果，如学生的自信心、参与度和创新能力。此阶段的评价有助于教师理解项目对学生整体素质的影响，评估项目的长远效果，并为未来的项目提供有价值的经验和教训。通过对成果的综合评估，教师可以对教学策略和项目设计做出更有效果的调整和改进。

（三）协同自评模式

1. 协同自评模式的含义

协同自评模式是一种以被评价者自我评价为主，并使其在评价人员的协同下，与评价者共同完成从制订评价目标开始的一系列活动的评价模式。在教学活动中，其实只有受教育者才全程参与了教育活动，所以也只有他们能够全面地了解教育活动的相关信息。但由于学生的评价能力不能完全满足教育评价的需求，所以虽然学生全程参与了教育活动，但其评价却未必符合评价的要求，这就需要专门人员的参与。但专门的评价人员（包括教师）很多时候只能参与教育活动的部分过程，所以专门评价人员的评价难免存在一定的片面性。综合上述情况，协同自评的评价模式应运而生。

2. 协同自评模式的实施

协同自评模式是一种学生和专门评价人员共同参与的评价模式，在评价的过程中，学生（自评者）和专门的评价人员（协同者）同心协力，经常性地进行协商，并在这一过程中取得共识，最后一起完成从确立评价目标开始，到制订评价方案、收集资料、处理资料、做出价值判断、撰写评价报告等一系列评价活动。具体而言，协同自评模式可分为三步：准备阶段、实施阶段和撰写报告阶段，如图 4-3 所示。

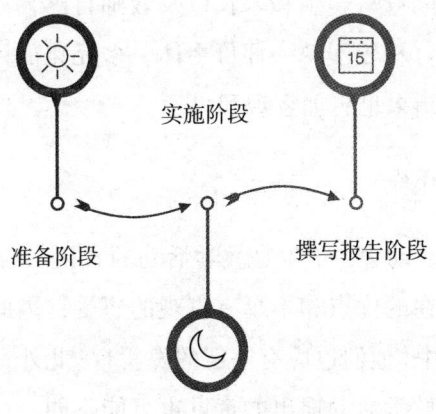

图 4-3　协同自评模式的实施

在准备阶段，核心任务是制订评价方案。这一步骤由专门的评价人员起草初步方案，随后教师基于该方案挑选合适的评价人员作为协同者。此时，教师把自己对方案的见解与协同者共享，通过协商调整，双方共同制订一个既能突出教师自评的作用，又能展现专业评价人员协同作用的综合评价方案。

进入实施阶段，教师会先根据制订的评价方案对教学活动进行初步评价，识别那些已经达到或未达到预期目标的指标。接着，协同者加入评价过程，与教师一同深入探讨，以达成共识。在这个阶段，采用多种评价方法是关键，应避免局限于单一的评价方式。在评价过程中，教师和协同者需要不断地进行沟通和协商，以确保对教学活动的评价是在双方共识的基础上进行的。这一阶段也涉及不断地收集和整理相关资料，以便于后续的评价报告撰写。

最后是撰写报告阶段，此时将根据在实施阶段收集的资料来编制评价报告。编写过程同样需要教师和协同者之间进行紧密合作和意见交换，以确保报告内容能够反映双方的共识。评价报告通常分为两部分：一是双方达成共识的主体部分，这是评判教师教学质量的主要依据；二是双方未能达成共识的部分，这些内容将融入下一轮评价中，留待双方在未来的评价中达成一致。通过这样的流程，协同自评模式不仅促进了教师的自我反思和成长，还提高了评价的质量和效果。

四、核心素养导向下高中数学教学评价主体多元化

在确定高中数学教学评价的主体时，应考虑教育教学活动中所涉及的各主体的作用，包括教师同行、学生和家长以及教师自己，以使高中数学教学的评价主体也变得多元化。相较于单一评价主体，多元化的评价主体所涉及的思考角度更多，所得到的结果也更加客观和科学。

（一）学生参与评价

在高中数学教学活动中，学生是教学活动的直接参与者，也是长期参与者，他们对教学活动中存在的优点和不足有直观的感受，因此，在针对高中数学教学而开展的评价活动中，他们也应有一定的发言权。此外，学生群体的数量较多，而不同学生针对教师教学活动提出的意见也可能不同，这无疑为教师提供了更

多可供参考的视角。与此同时,引导学生参与高中数学教学评价,可以进一步凸显学生的主体作用,激发学生的主观能动性,并使学生在对教师教学活动的评价中获得相应素养的发展。

在组织学生参与教学评价时,可以采用单人评价或学生小组评价的方式。单人评价方式强调每个学生作为独立个体对教学活动的评价。学生根据自己的观察和感受,单独对教学内容、方法、互动等方面进行评价。这种方式的优势在于它能够体现学生的个体差异和独特见解,使评价更加细致和个性化。学生在进行单独评价时更能自由地表达自己的真实感受和想法,不受他人影响,这有助于教师获取更加真实、多元的反馈信息。然而,这种评价方式也可能受限于学生个人的见识和经验,可能不够全面或客观。

学生小组评价则是学生在小组合作的基础上进行的评价。在这种方式中,学生以小组为单位,共同讨论并给出对教学活动的评价。这种方式的优点在于它能促进学生之间的交流和合作,通过集体智慧来形成更为全面而深入的评价。在小组讨论过程中,学生可以互相启发,共同分析,从而在评价中考虑到更多的角度和因素。此外,小组评价也有利于培养学生的协作能力和沟通技能。不过,这种评价方式可能会让学生受群体思维的影响,使一些学生的个人观点被模糊表达或被忽视。

单人评价和学生小组评价各有特点,都能在不同的方面为高中数学教学评价提供有价值的视角和信息。在实际应用中,教师可以根据具体情况和需要选择适合的评价方式,或者将两种方式结合起来,以获取更全面、更深入的评价结果。无论采用哪种方式,都应尊重学生的主体性,要提供必要的解释,但要避免对学生意见的干扰。

(二)家长参与评价

家长在参与评价的过程中,可以提供对学生在家庭作业、课外学习活动以及学习态度方面的观察和反馈。这些信息对教师来说非常宝贵,因为它们涵盖了学生在校外的学习表现,这部分是教师在学校环境中难以直接观察到的。家长的观点可以帮助教师更好地理解学生的学习动机、兴趣点以及可能面临的学习障碍。同时,家长的参与有助于建立家校合作的桥梁。通过参与教学评价,家长能够更加深入地了解学校的教学目标和方法，这种理解有助于家长更有效地支持孩子的学习。家长的反馈不仅能够促进教师改进教学，还能使家长参与支持孩子在学习方面的成长。

然而，也需注意家长参与评价的局限性。家长的观点可能受他们自身教育背景、价值观念以及对教育的理解水平的影响，因此可能会存在主观性。为了确保评价的客观性和有效性，教师在采纳家长反馈时应进行综合考虑，结合学生在校的表现和其他评价信息。

（三）教师同行参与评价

评课本身就是教师工作中的一部分，而通过评课，教师可以培养出一定的评教能力。此外，教师中也有一些人有着丰富的教学经验，能准确指出其他教师教学中存在的问题。虽然不同学科间的教师可以进行跨学科评价，但为了提高教师评价的科学性，应选择相同学科或相近学科的教师参与评价，因为同学科或相近学科的教师在知识的认知上差异更小，有助于获得更加专业的评价和建议。其实，将教师同行这一主体引入高中数学教学评价中来，不仅有助于教师教学质量的提高，还为教师们的相互交流提供了一个机会，而教师之间相互学习，取长补短，可以促进整个教师团队教学水平的提升。

当然，教师同行评价也存在一些不足之处。首先，教师同行评教通常以听课的方式来实施，其缺点是短期性，这容易导致教师同行很难系统和全面地了解被评价教师的教学情况，进而导致同行教师的评价出现片面性的问题。其次，教师同行之间一般存在着人情关系，这会从心理上影响评教教师，进而导致评价结果客观性的降低。因此，在引入教师同行这一评价主体时，需要同时看到其所发挥的积极作用与存在的不足之处，以便在正确的认知中提高教师同行评价的有效性。

（四）教师自我评价

教师自我评价的核心在于自我反思和自我提升。通过对自己的教学方法、课堂管理、学生互动等方面的评估，教师能够识别自身教学中的优势和不足。这种自我评估有助于教师深入理解自己的教学风格和效果，从而更有效地调整教学策略以适应学生的需求和教学目标。教师自我评价也涉及对教学内容的审视。教师需要评估所教授的教学内容是否与学生的核心素养发展相符,是否能够有效地激发学生的学习兴趣和思维能力。通过这种评估,教师可以更好地整合和优化教学内容,确保其既具有挑战性又能够激发学生的学习潜能。此外,教师自我评价还包括对教学过程中学生反应的观察和分析。通过观察学生的参与度、反应情况和学习成果,教师可以获取宝贵的反馈信息,这些信息对改进教学方法和提高教学效果至关重要。

然而,教师的自我评价也存在一定的挑战性。教师需要具备客观自省的能力,避免主观偏见影响评价结果的准确性。同时,教师需要定期更新自己的教学知识和技能,以确保其评价标准和方法能够跟上教育发展的最新趋势。

无论是哪个主体参与教学评价,都可能受一些主观因素或客观因素的影响,从而导致其评价欠缺一定的客观性、科学性和全面性。因此,针对高中数学教学而开展的质量评价,必然要引入更多的评价主体,这样才能使评价更加客观、更加全面,进而使教学评价发挥更大的作用。

第五章 现代教育技术赋能高中数学教学

第一节 现代教育技术概述

一、现代教育技术的概念

（一）教育技术

"教育技术"一词源于美国，随后被引入许多国家，并逐渐发展成为一门学科。对教育技术的定义有以下两种典型说法。

第一种，教育技术是为了促进学习，对有关的过程和资源进行设计、开发、利用、管理和评价的理论与实践。[①] 从这个定义可见，教育技术的研究性质是理论和实践；教育技术的研究对象是学习过程和学习资源；教育技术的研究目的是促进学习；教育技术的研究范畴是设计、开发、利用、管理和评价。其中，对研究范畴可以作如下理解。

（1）设计。学习过程和学习资源的设计是指对学习者学习过程的详细规划，涉及对教学内容、方法和材料的系统规划。设计阶段需要对教学目标、学习者特性、教学环境进行深入分析，并基于这些分析制订教学策略和学习活动。设计的目的在于创建一个有效、高效且符合学习者需求的教学方案。例如，在设计一个在线课程时，教育技术专家需考虑课程内容、交互方式、评估方法等教学的多个方面，以确保课程的有效性和吸引力。

（2）开发。开发阶段涉及将教育设计方案转化为实际的教学产品或活动。这可能包括创建教学材料、教学软件、多媒体内容等。在开发过程中，教育技

[①] 张一春. 教育技术研究方法 [M]. 南京：南京师范大学出版社，2008：347.

术专家需要应用各种工具和技术，如编程语言、图像和视频编辑工具，以制作高质量的教学资源。开发的关键在于确保教学资源既能符合设计目标，又易被学习者使用和理解。

（3）利用。利用阶段是教育技术的实施部分，是指教学资源的实际应用和教学过程的执行。这一阶段的重点在于确保教学资源和活动能够在实际教学中顺利运行，并有效促进学习。利用包括教师培训、学习者指导、课堂管理等方面，能够确保所有参与者最大限度地从教学活动中受益。

（4）管理。管理阶段涉及对教育资源和过程的组织、协调和监督。这包括资源分配、进度监控、维护更新等方面。有效的管理可以确保教育资源能够得到恰当的利用，同时监控教育过程以维持其效率和质量。管理也包括对变化的需求和对环境的适应，能确保教育活动与时俱进。

（5）评价。评价就是运用科学技术手段，对教学结果进行规范化的测定、衡量，并进行价值判断的过程。评价的目的在于评估教学活动的效果和教学资源的质量。评价可以是形成性的，即在教学过程中不断进行，以提供及时的反馈和改进建议；也可以是总结性的，即在教学活动结束后进行，以评估最终成果。评价的结果对改进教学设计和开发具有重要指导意义。

第二种，教育技术是指通过创造、使用、管理适当的技术过程和资源，促进学习和改善绩效的研究与符合道德规范的实践的发展。[①] 该定义将第一个定义的五个范畴（设计、开发、利用、管理和评价）整合为三个范畴（创造、使用和管理），这三个范畴形成一个统一的、相互衔接的整体，而评价贯穿整个过程。如图 5-1 所示。

---

① 张福高，张霞霞. 现代教育技术 [M]. 成都：电子科技大学出版社，2017：5.

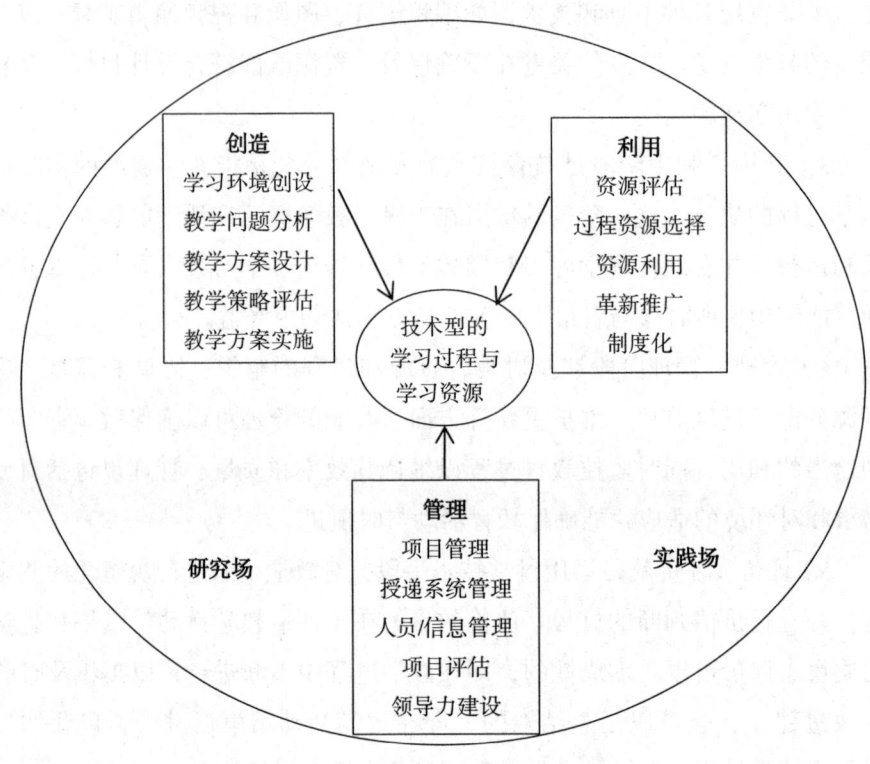

图 5-1 教育技术的概念框架

这一定义特别强调了"提高绩效"和"符合伦理道德"两个关键方面。所谓的"绩效"涵盖了学习者的能力及其在新环境中应用知识和技能的能力的提高。从历史角度来看,教育技术一直重视教学的成果,如程序教学就是根据学习者在教学结束后达到的目标程度来进行评估的。对"提高绩效"的强调,意味着学习不再仅仅是对知识的静态掌握,更是应用这些知识的能力。"伦理道德"不仅限于知识产权和版权意识方面,更包含对社会责任感的重视。教育技术专业人士在实践活动中,需要从批判性的视角出发,质疑并关注自己的实践是否恰当、是否符合伦理道德的要求。这意味着,教育技术的应用不仅要考虑效果,还要考虑其在伦理道德上的影响和社会责任。

(二)现代教育技术

现代教育技术是 20 世纪 90 年代后在国内被广泛使用的一个术语,是指运用现代教育理论和现代信息技术(包括计算机技术、多媒体技术、网络技术、人工智能技术等），通过对教与学过程和资源进行设计、开发、利用、管理和评价，以实现教育优化的理论和实践。[①] 与教育技术定义相比较，现代教育技术强调必须运用现代教育理论和现代信息技术研究学习过程，研究教学过程；强调现代教育技术追求的目标应是实现教学优化。可以从以下四个方面来理解该定义的基本思想。

1. 现代教育技术以现代教育理论为指导

在现代教育技术的内涵中，最重要的一部分是"依托于现代教育理论"。这些理论包括现代教学理论和现代学习理论，为教育技术的应用和发展提供了理论基础。例如，"结构－发现"教学理论、发展教学理论、教学最优化理论以及行为主义学习理论、认知主义学习理论和建构主义学习理论，这些理论为现代教育技术的应用与实践指明了方向，使之能够更好地推进素质教育，培养学生的创新精神和实践能力。

2. 现代教育技术以信息技术为主要手段

现代教育技术的内涵也表现为信息技术的广泛应用。信息技术包括计算机技术、微电子技术和通信技术等，在学校教育中，多媒体与网络技术的使用是信息技术的存在方式。它们为教学资源的数字化和信息化提供了可能，也极大地丰富了教学方法，提高了教学效率，同时带来了新的教学模式，方便教师为学生创设更为活跃和自主的学习环境。

3. 现代教育技术关注的是教与学的过程和资源

在现代教育技术的框架下，教师和学生不仅是知识的传递者和接受者，还是教学资源的开发者和使用者。通过优化教学资源，如建设信息化的教学环境，开发信息化教学软件，探索并构建新型的教学模式，现代教育技术能够有效地推动教学质量的提升。

4. 系统方法是现代教育技术的核心思想

现代教育技术的核心在于对系统方法的应用，这包括对教与学的过程和资源进行设计、开发、利用、管理和评价。它关注教育教学过程中各步骤的精心

---

① 公成敏. 教育科学与技术在数学课堂教学优化中的应用研究 [M]. 成都：电子科技大学出版社，2019：12.

设计和实施，强调教学各要素的有序组织，同时需要随时被评价和修正，以确保教学过程的有效性和高效性。

二、现代教育技术的理论基础

（一）传播理论

1. 传播与教育传播

传播最开始为传达、通信、联系之意，后来专指信息的交流和交换。进一步来说，传播就是指传播者依靠一定的媒体或某种形式，将信息传递给接受者，以达到信息交流和信息共享目的的行为。该概念的界定可从如下三个方面去理解。

（1）传播是传播者和接受者传递、接收、反馈信息的行为或过程。

（2）传播是进行信息交流或信息共享的互动的过程。

（3）传播是建立和改变人们的认知结构，影响与调节人们各自行为的过程。

教育传播是一种重要的传播类型，教育传播专注于教学和学习过程中的信息传递和知识分享。这涵盖了教师向学生传授知识、技能和态度的过程，也包括学生之间、学生与教材以及学生与教育技术工具之间的互动和交流。教育传播关注如何更有效地设计、实施和评估教学活动，以促进学生的学习和发展。在现代教育中，教育传播越来越依赖于技术和媒体，教师需使用各种创新的教学策略和工具，使教育更为个性化、多元化和动态化。对教育传播的研究和实践有助于提升教学质量和学生的学习成效，推动教育的创新和进步。

教育传播具有以下几个特点。

（1）对教育传播的内容有着严格的规定。

（2）教育传播的受众比较特殊。

（3）传播媒体多样，既可以采取口头传播的形式，也可以利用板书、多媒体等媒介。

2. 教育传播的要素

教育传播的要素主要包括教育者、受教育者、教育信息、媒体和环境。五个要素之间相互独立，但又相互联系，共同构成了教育传播系统。

（1）教育者。教育者是教育信息的组织者和传播者，他们的任务是编制并向学生传播教育信息。广义上的教育者不仅包括教师，还包括教材的编制者以及教育管理者。当然，教师是其中的核心，怎样有效地组织教育信息、采取怎样的方式传播教育信息，这些都是由教师决定的，所以教师必须做好教学的设计、组织、评价等工作，从而实现教育信息传播的目标。

（2）受教育者。受教育者指教育信息的接收者，一般指学生。对学生来说，他们在教学活动（教师课堂的讲授、教学实践活动、社会活动等）中完成对教育信息的接收。在这个过程中，学生不是被动的接收教育信息，他们是主体，教师则是引导者和组织者。

（3）教育信息。从某种意义上来说，教育传播就是教育信息的获取、传递、交换、加工、存储和输出。在这个过程中，教育信息必不可少。教育信息是抽象的，只有将其转化为某种符号，才能更好地实现教育信息的传播。教育信息的符号有语言符号和非语言符号两大类。其中，语言符号包括口头语言和书面语言，非语言符号包括声音符号、图像符号、视频符号等。两种符号相辅相成，共同促进教育信息的传播。

（4）媒体。在教育传播中，媒体承载着教育信息，是连接教育者和受教育者的一个桥梁。根据媒体所承载的信息形式的不同，媒体可分为文字承载媒体、声音承载媒体和图像（视频）承载媒体三种形式。

（5）环境。环境对教育传播的影响也是不容忽视的，其内容非常丰富，包括社会环境、学校环境、教室环境等宏观及微观的环境。

3. 教育传播的过程

教育传播的过程是教育者借助各种媒体向受教育者传递教育信息的过程，这一过程大致可分为六个阶段：确定教育信息、选择传播媒体、通道传送、接收与解释、评价与反馈、调整再传送，如图5-2所示。

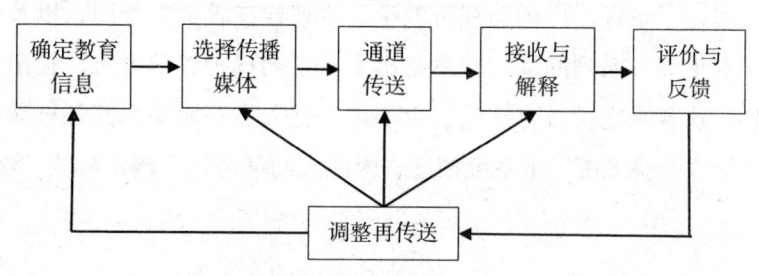

图 5-2　教育传播的过程

（1）确定教育信息。确定教育信息是教育传播的第一步。一般来说，教学大纲的编写与教材的编订都属于确定教育信息的环节，而教师则需要依据教学大纲和教材进一步确定教育信息。

（2）选择传播媒体。面对不同的教育信息，需要选择不同传播媒体来呈现。在选择时，通常需要考虑四点：①能否准确的呈现教育信息；②是否符合学生的知识与经验水平；③媒体是否容易获得；④是否能够取得较好的传播效果。

（3）通道传送。在通道传送中，有两个问题需要考虑：①信息传播的距离。例如，在课堂中，传播的距离较短；而在远程传播中，传播的距离很远，这就需要结合教育信息传播的距离选择适宜的通道。②教育信息传播的顺序。无论是在课堂教学传播中，还是在远程教学传播中，都需要明确信息传播的先后顺序。

（4）接收与解释。受教育者通过视觉、听觉等感官接收教育信息，然后依据自身的经验与知识，对教育信息进行解释（即译码），最后将其储存到大脑中。

（5）评价与反馈。教育者需针对受教育者的学习情况进行评价，评价的类型有很多（如诊断性评价、总结性评价、形成性评价等），这些评价反馈给受教育者，可以让受教育者了解自身的学习情况。

（6）调整再传送。通过掌握的反馈信息与预定的教学目标之间的比较，教育者可以发现教育传播过程中的不足，再次调整教育信息、教育传播媒体和教育传播通道，进行再次传播。

（二）视听教育理论

1946年，美国教育技术专家埃德加·戴尔（Edgar Dale）在他的《视听教学法》一书中，阐述了录音、广播等视听教学手段怎样在教学中使用，以及会产生怎样的教学效果等一系列问题，并总结出了一系列视听教学方法，提出了相关的教学理论，这就是视听教育理论。由于戴尔把人类获取知识的各种途径和方法概括为一个"经验之塔"来系统描述，因此人们又将这一理论称为"经验之塔"理论。

根据"经验之塔"理论，人类学习的经验可分为"做"的经验、"观察"的经验和"抽象"的经验三大类，并按抽象程度分为十个层次，如图5-3所示。

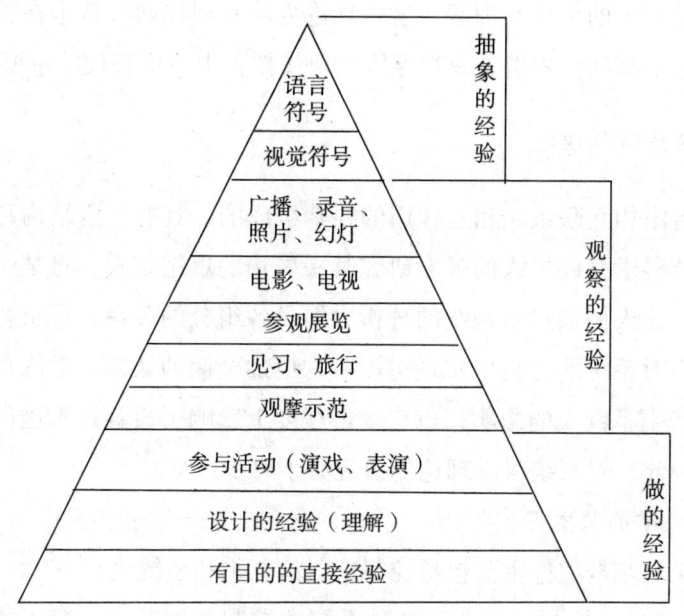

图5-3 经验之塔的层次

研究戴尔的"经验之塔"理论，为教师选择和运用媒体提供了重要的参考。

第一，"经验之塔"理论通过分析学习者获得经验的来源和渠道，为教师对教学材料和媒体的理解提供了更广泛的视角。根据"经验之塔"理论，学习经验不仅来源于传统的教学材料，如教科书和讲授，还包括多种媒体和活动方式。例如，数字媒体、实地考察、实验活动等都是有效的学习经验来源。这种多元化的视角鼓励教师在教学设计时考虑更广泛的资源和方法，从而更好地满足不同学习者的需求，优化学习体验。

第二，"经验之塔"理论对学习者所获得的经验进行了分类，并分析了这些经验与特定媒体和活动方式之间的关系。这使教师能够更清楚地理解不同类型的经验在学习过程中的作用，并认识到要获得特定的经验，就需要选择相应的媒体或活动。这一点对教师在教学设计中做出合理的媒体选择，以达到预期的教学效果，具有重要指导意义。

第三，"经验之塔"理论特别强调了电影、电视、广播和录音等媒体在传播"替代经验"中的作用。这些媒体被视为连接具体经验与抽象经验的桥梁和纽带。

从视听教材中所获得的经验不仅容易转向抽象概念化,还容易转向具体实际化。这表明,利用视听媒体进行教学可以克服传统教学过于具体或过于抽象的局限,更有效地实现知识的传递和理解。这一理论为确立现代教育技术在教育中的作用和地位奠定了基础,指出了视听媒体在现代教育中不可替代的重要性。

(三)系统科学理论

系统是指由相互联系、相互作用的要素组成的,具有一定结构和功能的有机整体。系统科学打破了人们孤立研究某一事物的思维定式,将某一事物放到一个系统中,让人们通过对系统的分析去揭示各组分的关系,寻求各组分间的联系,从而在对系统的分析中实现对该事物更加全面的认知。系统科学理论对诸多领域都产生了巨大的影响,也在一定程度上影响了教育技术这门学科的产生与发展,因此,对系统科学理论的研究必不可少。

1. 系统科学的基本理论

系统科学的基本理论主要包括控制论、信息论和系统论。

(1)控制论。控制论是关于各种系统中控制和调节的一般规律的科学。在教育领域中,控制论所衍生的理论被称为教育控制论,该理论是以信息流为主要传输形式,以提高教学效率为控制目标的系统理论,研究的是教育系统中运用信息反馈来控制可调节系统的行为,以提高教学效率,实现教学目标。在整个环节中,信息反馈是关键,通过信息反馈,教师可以了解教育系统运行的情况,然后结合教育系统运行情况进行有效的调节,从而使教学设计能够做到有的放矢,进而提高教学效率。

(2)信息论。信息论是一门研究信息的传输、处理和解码的数学理论,由克劳德·香农(Claude Shannon)在20世纪中叶创立。信息论的核心概念包括信息量、通信通道、噪声和编码等。在现代教育技术中,信息论的原理被用来分析和优化教育信息的传递过程。例如,教育者需要考虑如何有效地编码和传递教学内容,以减少信息在传输过程中的损失和误解。

(3)系统论。系统论认为,一个系统是由多个相互作用的部分组成的整体,这些部分之间的相互作用决定了整个系统的功能和特性。在教育技术中,系统论被用来指导教育系统的设计和发展。教育系统被视为一个整体,包括学生、教师、教材、教学方法等多个相互关联的部分。系统论强调对这些部分之间相互作用的理解，以及协调这些部分以达到最佳的教育效果。

2. 系统科学的基本原理

系统科学理论可以归纳为三个基本原理，即整体原理、反馈原理和有序原理，这三个原理构成了一个比较完整的理论体系。

（1）整体原理。整体原理是系统科学的核心，强调一个系统应当被视为一个整体，其功能和特性由系统内各部分的相互作用决定。在这个观点下，系统中的每个组成部分都不是孤立的，它们通过相互作用共同影响系统的整体行为和效果。在教育技术中，整体原理意味着教学设计应考虑教育系统的所有方面，包括教学内容、教学方法、学习者特性、评估标准等，以及这些元素之间的相互关系。只有当这些组成部分协调一致时，才能实现最优的教学效果。整体原理鼓励教育者从系统的角度出发，进行全面和综合的教育设计。

（2）反馈原理。任何系统缺乏有效的反馈，其功能的发挥都会受到影响。所谓反馈，就是指将一定信息传递给某些对象后产生结果再输送回来，并对信息的再输入产生影响的一个过程。从信息的输入，到信息的输出，再反馈到信息的输入，就形成了一个闭合的回路。如果缺乏了反馈这一过程，上述回路便无法闭合，也就无法实现对教育系统的有效控制，这会导致教育系统失去保持动态平衡和自适应的能力。因此，在教育系统中，信息反馈是不可或缺的。

（3）有序原理。有序意味着系统组织程度的提高，在任何一个系统中，各要素或各子系统之间都需要按照一定的顺序和层次进行排列。在教育系统中，有序原理重视各内部元素之间以及内部元素和外部元素之间关系的处理，以便使信息交换处于有序状态中。教育系统应该是一个开放的系统，教育者要能从教学系统以外的其他社会系统中获得有益的信息，并将之用于内部系统的调整和优化，从而使教育系统从无序走向有序。

3. 系统方法

系统科学方法简称系统方法，是按照事物本身的系统性将对象放在系统的形式中加以考察的方法的总和。系统方法强调对系统的整体性分析，即从对教育系统的整体分析中（包括对各要素之间关系的分析）发现系统的规律性，从而找到解决问题的一般步骤、程序和方法。

系统方法的步骤如下。

（1）分析需求，确定问题；

（2）根据问题制订解决问题的可能方案；

（3）从几个可能方案中选择解决问题的策略；

（4）对策略展开具体的实施；

（5）明确策略实施的效率；

（6）根据实施的效率，确定是否有必要对系统进行修正，如有必要，加以修正。

系统方法为认识、调控、改造、创造复杂的系统提供了有效的指导，为制订系统最佳方案提供了新的思维模式，这使其在教育系统中的应用非常广泛，对指导教育技术在教学中的应用也发挥着积极的作用。

三、现代教育技术的作用

现代教育技术是现代教育的重要组成部分，尤其是在强调教育现代化的今天，现代教育技术显得更为重要。具体而言，现代教育技术的作用主要体现在以下三个方面，如图5-4所示。

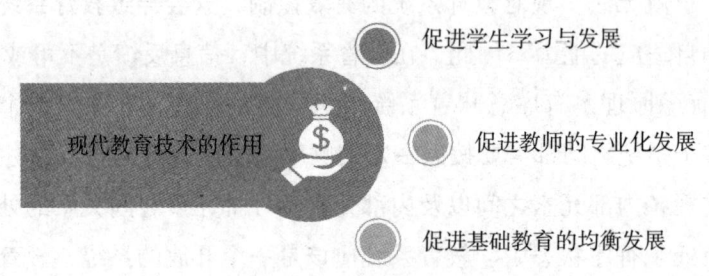

图5-4 现代教育技术的作用

（一）促进学生学习与发展

1. 增强学习的互动性和参与度

现代教育技术通过提供互动式的学习工具和平台，极大地增强了学生的学习参与度和互动性。例如，数字化教学软件、在线讨论论坛和虚拟实验室等，不仅提供了丰富的学习资源，还鼓励学生主动探索和参与学习过程。这种互动性不仅提高了学习的趣味性，还有助于促进学生的批判性思维、创造性思维和问题解决能力的发展。学生通过与教师、同学以及学习材料的互动，能够更深入地理解和掌握知识。

2. 提供个性化和适应性的学习体验

现代教育技术使个性化学习成为可能。利用数据分析和人工智能技术，教育平台能够根据学生的学习行为和表现提供定制化的学习资源和路径。这意味着每位学生都能根据自己的学习速度、风格和兴趣点接受教育，从而使学习效果达到最大化。个性化的学习体验有助于满足不同学习者的需求，尤其是那些在传统教学模式下可能会被忽视的学生。

3. 拓展学生学习资源和环境

现代教育技术通过提供数字化和网络化的学习资源，显著拓展了学生的学习资源和环境。学生不再局限于传统教室和教科书，而是可以通过网络访问来自全球各地的教育资源，如在线课程、开放课件、电子图书馆等。这种资源的丰富性和多样性为学生提供了更广泛的学习视角和更深入的知识探索机会。此外，虚拟现实和增强现实等技术还为学生提供了沉浸式的学习体验，使他们能够以更直观和生动的方式学习复杂的概念和技能。

4. 促进学生信息素养的发展

信息素养指的是个体在信息社会中获取、评估、使用和创造信息的能力，这在现代社会尤为重要。通过使用现代教育技术，学生可以接触到广泛的信息资源，并学习如何有效地检索和筛选这些信息。例如，在线数据库和搜索引擎的使用可以教会学生如何快速准确地找到所需信息。此外，现代教育技术还可以使学生学会如何合理、高效地使用信息。在数字化学习环境中，学生不仅在被动地接收信息，还能积极参与信息的整合和应用，如制作数字化报告或演示，将收集到的信息整合在学习项目中。这种信息的应用过程提高了学生的信息处理能力，使他们在面对大量信息时能够有效地管理和利用这些信息。

5. 有利于学生自主学习的实现

现代教育技术通过提供灵活多样的学习工具和资源，极大地促进了学生的自主学习。数字化学习平台、在线教程、互动式应用程序等技术使学生能够根据自己的兴趣、能力和进度来控制学习过程。例如，学生可以通过在线课程自行安排学习时间，选择感兴趣的课程内容，甚至通过讨论板或聊天工具与其他学习者或教师进行交流和合作。这种学习方式不仅提高了学习的灵活性，还培养了学生的自我管理能力、自我激励能力和终身学习的能力。自主学习还意味着学生需要学会设定学习目标，规划学习路径，这对他们在未来不断变化的工作环境中的适应和成长具有重要意义。现代教育技术所支持的自主学习，可以让学生成为积极主动的学习者，为其终身学习和个人发展奠定基础。

（二）促进教师的专业化发展

教师的专业化发展是指教师在整个职业生涯中，通过不断地学习和专门的训练，逐步掌握教育专业的相关知识和技能，并在教育实践中不断提升自身的职业素养，进而成长为专业教师的过程。教师是教育事业中的核心角色，发挥着至关重要的作用，只有建立一支专业化的教师队伍，才能造就高质量的教育，也才能满足时代发展对教师的要求。

进入21世纪后，随着信息化时代以及知识经济社会的到来，社会对教师的要求越来越高，在这一背景下，教师应提高对自身的要求，不断提升自身的综合素养，从而实现专业化发展。现代教育技术作为一种在教育教学中被越来越普遍应用的一种教学方法和手段，对促进教师的专业化发展发挥着重要的作用。

1. 为教师更新专业知识和技能提供了便利

现代教育技术通过在线课程、网络研讨会、电子书籍等形式，为教师提供了轻松访问最新教育理论、教学方法和学科内容的途径。这些资源使教师能够不断更新自己的专业知识，保持与时俱进。此外，教师还可以通过在线学习平台参与专业培训和资格认证课程，从而提高自己的教学技能和专业水平。这种灵活的学习方式尤其适合忙碌的教师，帮助他们在紧凑的工作日程中实现自我提升。

2. 促进教师教学手段和方法的创新

现代教育技术为教师提供了多种创新的教学工具和方法，如智能白板、在线互动平台、虚拟实验室等。这些工具不仅丰富了教学手段，还激励了教师探索新的教学模式。教师可以利用这些技术进行更加生动和有效的教学，提高学生的学习兴趣和参与度。同时，这要求教师持续学习并掌握新技术，以促进自身专业发展。

3. 能够为处于不同地域的教师提供交流的机会

教师间的交流是促进教师专业发展的一个有效路径。现代教育技术的出现打破了空间的限制，使处于不同地域的教师也能展开交流，进而使教师在更大范围的交流中获得能力的提升。

4. 能够为教师的教学研究提供方法和手段

教师的专业化发展提倡教师做研究型教师，发现、分析和解决教学问题是研究型教师的必备技能，而现代教育技术为研究型教师提供了有效的研究工具、手段和方法。[①]

（三）促进基础教育的均衡发展

现代教育技术的发展使线上教育变得越来越普遍，这打破了教育的空间限制，极大地促进了教育的均衡发展。具体而言，现代教育技术对教育均衡发展的促进作用主要体现在如下两个方面。

1. 促进教育资源的共享

在传统教育模式中，高质量的教育资源往往集中在资源丰富的地区或学校，这会造成教育资源分配的不均衡。现代教育技术，特别是互联网和在线学习平台，打破了地理和物理限制，使偏远地区和资源匮乏的学校也能接触到优质的教育资源。这有助于缩小不同地区和学校间的教育差距，促进基础教育的均衡发展。

2. 促进教育机会的均等

现代教育理念强调教育的公平，这种公平性不仅体现在学校教育中，更体现在对每一个人的教育中。学校作为重要的教育场所，拥有丰富的教育资源，能够为在校学生提供良好的教育，而那些学校外的人则很难接受学校的教育。教育技术的出现，使学校外的人也可以通过一些平台获得接受各类教育的机会，并且不受时间和空间的限制，这无疑在一定程度上促进了教育机会的均等。

---

① 刘军，黄威荣. 现代教育技术 [M]. 北京：北京师范大学出版社. 2010：8.

四、现代教育技术的发展趋势

随着科学技术的飞速进步和现代教育技术相关理论的深入研究以及现代教育技术实践领域的持续拓展，现代教育技术主要朝着以下方向继续发展。

（一）作为交叉学科的特点日益突出

现代教育技术是一个交叉学科，其特点在于融合了教育、心理、信息技术等多个学科的思想和理论。这一领域的理论基础不仅包括传统的教育理论和学习理论，还包括传播学、系统论等，这些理论在现代教育技术中相互融合，共同促进人的全面发展。现代教育技术的研究和实践，不仅关注个体化学习，还对学生之间的协同与合作进行了系统研究。此外，由于其交叉学科的特性，现代教育技术的研究和实践主体是多元的，涉及教育、心理学、教学设计、计算机技术、媒体理论等各领域的专家和学者。这些专家和学者的协作研究，特别是开放式的讨论与合作，已成为教育技术学科的重要特色。这种跨学科的合作不仅丰富了现代教育技术的理论和实践，还为教育领域带来了更多创新的可能性。

（二）日益重视实践性和支持性研究

作为理论和实践并重的交叉学科，现代教育技术强调理论指导实践，并鼓励人们在实践中进行理论研究。目前，现代教育技术研究的前沿领域包括信息技术与课程整合、网络教育等，这些领域都强调对学习者的支持，即围绕如何促进学习、提高绩效来开展工作。因此，越来越多的研究开始重视包括教师培训、教学资源建设、学习支持等在内的实践性和支持性研究。这些研究的目标是提高教育技术在实际教学中的应用效果，确保技术能够有效支持教学和学习过程。通过实践性和支持性研究，现代教育技术能够更好地满足教育实践的需求，为教师和学生提供更有效的教学和学习支持。

（三）日益关注技术环境下的学习心理研究

随着现代教育技术的进步，技术支持的学习环境将更加突显开放性、共享性、交互性和协作性等特点。这种变化要求教育技术领域的学者更深入地关注和研究技术环境下的学习心理。研究将集中于探索技术环境下学习者的行为特征、心理过程以及影响其学习心理的因素，特别是非智力因素，如学习者的情感、态度和动机，以及社会交互在学习中的作用。适应性学习和协作学习环境的创建，特别是如何利用技术支持学习者的个性化需要和促进有效的社会交互，将成为现代教育技术所关注的焦点。这种趋势表明，未来的教育技术不仅是工具和平台的提供者，更是对学习心理和行为模式的研究者和理论实践者。

（四）手段将日益网络化、智能化、虚拟化

现代教育技术的发展将越来越依赖网络化、智能化和虚拟化的手段。网络化主要体现在互联网的广泛应用，特别是远程教育的兴起上，它正在改变人们的学习、工作和生活方式。智能化则通过人工智能技术的发展，如智能计算机辅助教育系统，将计算机模拟和延伸人脑功能应用于教育教学领域，为学生提供更高效、更个性化的学习体验。虚拟现实作为一种高层次的计算机接口技术，通过模拟真实体验和交互的效果，为教学、展示、设计等提供了新的可能性。这些技术的应用将不断提高教育的质量和效率，同时，它们将对教学手段、方法和模式产生深远的影响。网络化、智能化和虚拟化的发展趋势表明，未来的教育将更加依赖技术，同时教育技术将更加注重提高学习效率、改善学习体验和促进创新思维的发展。

第二节　现代教育技术与高中数学教学的整合

一、现代教育技术与高中数学教学相整合的三个阶段

根据信息技术与高中数学教学相整合的不同程度和深度，人们可以将信息技术与高中数学教学的整合大致分为三个阶段：以知识为中心的整合阶段；以资源为中心的整合阶段；全方位的整合阶段。在不同的阶段，技术投入与学生学习投入的程度是不同的。

（一）以知识为中心的整合阶段

在以知识为中心的课程整合阶段，高中数学教学的焦点主要集中在知识的

传授上。这个阶段的教学目标、内容和形式与传统课堂教学大致相同，教师的讲授仍然是教学过程的核心，而学生则扮演着较为被动的角色，主要是接受知识的灌输。尽管信息技术的引入在一定程度上帮助教师减轻了教学工作量，但它在学生思维和能力的发展方面并没有带来根本性的改变。换句话说，虽然技术在教学中被采用，但它的作用主要局限于辅助教师的教学，而没有深入促进学生的主动学习和能力提升。根据教学对技术的依赖程度和学生的参与程度，这个阶段可以进一步细分为几个不同的层次。

1. 信息技术作为演示工具

在这个层次中，信息技术主要作为辅助教师进行课堂演示的工具。例如，教师可以使用多媒体课件来展示复杂的数学图形，动态演示数学问题的解决过程，或利用动画来解释抽象的数学概念。这种方式使课堂内容更加生动、直观，有助于学生更好地理解和记忆。然而，这种应用仍然是教师主导的，学生的角色主要是被动接受知识，信息技术的使用侧重于提高教学呈现的质量，而非激发学生的主动探索和参与。因此，尽管这种方式改进了教学的视觉和听觉效果，但对深化学生的理解、促进批判性思维和创造性能力的发展作用有限。

2. 信息技术作为交流工具

人与人之间的交流是教学的重要环节之一，也是决定教学成败的重要因素之一。如果能将信息技术引入教学，在课上或课下为学生和教师、学生和学生制造一定的交流机会，即使不是直接改变教学策略和教学方法，也必然能促进师生感情的培养，提高学生的学习兴趣和积极性。

信息技术作为交流工具的含义就是指将信息技术以辅助教学的方式引入教学，其作用主要是完成师生之间的情感交流。要实现上述目的，并不需要复杂的信息技术，只需在互联网或局域网的硬件环境下，使用简单的BBS、聊天室等工具即可。教师可根据教学的需要或学生的兴趣开设一些论坛或聊天室等，使学生在课后有机会对课程的形式、教师的优缺点、无法解决的问题等进行充分的交流。讲授式教学仍然是此层次的主要教学策略，学生仍以个体作业形式完成学习任务，评价方式也与前一层次相同，教师的角色和学生的角色也基本没有变化。但是，教师需对交流进行组织和管理，由于学生情感和学习兴趣被激起了，其对学习会产生优于前一层次的积极性。

3. 信息技术作为个别辅导工具

信息技术作为个别辅导工具的应用，尤其体现在对计算机软件技术的运用上。这种应用主要通过操练练习型软件和计算机辅助测验软件实现，旨在帮助学生巩固和熟悉所学知识，并在练习和测验中指导学生下一步的学习方向。这种个别辅导式教学使学生能够根据自己的学习节奏和能力，进行更为个性化的学习。

个别辅导软件的主要功能是部分替代传统教师的职能，如自动生成习题、评定答案等。另外，这些软件在设计时考虑了学生的个别差异，可以通过提供吸引人的界面和互动方式，激发学生的学习兴趣。例如，软件可能会采用对话、游戏、模拟、测试等多种交互方式，这些方式不仅反映了不同的教学方法，还为学生提供了多样化的学习体验。

在实际教学中，教师采取个别辅导式教学和个别化学习策略。虽然教学内容仍然是以知识为中心的，较为封闭，但学生通过与高质量的软件互动，可以更主动地参与学习，遇到问题时，他们也可以向教师或其他学生寻求帮助。教师在这一过程中扮演监督和辅导的角色，关注学生的学习进展，并在学生遇到困难时提供及时的指导和支持。尽管最终的评价仍然以测试为主，但个别辅导软件的使用可以为学生提供更多的自主学习机会，从而在一定程度上提高学生的学习动力和参与度。

（二）以资源为中心的整合阶段

在现代教育技术与高中数学教学整合的第二阶段，即以资源为中心的整合阶段，教学的核心观念和实践发生了显著变化。相比于第一阶段的封闭性和个别化学习，这一阶段更加注重学生对知识的主动探索和意义建构。教学设计的重心从单一的知识传授转变为侧重于资源的利用和以学生为中心的学习方法。在这个阶段，教学资源变得更加开放和丰富，学生不仅能学习特定学科的知识，还能接触到其他学科的内容，从而在跨学科的环境中培养各种能力。

学生在这个阶段成为学习的主导者，他们利用丰富的教学资源进行自我探索和学习。而教师的角色转变为指导者、帮助者和组织者，他们不再是单一的知识传递者，而是支持和促进学生学习的引导者。根据学生能力的培养需求，这一阶段可以进一步细分为以下四个层次。

1. 信息技术提供资源环境

在这一层次中,信息技术主要用于提供丰富的资源,拓展高中数学教学的教材和参考资料。通过网络平台、数字图书馆和在线教育资源,学生可以接触到多种学习材料,如讲解视频、互动题库等。这种资源的多样性不仅丰富了数学教学的内容,还为人们提供了多角度和深层次的知识解读,有助于学生从不同视角理解数学概念。例如,通过模拟软件,学生可以观察复杂的几何图形从不同角度的变化,或者通过数据分析软件理解统计学原理。这种资源环境可以鼓励学生主动探索和学习,转变了传统的以教师为中心的教学模式,使学生能够根据自己的兴趣和需要选择学习内容,从而培养了学生主动学习和自我驱动的学习态度。

2. 信息技术作为信息加工工具

在这个层次中,信息技术被视作信息加工的工具,这使学生能够更深入地分析和处理数学问题。利用计算机软件和应用程序,学生可以进行数据分析、图形绘制和数学模拟等活动。例如,使用图形计算器或绘图软件,学生可以探索函数图像的变化,理解数学公式与图形之间的关系;利用统计软件,他们可以分析真实数据集,学习统计学的应用。这种应用使学生能够直观地看到数学理论在实际问题中的应用意义,提高了数学学习的实践性和应用性。同时,通过亲自操作和实践,学生的分析能力、问题解决能力和创造性思维可以得到加强,这使他们能够更加深入和全面地理解数学知识。

3. 信息技术作为协作工具

在这一层次中,信息技术作为协作工具,极大地促进了高中数学教学的群体互动和协作学习。通过在线平台、社交媒体和协作软件,学生可以在虚拟环境中共同探讨数学问题、分享解题方法和合作完成项目。例如,学生可以在网络讨论组中就某个复杂的几何问题展开讨论,或者利用在线协作文档共同完成数学研究报告。这种协作不仅可以发生在课堂内,还可以走出学校,甚至跨越国界,让学生与不同背景的同龄人交流合作,拓宽视野。此外,信息技术在教师的专业发展和协作中也扮演着重要角色。教师可以通过网络平台分享教学资源、探讨教学方法和参与专业培训。这种教师间的协作有助于提升教学质量,促进教育创新。在数学教学中,教师可以共同开发和优化教学资源,如创建互动的数学游戏或模拟实验,这些资源随后可以在课堂上使用,以提高学生的学习兴趣和参与度。

4. 信息技术作为研发工具

在这个层次中,信息技术被视为研发工具,用以支持学生在数学领域的深入探索和创新。学生可以使用计算机编程、数据建模软件和高级计算工具来进行数学研究和创新项目的开展。例如,学生可以利用编程软件开发数学模型,解决实际问题或进行科学实验。这种活动不仅提高了学生的计算和编程技能,还培养了他们的逻辑思维、创新能力和问题解决能力。数学老师可以组织课外活动或项目,鼓励学生使用信息技术探索数学的实际应用,如在金融、工程或自然科学中的应用。通过这种方式,学生可以理解数学知识在现实世界中的重要性和应用价值。此外,这也提高了学生对数学学科的兴趣和热情,为未来可能的数学或科学职业生涯发展打下基础。

(三)全方位的整合阶段

虽然前两个阶段的七个层次各有特点,但它们并未实现教学内容、教学目标和教学组织架构的根本性改革和全面信息化。随着信息技术在更广泛范围的成功推广和应用,结合教育理论和学习理论的深入发展,以及信息技术在教学中应用的更为系统和科学的探索,教育领域正在经历着一场重大变革。

在全方位的整合阶段,教育内容、教学目标和教学组织架构将全面改革,实现教学的彻底信息化。信息技术将不再是单纯的辅助工具或处于独立的应用层面,而是会无缝融入教育的各个环节,成为教育改革的核心部分。在这个阶段,教学方法、教学资源和教学评估等各方面都将与信息技术深度结合,以实现更加高效、互动化和个性化的教学过程。这种整合不仅提高了教育质量,还为学生和教师带来了更丰富、更灵活的学习和教学体验。

1. 教学内容改革

在这一阶段,高中数学的教学内容经历了根本性的改革,以适应信息技术的广泛应用。数学课程不再局限于传统的公式和算法教学,而是融入了数据分析、数学建模、算法思维等现代数学元素。利用信息技术,学生能够通过模拟软件、编程工具等进行实际操作,探索数学在现实世界中的应用方式。例如,利用统计软件分析真实数据，或使用计算机编程来解决数学问题。这种内容上的改革使数学学习更加贴近实际，提高了学生的实践能力和应用意识。

2. 教学目标改革

教学目标在全方位整合阶段也发生了显著变化，更加注重培养学生的综合能力和创新思维。除了对数学知识的掌握，教学目标还包括提高学生的信息素养、批判性思维水平、解决问题的能力以及创新和合作能力等内容。通过与信息技术的结合，高中数学教学不仅传授数学理论，还鼓励学生通过项目学习、团队合作和实际应用来深化对所学知识的理解并运用之。例如，学生可以参与数学建模项目，或者在团队中共同探讨解决实际数学问题。

3. 教学组织架构改革

随着教学内容和教学目标的改革，教学组织架构和形式也发生了相应的变革。教学目标强调以真实问题为学习的核心。这样，就要求教学必须打破传统的学生都坐在教室中听课的时间和空间限制，必须以项目和问题为单位，对学习的时间和空间进行重新设计和规划，在教学的组织形式上、活动安排的分组上，也要打破传统的按能力同质分组的方式，实行异质分组。

二、现代教育技术与高中数学教学整合的原则

现代教育技术在与高中数学教学进行整合时，应遵循以下五个原则，如图5-5所示。

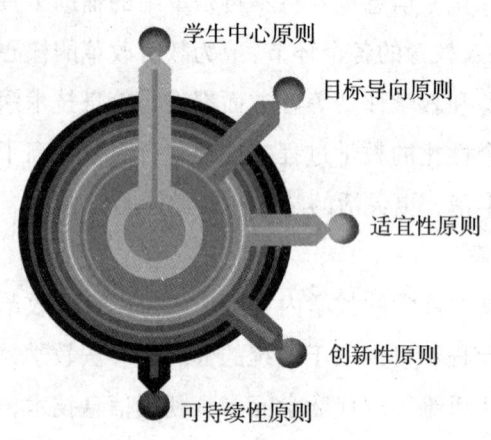

图 5-5　现代教育技术与高中数学教学整合的原则

(一)学生中心原则

这一原则强调教育技术的应用应完全围绕学生的需求、兴趣和能力而展开,目的是提升学生的整体学习体验和学习成效。在实践中,这意味着技术的应用不应仅仅是为了使用新工具,还要确保这些工具能够有效地支持学生的学习。具体来说,技术应用应支持建立个性化学习路径,允许学生根据自己的学习速度、兴趣和学习风格来选择和调整学习内容和难度。例如,通过智能教学平台,学生可以接触到适合自己能力水平的数学问题和课程,从而在不感到过于有挑战性或乏味的情况下进行学习。此外,互动式学习工具,如在线讨论板、互动式模拟实验和游戏化学习应用,可以激发学生的学习兴趣,提高他们的参与度和动手能力,从而促进其进行更主动和深入的学习。教师应成为学生学习的引导者和支持者,他们可以使用技术工具来辅助学生学习,而不是完全控制教学进程。通过这种方式,学生能够在一个更加开放和灵活的学习环境中成长,培养自我学习和批判性思考的能力。

(二)目标导向原则

目标导向原则要求教育技术的整合必须以实现具体的教学目标为核心。在高中数学教学中,这意味着技术的选择和使用应直接支持和促进对数学概念的理解、解决问题的能力、逻辑思维的提高等核心学习目标的实现。技术不应该被看作教学的附加装饰,而应作为达成教学目标的关键工具和方法。例如,如果教学目标是让学生理解复杂的几何概念,那么教师可以使用虚拟现实或三维建模软件来给学生提供直观的几何图形展示。如果目标是培养学生的数据分析能力,那么教师可以利用数据分析软件或编程工具,让学生在实践中学习和应用统计概念。此外,目标导向还意味着教师需要在教学设计中明确技术的使用目的,确保技术的应用与课程目标和学生的学习成果紧密相连。

为贯彻这一原则,需要建立教学评估和反馈机制,确保学生通过使用技术能够达到预定的学习目标。教师应定期评估技术应用的有效性,并根据学生的反馈和学习成果调整教学方法和技术使用策略。

（三）适宜性原则

适宜性原则强调在高中数学教学中所融入的技术工具和资源必须与教学内容相匹配，并能适应学生的年龄特征和技术能力。这意味着所选择的技术不仅应只与数学课程内容紧密相关，还应易于被学生理解和操作。例如，如果教学内容涉及几何绘图，那么使用简单直观的绘图软件会比复杂的专业级软件更合适。同样，对于统计学部分，教师可以选择用户友好且易于操作的数据分析工具，帮助学生轻松掌握和应用统计概念。此外，适宜性原则还要求教师考虑学生的技术能力和资源的可获得性。不同学校和学生的技术资源和技术水平可能有很大差异，因此，引入技术时不应要求过高的技术背景或使用过于昂贵的设备。教师应评估学生对特定技术的熟悉程度以及学校所能提供的技术支持力度，确保技术的应用既能提高教学质量，又不会给学生带来额外的负担。通过确保技术的适宜性，教师可以使教学过程更加顺畅，提升学习效果。

（四）创新性原则

创新性原则着重于利用技术推动教学方法的创新，使数学教学更加生动、有趣和有效。这个原则鼓励教师利用技术探索和实践新的教学模式，如翻转课堂、项目式学习和协作式学习。例如，在翻转课堂模式中，学生在课前通过视频或在线教材学习新知识，课堂上则专注于讨论和实践活动。这种方法能够让教师更有效地利用课堂时间，激发学生的积极参与和深入理解。同时，创新性原则也强调技术应用应激发学生的创造力和批判性思维。在数学教学中，教师可以利用技术工具挑战学生解决真实世界数学问题的能力，例如利用编程解决数学难题，或使用模拟软件探索数学理论在实际情境中的应用。这不仅提高了学习的实践性，还能鼓励学生运用批判性思维去分析和解决问题。

（五）可持续性原则

可持续性原则强调，教育技术的应用不应仅仅是短期的尝试或临时的补充，而应是一个长期的、持续发展的过程。这包括对技术资源的持续更新和维护，确保所使用的技术能够跟上快速发展的信息时代，并持续有效地支持教学活动等。例如，软件和应用程序需要定期更新，以囊括最新的数学教育内容和功能，同时修复可能存在的技术问题。可持续性原则还包括对教师专业发展的持续投资。随着新技术的不断出现，教师需要不断学习和适应这些变化，以有效地把这些技术整合到数学教学中。这可能涉及定期的培训、研讨会和专业发展课程，以帮助教师掌握新技术和教学方法，确保他们能够充分利用技术资源提高教学质量。此外，可持续性原则还强调对长期教学效果的评估。这意味着教师需要定期检查技术应用对学生学习成果的影响，确保技术的使用真正提高了学生的数学理解和相关的能力。这可能包括对学习成果的定期评估、对学生反馈的收集和对教学方法的调整，以确保技术的应用真正符合教学目标和学生的学习需求。

三、现代教育技术与高中数学教学整合的策略

现代信息技术辅助高中数学课堂教学是一项艰巨的任务，新课程标准明确地提出，教育信息技术要逐步改变教师的教学方式和学生的学习方式，让教师更加有效地教学，呈现在以往数学教学中无法呈现的内容，让学生在直观形象的教学中理解数学概念。在国家新课程改革不断深化的前提下，广大教育工作者更要正确理解新课程标准关于信息技术辅助数学课堂教学的理念，提高课堂教学效率，积极引入信息技术，并将其与数学教学进行整合。现代教育技术与高中数学教学整合的策略，如图5-6所示。

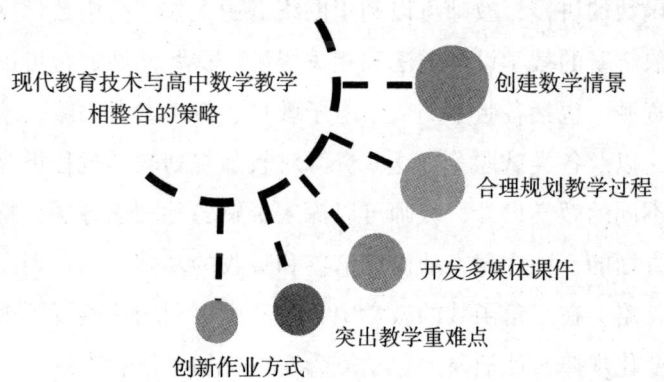

图5-6 现代教育技术与高中数学教学相整合的策略

（一）创建数学情景

由于高中数学知识内容更为丰富、概念更抽象、公式更繁多，传统的教学

方法有时可能无法充分帮助学生理解和应用这些知识。而借助现代教育信息技术，教师可以创设具体的数学情景，使高中数学中的抽象概念以形象直观的方式呈现给学生。

通过多媒体技术，教师可以在课堂上结合声音、图像和动画等元素，增强课程内容的表现力和吸引力。这样的教学手段可以激活学生的多感官体验，使他们对数学学习更加投入。例如，在教授"数学归纳法"时，利用信息技术展示多米诺骨牌效应的动画，不仅能让学生直观地看到数学原理的实际应用，还能激发他们探索和回答问题的兴趣。教师可以通过提出与多米诺骨牌效应相关的问题，引导学生思考和理解数学归纳法的基本原理。这种教学方法使学生可以在解决问题的过程中理解数学归纳法的核心思想，即"一个条件成立必然能推出下一个条件也成立"以及"第一项条件必须成立"。通过这样的互动和思考，学生不仅能够理解数学知识，还能体会到数学的逻辑之美，从而在兴趣的驱动下更有效地学习。

（二）合理规划教学过程

教师可以通过访问各种教学网站，搜集并参考不同学校和教师的教案设计，以设计出适合自己教学实际的教学方案。例如，对于高中数学中的重要内容之一——三角函数的讲授，教师可以利用网络资源，如"高中数学网"等教学类网站，来获取丰富的教学设计方法和相关资源。这些网站通常可以为全面的栏目设置提供资源，包括各版本的数学电子教材、教学参考书籍、培训资料、名师讲解视频，以及各类试题等，这些资源对教师规划教学过程极为有益。通过阅读和比较不同的教学设计，教师可以深入了解各种教学方法，特别是各方法在数形结合方面的不同应用，从而在借鉴和吸收的基础上，规划出最适合自己学生的教学策略。在三角函数的教学中，教师可以利用这些资源来展示函数图像和它们的变化规律，使抽象的数学概念变得更加具体和直观。例如，通过动态几何软件展示二次函数的图像，或使用数据分析工具探索函数与实际问题之间的联系。此外，名师讲解视频可以给教师提供不同的教学视角和方法，帮助教师提高教学效果。

（三）开发多媒体课件

多媒体课件是课件的重要组成部分，是指把文字、图形、图像、动画、声音和视频等多种媒体按照一定的教学目标和教学方式进行集成和整合之后制作出来的课件。随着多媒体技术的发展和智慧教室的普及，多媒体课件在高中数学教学中的应用也越来越普遍，其对教学课堂的优化、教学效率的提高起到了非常积极的促进作用。

1. 多媒体课件开发的基本原则

（1）教育性原则。应用多媒体课件的目的在于优化课堂结构，提高教学效率，所以教育性原则是首要原则。具体而言，其教育性原则主要表现在以下三个方面。

①以高中数学教学大纲为指导，根据教学目标去表现教学内容。

②充分发挥多媒体课件的交互性，提高学生学习的主观能动性，促进学生的个性发展。

③在使学生掌握知识的基础上，积极促进学生综合素养和综合能力的发展。

（2）科学性原则。用于高中数学教学的多媒体课件必须秉承科学性的原则，不能出现错误。具体而言，其科学性原则主要体现在以下三个方面。

①教学内容无误，资料引用准确，问题表述正确。

②所涉及的文字、图表、公式等应该标准、规范。

③各知识点之间能够建立联系，形成完整的知识结构体系。

（3）技术性原则。技术性原则是指制作而成的多媒体课件要能流畅、稳定地运行，有交互性界面，便于用户操作使用。此外，多媒体课件还应该具有一定的兼容性，在脱离制作平台后，可以在其他计算机上运行。

（4）艺术性原则。艺术性原则是指多媒体课件在内容的呈现上应符合审美规律，背景音乐设置合理，声音、画面同步，甚至能够相辅相成，从而课件本身可以对学习者产生一定的吸引力。

2. 多媒体课件开发的策略

（1）提高课件的可重组性。可重组性是指课件的各个部分可以根据不同的教学需求和情境进行灵活组合与调整的特性。提高课件的可重组性意味着教师能够根据教学进度、学生的理解程度或特定的教学目标，快速调整课件内容。

例如，课件可以设计成模块化结构，每个模块包含一个特定的教学点，教师可以根据需要选择和组合这些模块。这种设计不仅提高了课件的适应性，还使课件在不同的教学环境和不同年级的学生中都有可能得到有效使用。此外，可重组性还有助于课件的长期使用和更新，教师可以根据最新的教学资源和信息，轻松更新或重新组合课件内容。

（2）丰富课件素材。课件素材的丰富性对提高学生的学习兴趣和教学效果至关重要。素材的多样化可以包括图像、视频、动画、图表、模拟实验等，这些素材不仅能够使课件更加生动和吸引人，还能够帮助学生更好地理解和记忆复杂的数学概念。例如，使用动画展示几何图形的变换，或通过视频案例说明数学公式在实际生活中的应用。此外，丰富的互动元素，如互动练习和游戏，可以提高学生的参与度，使学习过程更加有趣和高效。为了确保素材的质量和适用性，教师需要选择符合教学目标的高质量素材，并在此环节就考虑到学生的年龄特征和认知水平。

（3）高中数学教师与技术专家合作。组织高中数学教师与技术专家的合作活动是开发高质量多媒体课件的关键。教师在数学知识和教学方法方面拥有专业的理解和经验，而技术专家则在多媒体设计和技术实现方面具有专业的技能水平。二者合作，可以确保课件既能在内容上严谨准确，又能在表现形式上更为现代化和吸引人。教师可以提供对教学内容的指导，确定教学目标和重点，而技术专家则负责将这些内容转化为高效的多媒体应用。这种跨学科合作有助于既符合教学要求，又易于学生使用的高质量课件的开发，最大化地提升教学效果和学生的学习体验。

（四）突出教学重难点

在高中数学教学中，无论是总结概念，还是归纳结论，或者是推导公式，在教学内容中，展示探索过程无疑是教学的重点环节。在探索活动中，信息技术能起到很好的助推作用。教师要充分利用多媒体课件，动态呈现知识的形成过程，引导学生通过观察、猜想、验证等一系列的活动，深度体验知识的形成过程，这样，学生不但能了解知识的来龙去脉，而且能从中充分感悟到归纳、抽象、模型等数学基本思想的价值和作用。此外，合理地运用信息技术，可以降低学习内容的抽象程度，降低教学难度，调动学生的各种感官。这样，不但能把教师从复杂烦琐的讲解中解放出来，而且能让学生从枯燥难懂的学习中解脱出来，从而有效地实现少讲精练，突破教学难点。

（五）创新作业方式

1. 丰富作业类型

第一，实现书面作业与口头作业的结合。例如，在解决数学问题的作业中，学生不仅要写出解题步骤和结果，还可以利用计算机或多媒体的录音功能，陈述解决问题时所运用的数学思想和方法。这种方式不仅能帮助学生加深对数学概念的理解，还锻炼了他们的表达和沟通能力，尤其是在解释复杂的数学过程和理论的环节。

第二，实现书面性作业与操作性作业的结合。教师可以设计结合书面性作业与操作性作业的作业内容，特别是在几何学习中，教师可以引入计算机的几何画板等工具，将抽象的数学知识形象化。例如，在教授相似三角形性质时，教师可以引导学生使用几何画板工具直观形象地展示问题，同时画出解决问题的过程和数形结合的策略。这样的作业方式不仅提升了学生对几何概念的直观理解程度，还激发了他们的探索兴趣和创新思维。

第三，实现短期作业与长期主题作业的结合。短期作业与长期主题作业的结合能够满足不同教学目标的要求和学生的不同学习需求。短期作业通常聚焦于对基础知识和技能的巩固，而长期主题作业则更侧重于深入探索和实践，如进行对人口老龄化等社会现象的统计调查。长期主题作业不仅要求学生投入更多时间和精力，还需要他们灵活运用所学的数学知识，培养他们的问题分析和解决能力，同时加深其对数学在实际生活中应用的理解。教师可以鼓励学生利用网络调查问卷等完成长期主题作业。

第四，实现生活型作业与调研型作业的结合。在家中或通过社会调研而完成的作业能够带来跨越时空的学习体验。例如，让学生在家利用计算机完成数学作业，或者通过网络进行社会调查。这种方式不仅增加了作业的趣味性和挑战性，还能鼓励学生在生活中寻找数学的应用，培养他们的实际操作能力和研究能力。通过这种方式,学生能够将所学的数学知识应用于实际问题中,提高自己的综合运用能力和实践经验水平。

2. 开发微课型作业

微课型作业指的是针对能分解传统课堂内容,并将其转化为短小、集中、针对性强的在线学习单元的课程的作业。这种作业方式能够利用数字技术的便捷性,使学生在任何时间、任何地点都能通过智能设备进行学习,从而增加学习的灵活性和可访问性。

在高中数学教学中,微课型作业可以围绕具体的数学概念、公式或解题技巧进行设计。例如,教师可以创建关于二次函数、导数或几何证明的微课,每个微课专注于一个特定主题,通过视频讲解、图解或互动演示阐释概念或解题步骤。微课通常时长在几分钟内,内容直接且易于消化,有助于学生快速理解和掌握复杂的数学知识。此外,微课型作业的互动性和实用性也非常重要。教师可以在微课中嵌入互动问答、小测验或实际应用案例,以检测学生的理解程度并增强学习的实践性。学生完成微课后,可以通过在线平台提交作业、参与讨论或反馈。微课型作业以这两种方式增强学习的互动性和参与感。

微课型作业作为一种创新的作业方式,不仅能够充分利用现代信息技术的优势,还更符合当代学生的学习习惯和需求。它为高中数学教学提供了一种灵活、高效且具有吸引力的学习方式,有助于提高学生的学习动力和效果。

第三节 现代教育技术在高中数学教学中的应用

一、几何画板及其应用

几何画板是一个适用于数学教学的软件平台,为教师和学生提供了一个探索几何图形内在关系的环境。它以点、线、圆为基本元素,能通过对这些基本元素的变换、构造、测算、计算、动画和轨迹跟踪等方式,显示或构造出较为复杂的图形。利用几何画板,一些教师不可能通过手绘出来的图形,得以在学生的眼前展示,教师可以更加便捷地向学生传授有关知识,也可以使学生不用仅仅凭借着想象在自己的大脑里模拟在纸上无法描绘的复杂图形和复杂立体图形的全貌。它能化静态为动态，化抽象为具体，能够集趣味性、技巧性和知识性于一体，是传统教学手段或一般 CAD 软件所不能相比的。

（一）几何画板的功能

1. 尺规作图功能

几何画板的尺规作图功能使用户可以使用虚拟尺和圆规来构建准确的几何图形。这一功能模拟了传统的几何作图方法，使用户能够进行精确的线段划分、角度构造和圆的绘制。学生可以利用这一功能来探索几何定理，如三角形的内心、外心等的构造，或进行传统几何问题的解答。这种直观的作图过程不仅加深了学生对基本几何概念的理解，还培养了他们的空间想象能力。

2. 多种图形变化功能

几何画板支持多种图形的动态变化，如图形的平移、旋转、缩放和翻转。这一功能使学生能够直观地观察到图形变换对图形性质的影响，从而更好地理解几何变换的概念。例如，学生可以观察旋转变换对角度和距离的影响，或者探究不同缩放比例对图形面积的影响。

3. 测量和计算功能

几何画板提供了强大的测量和计算工具，允许用户测量图形的长度、角度、面积和周长，并进行相关的数学计算。这一功能可被应用于各种几何证明和探索活动，帮助学生验证他们的几何假设或解答几何问题。

4. 函数图像的绘制功能

几何画板还给用户提供了绘制和探索函数图像的功能。这一功能特别适用于对高中数学中代数和函数的学习，如探索一次函数、二次函数等的图像特征。学生可以直观地观察到函数参数变化对图像形态的影响，从而加深对函数概念的理解。

5. 制作复杂动画的功能

几何画板支持制作复杂的动画，这使教师和学生可以创建动态展示数学概念和过程的动画。例如，通过动画，演示几何图形的构造过程或变换过程，可以使抽象的数学概念更为生动和易于理解。

6. 脚本制作功能

脚本制作功能允许用户编写和运行自定义的脚本，以自动化操作复杂的几何作图和计算过程。这一功能对高级用户特别有用，它不仅提高了作图的效率，还可被用于探索更复杂的数学问题，如高阶曲线的绘制或几何变换的串联操作。

（二）几何画板在高中数学教学中的应用

1. 几何画板在高中数学代数教学中的应用

（1）理解函数和图像的关系。几何画板可以用来动态展示函数图像，帮助学生理解函数概念。例如，教师可以在几何画板上绘制出一条直线，展示线性函数的图像，并通过改变斜率和截距，直观地展示函数图像是如何随之变化的。这有助于学生理解线性函数的概念，以及如何从代数式转换到图像。

（2）探索多项式函数。使用几何画板，学生可以探索更复杂的函数，如二次函数、三次函数等。通过改变函数中的系数，学生可以观察到图像的变化规律，理解多项式的特点和性质。例如，通过改变二次函数的领导系数，学生可以看到抛物线开口的大小和方向是如何改变的。

（3）解决方程和不等式。几何画板可以帮助学生在图形上解决方程和不等式。通过绘制相关函数的图像，学生可以直观地看到方程的根或不等式的解集。例如，通过绘制一次方程和二次方程的图像，学生可以找到它们的交点，即方程组的解。

（4）动态展示变量间的关系。在教授有关变量间关系的概念时，如比例关系、反比例关系等，几何画板可被用于动态展示这些关系。教师可以设置一个滑动条来改变一个变量的值，同时让学生观察另一个变量如何变化，帮助学生理解变量间的依赖关系。

（5）实际应用问题。几何画板也可以用来模拟实际问题，如物理问题、工程问题中的代数应用。例如，在探讨抛物线运动时，教师可以使用几何画板来模拟物体的运动轨迹，帮助学生理解运动学方程。

2. 几何画板在高中立体几何教学中的应用

立体几何学是一门在学生已掌握的平面几何知识的基础上，进一步探索空间形状属性的学科。它依托于公理系统，主要通过研究图形中的点、线、面等元素的关系来揭示其性质。对学生而言,从平面几何的概念到立体几何概念的跨越,无疑是一次重要的认知跃进。大多数学生在初学立体几何时,可能尚未具备充分的空间想象力和平面图形到空间图形的转换能力。出现这一现象的主要原因在于,人们通常依赖对二维平面图形的直观理解来感知和构想三维空间图形,但二维图形不能完全准确地表达三维空间形状的真实特性。例如,在平面上,两条互相垂直的线可能不会被画成成直角相交的两线,正方体的各面也不可能都被画为正方形。因此,学生必须依据这些有所扭曲的图形来想象其真实情况,这无疑增加了学生理解立体几何图形的难度。

然而,通过运用几何画板这一工具,图形可被动态化,这样就可以精确地展示图形元素之间的位置和度量关系,让学生能够从多个角度观察和理解图形。这种方法不仅有助于学生更好地理解和接受立体几何知识,还能极大地激发学生的想象力和创造力。

几何画板在高中立体几何教学中的应用,显著提升了学生对空间结构和关系的理解。以下是具体应用实例。

(1)可视化立体图形。立体几何的难点之一在于对三维空间图形的理解和想象。使用几何画板,教师可以创建立方体、长方体、圆柱、圆锥等三维图形的动态模型。这种可视化操作可以帮助学生更直观地理解和学习这些图形的属性,如学习体积和表面积的计算方法等。

(2)展示立体图形的截面。几何画板可以用来动态展示立体图形的不同截面。例如,通过改变一个平面与立体图形的相交位置和角度,学生可以观察到截面的变化,理解截面面积和形状的关系。这对理解诸如圆锥的截面等概念特别有用。

(3)探索空间几何定理。学生可以使用几何画板来探索和验证立体几何中的定理,如毕达哥拉斯定理在三维空间中的应用、欧拉公式等。通过操作三维图形,学生能够更好地理解这些定理在立体几何中的应用。

(4)解决立体几何问题。教师可以利用几何画板来构建涉及立体几何的问题情境,如计算复杂立体结构的体积或表面积。通过这种方式,学生可以在实际操作中学习如何解决实际问题,提高解题技能。

(5)立体图形的构造与变换。学生可以使用几何画板来构造复杂的立体图形,并探索这些图形在旋转、缩放或其他变换下的性质。这种动态操作有助于学生理解立体几何中的变换概念。

3. 几何画板在高中平面解析几何教学中的应用

平面解析几何是一门运用代数方法探究几何问题的数学。其核心思想和方法是,基于已知的条件,选取合适的坐标系,利用图形与数字间的对应关系,来建立描述平面曲线的方程,并通过对方程的研究,再次将代数分析转化为几何问题。在平面解析几何中,曲线的各种几何属性随不同因素而变化,这导致点和线以不同方式运动。由于曲线与方程间的对应关系较为抽象,学生往往难以理解。因此,在解析几何的教学中,展示几何图形的变形和运动过程是极为重要的。几何画板凭借其强大的计算能力和图形展示功能,在解析几何的教学过程中发挥了重要作用。

(1)探索几何图形与代数方程的关系。在平面解析几何中,几何图形与代数方程之间的关系是核心内容。使用几何画板,学生可以绘制点、线、圆等基本几何图形,并探索它们与代数方程的对应关系。例如,学生可以绘制一个圆,并探索其方程的不同参数是如何影响圆的位置和大小的。

(2)解析几何问题的可视化。几何画板可以帮助学生在可视化环境中解决解析几何问题。例如,在求解两条线的交点、计算点到线的距离或找出满足特定条件的点时,学生可以直接在几何画板上操作,直观地看到问题的解决过程和结果。

(3)几何变换的动态展示。几何画板能够展示平移、旋转、缩放等几何变换对图形的影响。学生可以通过实际操作,观察当一个图形在坐标平面上进行这些变换时,其方程是如何变化的。这有助于他们理解几何变换的概念和画面效果。

(4)探索圆锥曲线的性质。圆锥曲线(如椭圆、双曲线和抛物线)是平面解析几何中的重要内容。通过几何画板,学生可以绘制这些圆锥曲线,并通过改变方程中的参数来观察它们的形状是如何变化的。这有助于学生深入理解圆锥曲线的性质。

(5)实际应用问题的模拟。教师可以利用几何画板构建一些实际应用问题,如物理运动的轨迹、工程设计中的几何问题等，让学生通过解析几何的方法来解决。这种对实际应用的模拟有助于增强学生对解析几何知识的实际应用能力。

二、智能教育软件平台及其应用

智能教育软件平台是广州大学计算机教育软件研究所所长张景中院士项目组开发的系列教育软件。该项目组推出的数学教育类软件覆盖了多个领域，包括"平面几何""立体几何""三角函数""平面解析几何"等。这些软件不仅在国内外受到了广泛的欢迎，还提供了演示和试用版，人们可以在广州大学计算机教育软件研究所的网站上下载它。特别值得一提的是，"平面几何"和"解析几何"这两款软件曾在多个国内外学术会议上被演示，并受到了业内专家和学者的高度认可。它们已经通过了教育部教材审定委员会的审核，并被纳入中小学教学用书目录。

（一）"平面几何""平面解析几何"和"立体几何"的应用

1. 动态作图

在"平面几何"软件中，教师可以轻松绘制各种平面图形，如直线、圆、多边形等，并探索这些图形的性质。软件支持图形的实时编辑，使学生能够立即看到改变某一几何元素（如线段长度、角度大小）时图形的变化。这种直观的动态展示有助于深化学生对几何概念和定理的理解。在"平面解析几何"中，此功能扩展到了坐标系和函数图像，这使学生能够探索和理解几何图形与代数表达式之间的关系。而在"立体几何"软件中，这一功能允许学生构造和观察三维空间中的几何图形，如立方体、圆柱体等，从而加强他们对立体几何概念的理解。

2. 运动和轨迹

这些软件中的运动和轨迹功能使学生能够观察和分析几何图形的运动规律。例如，在"平面几何"软件中，学生可以设置点沿着特定路径运动的程序，并观察其他几何元素是如何响应这一运动的。这有助于学生理解诸如反射、旋转等几何变换的概念。在"立体几何"中，通过观察三维图形的旋转和移动，学生能更好地把握空间图形的特性。而在"平面解析几何"软件中，学生可以探索不同函数图像的变化轨迹，加深对函数概念的理解。

3. 文本和公式

这些软件所集成的文本和公式编辑功能使教师和学生可以在图形旁边添加解释性的文本和数学公式。这样不仅能提高几何问题的解释清晰度，还便于实现理论与实践的结合。在解决几何问题时，教师能够直接在图形旁显示相关的数学公式和理论解释，有助于学生理解几何概念与数学公式之间的联系。这种结合文本和视觉元素的方法能够显著提高学生学习几何的兴趣和效率。

4. 动态测算

动态测算是这些软件中的一个核心应用，特别适用于几何学习。在"平面几何"软件中，学生可以动态地测量角度、长度、面积等，测量结果随着图形的变化实时更新。例如，学生可以调整一个三角形的边长或角度，并立即看到其他边长或角度的变化，这有助于他们理解几何关系和定理。在"立体几何"中，动态测算功能允许学生测量和探索立体图形的体积、表面积等属性。而在"平面解析几何"中，这一功能可以被用于测量和分析曲线的性质，如斜率、曲率等。动态测算不仅提升了学生对几何概念的理解，还增强了他们的实验和探究能力。

5. 知识查询和应用

"平面几何""平面解析几何"和"立体几何"软件还有知识查询和应用功能，这为学生提供了一个丰富的数学知识库。学生可以在学习过程中随时查询相关的几何原理、公式和定理。这一功能尤其能帮助学生在解决几何问题时快速查找所需信息，加深其对数学概念的理解。例如，当学生在"立体几何"中遇到复杂的空间问题时，可以直接查询相关的理论知识以指导解题。同样，在"平面解析几何"中，学生可以查询相关的代数公式和几何性质，以帮助自己解决解析几何问题。此外，这一功能也支持学生在实际应用中探索数学概念，如在真实世界的问题情境中应用几何原理。

（二）"三角函数"的主要应用

1. 动态作图

这一功能允许用户以直观动态的方式绘制和探索三角函数图像。学生可以操作函数的不同参数,如振幅、周期、相位,并直接观察这些参数的变化将如何影响函数图像的形状和位置。通过动态作图,学生能更深刻地理解三角函数的性质和图像的变化规律。此外,动态作图也有助于学生在解决实际问题时,直观地看到函数与几何图形之间的联系。

2. 轨迹生成

该功能允许学生生成和分析函数图像的轨迹。例如,在研究正弦函数或余弦函数时,学生可以观察随着角度的变化,函数值是如何随时间或其他变量而变化的。这种视觉化的轨迹可以帮助学生更清晰地理解函数的周期性和波动性质,以及如何应用三角函数来解决实际问题。

3. 动态测量

动态测量功能为学生提供了对函数图像特点,如最大值、最小值和根的直观理解。学生可以利用这一功能来测量和分析函数的关键特征,如振幅、周期长度和相位位移。这有助于学生掌握三角函数的基本概念,并在更复杂的数学问题中应用这些概念。

三、交互式电子白板及其应用

(一)交互式电子白板简介

1. 交互式电子白板的概念

交互式电子白板的雏形最早出现于 20 世纪 90 年代初,是由美国施乐公司研发的,主要被用于商业环境。1991 年,加拿大的 SMERT 公司研发出了真正意义上的交互式电子白板——SMERT Board,并由此带来了教育技术领域的一次变革。

交互式电子白板由感应电子白板、电子笔等硬件和白板软件等组成,它融合了计算机技术、微电子技术和电子通信技术,既具有传统黑板、电子白板的功能,也具有投影、电子复写等功能,同时具有人机交互功能。作为一种新型的信息化教学媒体,交互式电子白板正逐渐取代传统黑板,成为课堂教学中的重要工具,这极大地方便了教师的教学以及学生的学习。

2. 交互式电子白板的类型

目前市场上比较常见的交互式电子白板主要有如下四种类型。

（1）电磁感应型交互式电子白板。电磁感应型交互式电子白板的白板区域由水平和垂直方向排列的电磁波接收线圈膜组成。其工作原理如下：当特定的电磁感应笔靠近接收线圈膜时，线圈上就会感应到电子感应笔的电磁波，从而定位电磁笔所在的位置。电磁感应型交互式电子白板的优点是定位准确，其不足是需要使用特定的电子感应笔，且电子感应笔的耐用性不高。

（2）红外线型交互式电子白板。红外线型交互式电子白板的工作原理如下：在显示区域四周分布有由红外线发射管和接收器所构成的水平和垂直方向的扫描网络，这形成了一个扫描平面网，当有物体阻挡住扫描网络中的某对水平和垂直扫描线时，就可以通过被阻挡的水平和垂直方向的红外线的位置确定扫描平面内的X、Y坐标。红外线型交互式电子白板的优点是定位准确，且使用手指便可以进行触摸操作，书写分布均匀，耐用性强，所以该类型的电子白板相较于其他几种应用更为广泛。

（3）超声波型交互式电子白板。超声波型交互式电子白板采用超声波测距定位技术，根据三点定位的原理，通过超声波发射到接收的时间计算出发射点到接收点的距离，进而计算出专用笔所在的X、Y坐标。该类型电子白板的优点是定位比较准确，适应性强；缺点是需要专用笔书写，且定位精度的均匀性较低。

（4）电荷耦合元件（charge-coupled device, CCD）光电耦合型交互式电子白板。CCD光电耦合型交互式电子白板利用的是CCD光扫描的原理。在显示区域的一边设置两个固定距离的CCD线阵探测器和红外发射器，对准白板的显示区域。在显示区域的另外三边设置可以反射光线的反射膜，在没有物体阻挡时，线阵CCD检测到的是一条完整的光带。当有物体在显示区域中挡在光线传播路径上时，在线阵CCD检测到的光带中会出现无反光区域，分布在两个角的CCD分别检测到的遮挡区域可以反映到线阵CCD的对应区域，根据对应的区域计算出物体在显示区域的位置。该类型电子白板的优势是反应速度快，可以实现多点触摸，书写方便，耐用性强；缺点是造价较高，且受强红外光的影响较大。

3. 交互式电子白板的主要功能

交互式电子白板的功能主要为如下几点。

（1）屏幕批注，及时反馈。交互式电子白板具有便捷的书写功能，当教师发现学生问题时，可以直接在屏幕中进行批注，及时给学生反馈，让学生发现问题，并纠正问题。

（2）分批呈现，逐步引导。交互式电子白板可以根据教学的需求分批呈现教学资源，尤其是在引导学生探究时，教师可以将教学内容分批呈现给学生，让学生逐步进行探究，从而促进学生探究能力的发展。

（3）拖放组合，实践体验。交互式电子白板具有拖放和组合的功能，在教学中，教师可以借助这一功能让学生进行实践操作，体验相应的过程，从而在深化学生知识认知程度的同时，锻炼学生的实践操作能力。

（4）局部放大，凸显重点。交互式电子白板具有放大和缩小的功能，这可以辅助教师将教学中的一些重点内容进行放大或缩小处理，从而有利于学生的观察和分析。

（5）过程回放，重温脉络。交互式电子白板具有回放的功能，这可以实现对教学内容的重复呈现，辅助学生重温知识脉络，从而使其在重温中实现对知识的巩固。

（6）便于绘图，提高效率。交互式电子白板为人们提供了多种绘图工具，如圆规、智能笔、量角器等，这极大地方便了教师绘图，提高了教师板书和授课的效率。

（二）交互式电子白板在高中数学教学中的应用

1. 创设情境

交互式电子白板在高中数学教学中获得了普遍运用，它可以引起学生的学习兴趣，特别是运用电子白板而创设的教学情境可以让学生很感兴趣，让课堂更加生动活泼，教学形式更加丰富。交互式电子白板集图画、视频、声音、文字、图形于一体，并可以将其随机地整合、编排在一起，给学生的学习提供各种方便，使学生置身于它所创设的情境之中，从而感受到学习的浓厚氛围。学生的学习积极性与主动性被调动起来，就能更快乐地投入学习。

2. 呈现知识过程

交互式电子白板能够将复杂的数学过程分解成简单易懂的步骤,通过图形和动画的形式使抽象的数学概念变得更为具象。例如,在教授立体几何时,教师可以利用电子白板展示不同视角下的立体图形,通过旋转、分解等操作,帮助学生从不同角度理解立体几何的特性。

3. 提供教学资源

交互式电子白板能够整合和利用各种数字教学资源,如在线教程、模拟测试和互动练习等。这些资源不仅丰富了教学内容,还为学生提供了多种学习方式。例如,教师可以在讲解数学问题的同时,展示相关的讲解视频或历年真题分析,帮助学生从多个维度理解和掌握知识点。此外,电子白板还可以连接网络资源,让教师和学生访问到最新的教学材料和信息,使教学内容保持时效性和前沿性。

4. 互动式教学

电子白板的互动特性允许学生直接参与教学过程,如在白板上和教师共同完成数学问题的解答,或是参与解题策略的讨论。这种参与感不仅增加了学生对课堂内容的兴趣,还提升了他们主动学习的能力和批判性思考的能力。通过互动式教学,学生不再是被动的知识接收者,而变成了积极的学习参与者,这对提高教学质量和学生的学习效果都具有重要意义。

5. 记录和回顾课堂内容

电子白板能够记录整个教学过程,包括教师的讲解笔记、示例问题的解答过程以及学生的互动反馈。这种记录功能为学生提供了一个非常有效的学习资源,使他们能够在课后方便地回顾和复习课堂内容。对于错过或未能完全理解课堂讲解的学生,这些记录就是弥补学习遗漏和巩固知识点的重要工具。此外,电子白板上的记录也可以作为复习资料,帮助学生在考试前快速回顾和掌握关键概念和解题技巧。这种记录和回顾功能不仅提高了课堂内容的可获取性,还提升了学生自我学习和复习的效率,有助于培养他们的自主学习能力和终身学习习惯。通过电子白板的记录功能,教学内容得到了延伸和深化,这极大地提高了教学的连贯性和学生的学习成效。

6. 进行数学练习

数学学习离不开大量的练习，特别是高中数学，其知识量大，练习量也要大，练习可以让学生内化课堂上所学的知识，帮助学生形成数学能力，开发智力。即便是在实际的教学中，练习量也受时间的限制，不可能无限量地加大练习量。因此，教师更应该考虑在原有练习量的基础上提高学生的练习质量，即练习要有效率。教师可以运用电子白板来达到这一要求，在高中数学练习教学中运用电子白板可以对同一题进行多次的、不同方式的练习，还可以进行一题多解的训练。这避免了传统的练习题型单一、枯燥等缺点，不但精简了练习量，更能提高学生运用知识的能力与举一反三的能力，还提高了学生的练习积极性。

四、多媒体技术及其应用

（一）多媒体技术概述

1. 多媒体技术的概念

媒体在计算机语境中通常具有两层含义：一是指将信息以各种形式（如文字、图像、声音、动画、视频等）呈现出来的载体，这也是多媒体技术中所指的媒体；另一个含义则是指保存信息的实体，如磁盘、光盘、半导体存储器等。

多媒体在信息科学中被视为一种结合了两种或以上媒体形式的人机交互信息交流和传播方式。

多媒体技术则是一种以数字化技术为基础的技术，它利用计算机技术对文本、图像、声音、动画、视频等各种信息进行数字化采集、编码、存储、处理和传输，在这些信息之间建立了逻辑关系，将其集成到一个系统中，同时能够保持良好的交互性。

2. 多媒体技术的特点

（1）集成性。这是多媒体技术的突出特征，即能够将多种不同的媒体形式（如声音、文字、图像、视频等）整合在一起，为用户提供一个统一的平台。它不仅集成了不同形式的媒体信息，还将多种设备（如电视、音响、录像机、激光唱机等）融入计算机系统之中。

（2）控制性。多媒体技术由计算机主导，它能够处理和控制多种媒体信息，并按照用户的需求,通过多种媒体形式将这些信息呈现出来,以刺激人的多种感官。

(3)交互性。这是多媒体技术与传统信息传播媒体的主要区别。传统媒体通常只能进行单向的、被动的信息传播,而多媒体技术则允许用户对信息进行主动选择和控制,为用户提供了与计算机、电视机和其他电器的互动能力。

(4)非线性。多媒体技术打破了传统的线性阅读/书写模式,采用超文本链接的方式,将内容以更加灵活、多变的方式呈现给读者。

(5)实时性。多媒体技术需要以实时的方式处理声音和活动视频图像,以满足用户的即时需求。用户在提出操作命令后,相应的多媒体信息需要能够立即响应。

(6)便捷性。多媒体技术使用户可以根据自身的需要、兴趣、任务要求、喜好和认知特点来使用信息,无论是图像、文字还是声音等任何信息形式。

(7)动态性。多媒体技术为用户提供了一个动态的信息结构,用户可以根据自己的目标和认知特性重新组织信息,增加、删除或修改节点,重新建立连接。

(二)多媒体技术在高中数学教学中的应用

1. 视频演示

通过视频演示,复杂的数学概念和理论可以被转化为学生容易理解的视觉信息。例如,在解析几何的教学中,动态视频可以直观地展示几何图形是如何随着方程参数的变化而变化的,这种直观性对学生理解抽象的数学概念至关重要。视频中可以包含动画、实际录像、图表等多种形式,这些丰富的视觉元素有助于吸引学生的注意力,提高他们的学习兴趣。此外,视频演示还可以包括历史上著名数学家的故事和数学理论的发展过程,这不仅能为学生提供数学知识的背景,还能激发他们对数学学科的兴趣。利用视频演示,教师可以在短时间内向学生展示大量信息,提高课堂效率。

2. 交互式教学

在高中数学教学中,对响应系统和学习管理系统等工具的使用,使教学过程不再是单向的信息传递,而成为教师和学生互动的过程。例如,教师可以使用学习管理系统直接在屏幕上演示数学问题的解决过程，同时学生可以参与进来，直接在学习管理系统中解题或提问。这种互动不仅增强了学生的参与感，还提高了他们对问题的理解和解决能力。通过实时反馈和即时问答，交互式教学可以鼓励学生积极思考和参与课堂讨论，从而提高学习的效果。此外，交互式教学还支持个性化学习路径，教师可以根据学生的学习情况，调整教学策略和难度，满足不同学生的学习需要。

3. 动画与 3D 模拟

动画与 3D 模拟在数学教学中发挥着重要作用，尤其在解释复杂的数学概念和理论时。动画可以使静态的数学问题变得更为生动，帮助学生更好地理解和记忆。例如，在教授几何学时，3D 模拟可以用来展示不同的几何体，如立方体、球体和锥体等，学生可以从多个角度观察这些几何体，更好地理解其属性。在更高级的数学领域，如微积分和向量分析上，动画和 3D 模拟能够用来展示函数、曲线和曲面的变化，使这些通常难以直接想象的概念变得直观。这些工具不仅增强了学生对数学概念的直观理解，还提高了他们的空间想象能力。

4. 提供教学资源

通过网络平台和学习管理系统，教师和学生可以访问到海量的数学教学资源，包括在线教程、课件、练习题和模拟测试等。这些资源不仅覆盖了广泛的数学主题，还适合不同层次的学习需求。学生可以根据自己的学习进度和理解能力选择合适的学习材料，进行自主学习。此外，多媒体技术还允许教师制作和分享自己的教学资源，如自制教学视频和互动课件，这不仅丰富了教学内容，还提高了课堂的吸引力。网络论坛和讨论组等社交媒体工具还为教师和学生提供了一个交流和合作的平台，使学习过程更有互动性和协作性。

五、Maple 及其应用

（一）Maple 的特点

Maple 是一款被广泛使用的数学软件，主要用于数学的符号运算和数值计算。它为高等数学、工程计算、科学研究等提供了强大的数学处理能力。Maple 以其高效的算法和直观的用户界面受到了全球数学、工程和科学领域用户的青睐。它不仅支持复杂的数学运算，还为人们提供了功能丰富的可视化工具，使数学分析和探索变得更加直观和易于理解。

Maple 有以下特点。

1. 强大的数学引擎

Maple 能够处理从基本的代数运算到高级数学问题的计算。这一特点使 Maple 成了研究人员和学者进行复杂数学问题求解时的首选工具。无论是符号计算、微积分运算、线性代数、微分方程还是其他高级数学问题，Maple 都能提供高效准确的解决方案。这种能力不仅提高了数学问题解决的效率，还使人们对复杂问题的理解更加深入。

2. 出色的可视化功能

Maple 不仅在数学计算上表现出色，还提供了强大的图形可视化功能。用户可以方便地将复杂的数学运算结果进行可视化处理，如绘制二维和三维图形，这极大地帮助了用户直观地理解数学概念和数据。在教学中，这种可视化功能尤其有助于学生更好地理解抽象的数学概念，如三维空间中的曲线和曲面，以及动态变化的数学模型。

3. 用户友好的界面

Maple 的用户界面设计直观易用，即使对初学者而言也是易于上手的。它为用户提供了丰富的菜单和工具栏，让用户可以轻松访问各种数学工具和功能。此外，Maple 还支持拖放操作，并有文档式的操作界面，使创建和编辑数学文档变得更加简单。这种设计不仅减少了用户学习中可能遇到的阻碍，还使数学教学和学习更加高效。

4. 广泛的应用领域

Maple 在多个领域都有着广泛的应用，包括教育、工程、科学研究等。在教育领域，它被广泛用于教授和学习数学。在工程领域，Maple 可以帮助工程师进行复杂的计算和分析。在科学研究中，Maple 常被用于数据分析、模型构建和问题求解。这种广泛的应用性使 Maple 成了一个多功能且实用的数学软件。

（二）Maple 在高中数学教学中的应用

1. 代数和方程求解

在高中数学中，代数是一个核心课题，涉及方程式的求解、因式分解、多项式运算等。Maple 可以被用于演示这些代数运算的步骤和结果，帮助学生理解复杂的代数概念。例如，教师可以使用 Maple 来展示二次方程的求解过程，包括如何利用公式求解以及方程的图形表示方法。这种动态演示使学生能够更好地理解方程的结构和求解方法。

2. 几何图形的教学应用

在几何图形的教学中，Maple 的可视化功能特别有利于学生理解解析几何的概念。传统的几何教学依赖静态的图形和公式，而 Maple 可以将这些静态图形转化为动态的视觉呈现。教师可以利用 Maple 来构建各种几何图形，如圆、椭圆和抛物线，并展示这些图形是如何与相应的方程相对应的。更重要的是，通过调整方程的参数，学生可以实时观察图形是如何随之改变的。这种动态演示不仅使抽象的几何概念变得更为直观，还能帮助学生理解数学概念的深层次含义。例如，在探索圆的方程时，通过改变圆心位置或半径的参数，学生可以看到圆在坐标平面上的移动和变化，从而更好地理解圆的几何属性。

3. 微积分的教学应用

在微积分的教学中，Maple 的功能同样十分强大。微积分是高中数学中较为复杂的部分，学生需要理解函数的导数和积分以及它们的几何意义。Maple 可被用于动态展示函数的导数和积分过程。例如，教师可以使用 Maple 来计算一个特定函数的导数，并展示导数函数的图形。这种直观的表示方法有助于学生理解导数的概念，以及如何从函数的变化率来理解导数。同样，Maple 可以用于展示积分的过程，如使用积分来计算曲线下的面积。通过这种直观展示，学生可以更好地理解积分的几何意义和实际应用。例如，通过观察曲线与 x 轴之间的区域被填充的过程，学生可以直观地看到积分是如何计算这一区域的面积的。

第六章 教师发展推动高中数学教学创新

第一节 高中数学教师的角色与素质体系

一、高中数学教师的角色

在当今的教育环境中，高中数学教师的角色已经远远超越了传统的教学角色，而成为多元化和动态的综合体。随着教育理念和技术的不断进步，数学教师不仅是知识的传授者，更是学生学习的组织者、引导者以及教学活动的设计者和创新者。他们通过持续的专业发展和研究，不断探索更有效的教学方法，同时积极学习和应用新知识和新技术，以适应教育领域的快速变化和学生的多样化需求。这些角色的转变反映了高中数学教师在促进学生全面发展方面的关键作用。高中数学教师的角色如图 6-1 所示。

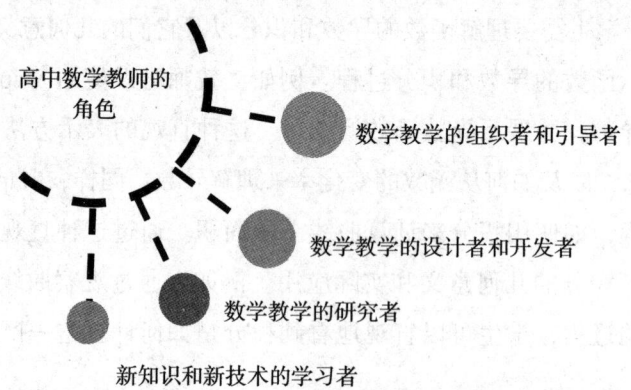

图 6-1 高中数学教师的角色

（一）数学教学的组织者和引导者

1. 数学教学的组织者

作为数学教学的组织者，高中数学教师需要承担以下职责。

第一，合理安排教学活动。教师需要根据课程目标和学生的学习需要，设计多样化的教学活动。这包括但不限于小组合作、问题解决任务、探究式学习和互动讨论。通过这些活动，学生不仅能够主动参与学习过程，还能在实践中发展批判性思维和解决问题的能力。

第二，有效管理课堂活动。课堂管理不仅涉及维持课堂秩序，更要创造一个有利于学习和探索的环境。一要建立清晰的课堂规则和期望。这包括学生在课堂上的行为准则、参与讨论的方式、作业提交的规定等。明确的规则有助于学生了解在课堂上的行为规范，从而减少纪律问题，确保课堂学习顺畅运行。二要注重课堂的动态管理，包括对学生参与度的监控和鼓励。这意味着教师不仅要关注全班学生的总体参与情况，还要关注个别学生的学习状态，特别是那些可能在学习上遇到困难的学生。通过提问、小组讨论或其他互动活动，教师可以激发学生的参与兴趣，鼓励他们积极思考和回应。三要合理分配课堂时间，确保各个教学环节能够顺利进行。合理的时间管理能确保课堂内容充实且富有成效，同时给学生留出足够的时间来消化和理解新知识。四要关注课堂氛围的营造。一个积极、支持性的课堂环境能够鼓励学生积极学习，敢于提问和表达自己的观点。教师可以通过表扬、鼓励和适时的幽默来营造轻松和愉悦的学习氛围，减少学生的焦虑，提高他们的学习效率。

2. 数学教学的引导者

教师作为学生数学学习征程上的引导者，必须改变以往的知识传播者的角色，其主要职责应从"教"学生，转变为"导"学生，这主要体现在以下三个方面。

（1）作为学习的指导者。作为学习的指导者，数学教师的首要任务是帮助学生发展和采用有效的学习方法和策略，如教授学生组织和规划他们的学习时间，有效地处理和吸收数学信息。

（2）作为知识获取的促进者。学习是一种获取知识的过程，而知识不仅可以通过教师的传授获取，它还是学习者在特定的社会文化背景下，通过借助他人的帮助以及必要的学习资源，通过自己的努力来获得的。因此，教师的作用将不再仅限于将精心组织的知识内容清晰地传授或呈现出来，还要鼓励学生自主探索、理解和应用知识。第一，教师应该激发学生的学习兴趣。他们可以通过使用多媒体等信息技术工具，创造引人入胜的学习情境，吸引学生的关注度和好奇心。这有助于学生更积极地参与知识获取过程。第二，教师应该帮助学生建立知识之间的联系。他们可以为学生提供提示和线索，帮助学生将当前学习内容与他们已经知道的知识相关联。这有助于学生更好地理解和记忆新知识，使学习更有深度和意义。第三，教师可以鼓励协作学习。通过组织讨论和交流，教师可以鼓励学生互相分享思考和观点，共同探讨问题。这有助于学生通过合作获得新的见解，加强对知识的掌握。第四，教师应该提出引导性的问题，引发学生的思考和探索。他们可以引导学生自己去发现规律，纠正错误，并在学习过程中培养自己的批判性思考能力。这种引导性的教学方法有助于学生主动参与知识获取，从而更深入地理解和掌握所学内容。

（3）作为学生的学术顾问。数学教师应给学生提供个性化的支持和指导，帮助每个学生克服学习中遇到的难题。这涉及识别学生的个别差异、学习风格和兴趣点，并相应地调整教学方法和内容。教师应给学生提供适时的反馈和建议，帮助学生理解自己的进步之处和需要改进的领域。此外，教师还应作为学生的心理支持者，鼓励他们保持积极的学习态度，帮助他们建立自信，特别是在面对数学学习中的挑战时。

（二）数学教学的设计者和开发者

1. 创新教学方法和策略

作为教学设计者，数学教师需要不断探索和实施新的教学方法以适应不断变化的教育需求和学生群体。这包括采用多样化的教学手段，如项目式学习、翻转课堂、合作学习等，以提高学生的参与度和学习效果。教师应根据学生的不同学习风格和能力，设计适合的教学活动，使每个学生都能在课堂上获得最佳的学习体验。此外，教师还应利用技术工具，如教育软件和在线资源，来丰富教学内容和提升教学互动性。

2. 开发适合学生的课程内容

数学教师要根据高中数学教学大纲设计合适的教学内容。这涉及选择适当的数学概念、定理和问题,以及将这些内容组织成一套内容连贯、逻辑性强的课程。教师需要确保课程内容既能满足教育标准,又能激发学生的学习兴趣和思考。例如,教师可以将数学理论与实际应用相结合,展示数学在现实生活中的用途,增强学生对数学学习的动机。

3. 评价和完善新的课程体系

教师作为教学的设计者和开发者,需要保持敏感,随时更新和改进课程。他们应该不断评估课程的效果,倾听学生的反馈,了解最新的教育趋势,并根据需要进行课程修订。这样可以确保课程能与时俱进,满足学生的需求,提供高质量的教育。

(三)数学教学的研究者

数学教师不仅是知识传授者,还应成为教育领域的研究者。借助先进的媒体传播技术,教师能够更好地解放时间和精力,从事教育科研。这有助于教师提高教学实践的质量,深入了解专业领域,并实现从传统的"教书匠"角色向更具研究精神的"研究型"教师的转变,使他们成为真正的教育专家。

以下是教师作为研究者的关键职责:第一,教师需要研究现代信息技术环境下学生学习的特点和规律。信息技术已经改变了学习方式和学生的学术需求,因此教师应该深入研究这些变化,以更好地满足学生的需求。他们可以研究学生在数字化学习环境中的学习行为,了解他们对在线资源和工具的使用方式,以便调整课程设计和教学方法。第二,教师可以进行教学实验,研究不同的学习情境对学生学习产生的影响。利用先进的媒体传播技术,教师可以创建多样化的学习场景,研究哪些方式能够最有效地促进学生的学术成长。这种实验性的研究有助于教师发现最佳的教学策略和方法。第三,教师还可以研究如何利用新技术提高学生的高层次思维和问题解决能力。他们可以探索如何设计有挑战性的任务和项目,以鼓励学生运用所学知识解决实际问题。这有助于培养学生的创新能力和批判性思维。最后,教师应该研究如何利用最佳的信息呈现方式,突破课程中的重点和难点。他们可以探索多媒体资源、虚拟实验和互动性工具的有效应用方式,以提高学生对复杂数学概念的理解和记忆。

(四)新知识和新技术的学习者

当前社会正处于知识爆炸和科技飞速发展的时代,这使教育领域的教师不仅是知识的传播者,更是知识和技术的引领者和应用者。作为知识象征的教师,他们必须具备强大的自我发展和自我完善的能力,以适应这个充满挑战和机遇的新时代。

首先,知识和技术的发展速度前所未有得快,新知识层出不穷,新技术也层出不穷。教师必须时刻保持警醒,积极主动地接受新知识和新技术。这要求教师具备不断学习的意愿和能力,不断扩展自己的知识领域,以便为学生讲授最新的信息和技能。其次,教师还需要不断充实自己的知识结构,以适应不断变化的社会和科技环境。新兴领域,如人工智能、虚拟现实、大数据等正在改变人们的生活和工作方式,教师需要主动了解这些领域的知识,以便将其融入课程设计和教学之中,为学生提供更多的机会和资源。最后,教育是一项永无止境的事业,教师需要不断充实自己,以跟上时代的变化。这不仅有助于他们更好地履行教育使命,还为学生树立了终身学习的榜样。教师的积极自我发展和学习态度将激励学生也积极参与自己的学习过程,这样,师生才能共同构建一个学习化的社会。

二、高中数学教师的素质体系

高中数学教师的素质体系包括知识结构、能力结构、职业道德和心理素质四个方面,如图6-2所示。

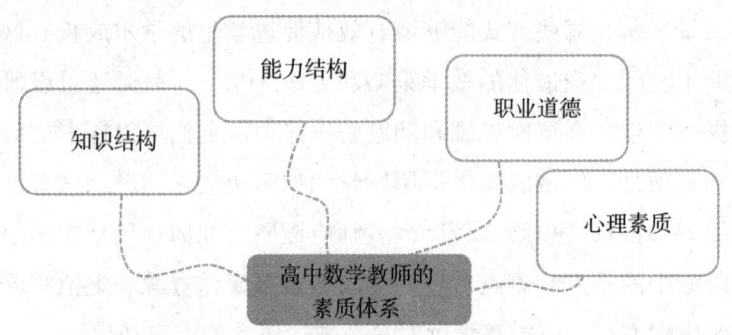

图6-2 高中数学教师的素质体系

(一)知识结构

在时代发展和教育变革的背景下，高中数学教师的知识结构应包括普通文化知识、数学知识、一般教学知识、数学教学知识和教学实践知识五方面。

1. 普通文化知识

高中数学教师应具备扎实的普通文化知识，这包括对文学、历史、哲学、艺术等领域的基本理解和认识。这种知识有助于教师更全面地理解世界，培养其广阔的视野和深厚的文化底蕴。例如，通过学习历史，教师可以了解数学的发展史，从而更好地在课堂上阐述数学概念的起源和演变。再如，对文学和艺术的了解也能帮助教师在教学中融入更多人文元素，激发学生的学习兴趣。

2. 数学知识

数学知识是数学教师知识结构中的主干部分。高中数学教师应掌握的数学知识包括以下四方面。

（1）数学内容知识。这是数学教师必须具备的基础知识，包括高中数学课程的所有内容。这涉及代数、几何、三角学、微积分、统计学等多个数学分支的基本原理和方法。数学内容知识不仅要求教师理解这些概念，还要他们能够灵活运用它们来解决问题。此外，教师还应对这些数学分支的高级理论有所了解，以便在必要时向学生提供更深层次的解释和应用知识。

（2）数学实质知识。数学实质知识涉及对数学学科的本质理解，包括其所涉及的哲学知识、历史背景和它在现实世界中的应用。这种知识有助于教师理解数学的发展过程、数学概念的形成以及数学与其他学科之间的关系。拥有这样的知识，教师可以在教学中更有效地展示数学的实用性和美感，激发学生的学习热情。

（3）数学逻辑性知识。数学逻辑性知识关注数学推理和证明的逻辑结构。这包括理解和应用各种数学证明方法，如归纳法、演绎法、反证法等。教师应能够指导学生如何严谨地进行数学思考，如何构建有效的数学论证。这种能力对培养学生的批判性思维和解决复杂问题的能力至关重要。

（4）有关数学的最新发展。在快速发展的时代背景下，数学领域也在不断进步。教师需要了解数学的最新发展，如新理论、新算法、数学软件的应用等。这样的知识能够使教师将最新的数学思想和技术融入教学之中，帮助学生紧跟时代步伐，增强他们解决现实世界问题的能力。

3. 一般教学知识

作为新世纪的高中数学教师，应当通晓并熟练掌握教育科学理论知识，这是从事教育教学工作的理论基础，也是将数学教师的教学由经验水平提高到科学水平的重要前提。一般的教学知识范围相当广泛，包括教育基本理论、心理学基本理论、德育学、教学论、教育史、教育社会学、教育心理学、教育管理学、教育法学、比较教育、教育改革与实验，以及现代教育技术知识、教育科学研究等。数学教师只有全面系统地掌握一般教学知识，才能确立先进的教育思想，正确选择教学内容与方法，把自己所掌握的知识与技能科学地传递给学生，促进学生的全面发展。

4. 数学教学知识

数学教学知识是指专门针对数学教学的特定教学技能和理论，如如何有效地传授数学概念、如何激发学生对数学的兴趣和好奇心、如何处理数学课堂中的常见问题等。这方面的知识要求教师不仅要理解数学本身，还要懂得如何将这种理解有效地传达给学生。教师需要了解不同年龄段学生的认知特点，以及如何将复杂的数学概念分解成让学生易于理解的部分。

5. 教学实践知识

教学实践知识涉及教师在实际教学中积累的经验，包括课堂管理、与学生互动的技巧、对学生学习进度的监控与调整等。这方面的知识往往来源于教师的个人教学经历，它能帮助教师在实际教学过程中灵活应对各种情况，有效激励学生，提高教学效果。

（二）能力结构

1. 教学能力

教学是教师专业活动的中心，教师教学任务的完成、学生培养目标的实现都要通过教学这一途径，所以教学能力是教师能力的核心。从教学过程的角度出发，高中数学教师应具备的教学能力包括教学准备能力、教学实施能力和教学评价能力三种。

教学准备能力是指对教学内容进行深入理解和进行有效的教学计划制订的能力。这要求教师不仅要精通数学知识，还需要了解当前的教育标准和学生的学习需求。教师应能够选择合适的教学材料，设计出符合学生认知水平的教学活动，并预见可能出现的教学挑战。此外，教师还需要结合学生的背景和兴趣，将数学知识与实际应用相联系，以提高学生的学习兴趣和动机。高效的教学准备还包括对课堂时间的合理安排，以确保每个教学环节都能顺利进行，从而提高课堂的整体效率。

教学实施能力是指教师在课堂上有效传授知识的能力。这包括能够清晰、准确地讲解数学概念，使用适当的教学方法和技术工具来增强学生的理解等方面。教师应能够灵活应对课堂上出现的各种情况，如学生的提问、讨论引导和对学生理解程度的及时洞察。

教学评价能力是指教师对教学成果进行评估和反馈的能力。教师需要能够识别学生的学习难点和误区，并为其提供有效的反馈和建议，帮助学生改进和提高。此外，教师还应对自己的教学方法进行反思和评估，基于学生的表现和反馈不断调整教学策略，以实现教学的持续改进和发展。

2. 教育能力

与教学能力相比，教育能力的内涵更加丰富，高中数学教师应具备多方面的教育能力，以更好地适应教育的多样性和复杂性，这类能力主要包括了解学生的能力、评价学生的能力、教师"身教"的能力。

（1）了解学生的能力。第一，了解学生的学习风格。学生的学习风格是多种多样的，一个优秀的高中数学教师需要识别和适应这些不同的风格，以确保每个学生都能以最适合自己的方式学习。第二，了解学生的兴趣爱好。每个学生都有独特的兴趣和爱好，而这些可以被用来增强数学学习的相关性和对他们的吸引力。例如，如果一个学生对音乐感兴趣，教师可以通过音乐和节奏来解释数学概念，如频率和比例。通过将数学内容与学生的兴趣相结合，教师可以有效提高他们的参与度和学习动力。第三，了解学生的背景知识。了解学生的先前知识和经验可以帮助教师更有效地构建新概念。在高中数学教学中，这意味着教师需要了解学生在初中数学和其他相关学科上的知识水平。这样，教师就可以更好地在新概念与学生已有的知识之间建立联系，从而促进更深层次的理解和应用。

（2）评价学生的能力。评价学生不仅包括对学生学术能力的评估，还包括对学生综合素养的全面评价,包括了德、智、体、美、劳等多个方面。教师在评价学生时,应特别注意以下两个方面。

第一,评价必须公正客观。为了实现这一点,教师可以尝试以下几种做法:①制订明确的评价标准。在评价学生之前,教师应明确制订评价的标准,确保评价的标准是客观、公平且具体的。这可以包括对学习目标、评价指标、评价方法等的明确定义。通过明确的标准,教师可以更容易地进行客观评价,避免主观偏见的影响。②评价过程要透明和公开。教师应该让学生了解评价的标准和过程,确保评价过程是透明和公开的。这可以通过在课程大纲中明确评价要求,提供评分标准的解释,以及定期与学生讨论他们的表现来实现。透明和公开的评价过程有助于师生建立信任,减少学生对评价的不满和争议。

第二,评价应具有一定的激励性。评价不仅是对学生过去表现的反馈,更是对未来学习的激励。为此,教师应该强调评价的积极方面,即使在指出学生的不足时,也应该提供具体的、有建设性的反馈,帮助他们识别成长的机会。例如,在数学学习中,教师可以赞赏学生的努力和进步,而不仅仅以最终的成绩评判,这可以提升学生的自信心和学习动力。同时,教师应该鼓励学生自我评估,参与对自己学习过程的反思。这样不仅能帮助学生认识到自己的优势和改进领域,还能激发他们对学习的热情和责任感。

(3)教师"身教"的能力。身教意味着教师要通过自身的行为、态度和价值观向学生传递教育信息,成为学生学习和成长的榜样。因此,教师应该尊重知识产权,遵守学术诚信原则,这不仅是对自我的要求,还是对学生的教育和引导。在日常教学中,教师要展现出积极、开放、合作的态度,用自身的实际行动给学生传递良好的价值观和人生态度,培养学生的批判性思维和创新能力。

3. 组织管理能力

在教学活动中,教师既是教育者,也是组织者,所以组织管理能力也是教师不可缺少的能力之一。对高中教师来说,组织管理能力一般包括三个方面:组织管理课堂教学的能力、组织管理学生小组活动的能力、组织管理学生社会实践活动的能力。

(1)组织管理课堂教学的能力。教师应始终把控着教学的进度,有效地分配教学时间。例如,在让学生针对某个问题进行讨论的时候,学生可能会因为讨论过于激烈,而忘记了讨论的时间,这时教师就需要及时引导学生,然后让学生有序地发表讨论的结果。

(2)组织管理学生小组活动的能力。在高中数学教学中,小组活动是促进学生合作学习和深入理解数学概念的有效方法。教师在组织小组活动时,应关注如何分配小组成员,确保每个小组都有拥有不同能力和背景的学生,以提高小组成员的多样性和互补性。例如,教师可以根据学生的数学能力、学习风格或兴趣爱好来分组,以确保每个小组都有均衡的能力结构。在活动设计上,教师需要确保任务既具有挑战性,又能够被小组成员共同完成。教师也要监督小组的进度和合作方式,确保每个学生都能积极参与并从中受益。

(3)组织管理学生社会实践活动的能力。社会实践活动是将数学教学与现实世界联系起来的重要环节。高中数学教师在组织这类活动时,应考虑如何将数学知识应用于真实情境中,如统计分析、几何测量或金融计算等。例如,教师可以安排学生去企业或社区进行实地调查,收集数据,并应用数学模型来解决实际问题。在组织这些活动时,教师需要与社区组织或企业合作,安排适当的实践项目,并提供指导和反馈。

4. 教育研究能力

高中数学教师的教育研究能力是指在教育过程中运用科学研究方法来提高教学质量和效果的能力。这种能力可主要包括以下三方面。

(1)研究教学方法的能力。高中数学教师需要了解当前的教学理论和实践发展,如探究式学习、混合学习或翻转课堂等,并能够将这些方法应用于实际教学中。此外,教师应具备设计和实施小规模教学实验的能力,如尝试新的教学工具或策略,并评估其对学生学习成效的影响。这种研究能力不仅有助于提高教学质量,还能够促进教师个人的专业成长。

(2)分析和解决教学问题的能力。高中数学教师在日常教学中经常会遇到各种教学问题,如学生的学习障碍、课堂管理的挑战或课程内容的适应性问题。具备教育研究能力的教师能够运用科学的方法来分析发生这些问题的原因,寻找解决策略,并实施有效的解决方案。这可能涉及收集和分析数据,如学生的成绩、反馈或行为模式,以及查阅相关的教育研究文献,以更深入地理解问题并制订相应对策。

（3）持续发展专业的能力。教师不仅要关注自己的教学实践，还要积极参与更广泛的教育研究和讨论。这可以通过参加专业发展研讨会、教育会议，阅读专业期刊和书籍，或与同行进行合作和交流来实现。通过这种方式，教师能够保持对最新教育趋势和研究的了解，并能将这些知识应用于自己的教学实践中，从而不断提升自己的教育研究能力。

5. 团队合作能力

高中数学教师需要具备团队合作能力，能够与其他教师、教育机构和社会组织进行有效的合作。他们需要尊重和理解团队成员，积极参与团队决策，共同完成教学任务。他们需要有协调和领导能力，能够调动团队成员的积极性和创造性，形成合力，提高教学效果。

（三）职业道德

1. 依法执教

高中数学教师的首要职业道德是依法执教，这意味着教师的所有教学活动都必须遵循国家的教育法律、法规和政策。依法执教不仅要求教师了解和遵守教育相关的法律规定，还包括维护学生的合法权益，如公平对待每一位学生，保护学生的隐私和尊严。此外，依法执教还要求教师在课堂上传达正确的价值观和道德标准，促进学生的全面发展。这种职业道德要求教师不仅应是知识的传授者，更应是法律和道德方面的模范，应能够通过自己的言行影响和塑造学生。

2. 爱岗敬业

爱岗敬业要求教师要对教学工作保持热爱，对教育事业有执着的追求。一个爱岗敬业的数学教师会不断提升自己的专业知识和教学技能，会投入大量时间和精力来准备课程、设计教学活动、评估学生表现，并与学生进行有效的沟通和指导，致力提高教学质量和效果。

3. 关爱学生

关爱学生是指教师应以一种充满爱心和理解的态度对待学生。他们要理解学生的需求，尊重学生的感受，鼓励他们的优点，引导他们克服困难。他们要用心去观察学生，用爱心去教育学生，让学生在数学学习中感受到乐趣，体验到成功。关爱学生是教师职业道德的重要组成部分,也是他们赢得学生尊重和信任的关键。

4. 严谨治学

严谨治学要求高中数学教师在教学和学术研究中展现出严格性和认真态度。这意味着教师在准备和授课过程中应持续追求知识的精确性和深度。数学是一门严谨的学科,它要求教师不仅要准确掌握数学概念、定理和方法,还需要能够清晰、准确地把这些知识传达给学生。此外,严谨治学也体现在教师对待教学研究的态度上,如在引用资料、进行学术讨论时保持学术诚信,以及在教学实践中不断检验和完善教学方法。这种严谨的学术态度不仅提升了教学质量,还为学生树立了良好的学术榜样。

5. 廉洁从教

廉洁从教意味着教师要保持自身的道德操守和职业清白,避免任何形式的贪污腐败、利益矛盾或不当行为。例如,教师应公平地评价学生的学业成绩,不接受任何可能影响评价公正性的礼物或利益。此外,廉洁从教也意味着教师在学校资源的使用上必须保持透明和合理,确保教育资源得到公正和有效的使用。

6. 为人师表

为人师表强调的是教师在个人品德和行为上对学生的示范作用。高中数学教师不仅是课堂上知识的传授者,更是学生品德和人格发展的引导者。这要求教师在日常生活中展现出高尚的道德品质、正直的行为习惯和良好的社会责任感。例如,教师应通过自己的言行来传递诚实、尊重、公正等价值观,并在处理学校、学生和家长间的关系时展现出智慧和公正。作为学生的榜样,教师的这些行为和态度会对学生产生深远的影响,帮助他们形成正面的世界观和价值观。

(四)心理素质

1. 情绪稳定性

教师在处理课堂上的各种情况时,需要保持冷静和理智。情绪稳定性使教师能够在面对学生的行为问题、教学挑战或压力时,保持平和的心态。这不仅有助于创建一个安心的学习环境,还能对学生的情绪状态产生积极影响。例如,数学教学中可能会遇到学生产生挫败感或焦虑的问题，教师的稳定情绪能更好地引导和鼓励学生。

2. 耐心与韧性

教育是一个长期的过程，需要教师展现出极大的耐心和韧性。在教学数学时，教师可能会面临学生理解概念的困难或学习进度的缓慢。在这种情况下，教师需要耐心地解释和重复教学内容，同时帮助学生保持对学习进步的坚定信念。

3. 同理心

高中数学教师应具备与学生建立情感联系的能力，这需要教师具有同理心。理解学生的感受、背景和学习难点，能帮助教师更有效地进行教学设计和个性化指导。例如，理解学生对数学产生恐惧情绪或兴趣缺失问题的原因，可以帮助教师采取更合适的教学策略。

4. 适应能力

教育环境和学生需求在不断变化，教师需要具备快速适应新情况的能力。这包括适应新的教学技术、教育政策更新或不同学生群体的需求。快速适应并做出相应调整是教师在现代教育环境中成功的关键。

5. 自我反思能力

教师的自我反思能力对其个人和专业成长至关重要。这意味着教师应能够诚实地评估自己的教学方法和策略，理解自己的强项和改进的领域。自我反思不仅有助于提高教学质量，还是教师个人职业发展的关键部分。

第二节 教师发展对高中数学教学创新的推动作用

一、教师专业知识更新对高中数学教学创新的推动

（一）引入最新的数学理论

教师专业知识的更新使他们能够将最新的数学理论引入课堂。这种引入不仅仅是内容上的新增，更重要的是，它带来了教学方法和学生学习方式的变革。

当教师引入如数据科学、编程或最新的数学模型等内容时,他们需要采用更有互动性、探索性的教学方式,如项目式学习或实际案例分析,从而激发学生的学习兴趣和参与度。这样的创新不仅提升了学生的学习动力,还能帮助他们建立联系数学与现实世界的能力。

(二)应用先进教学技术和方法

随着专业知识的更新,教师能够掌握并运用新的教育技术和教学方法。例如,利用交互式软件、在线学习平台和虚拟实验室等工具,可以使教学变得更加生动和有效。这种技术的应用不仅改变了学生接受知识的方式,还促进了他们批判性思维和问题解决能力的发展。教师利用这些新技术和方法来设计课程,可以使数学教学从传统的讲授模式转变为更有参与性和互动性的学习体验。

(三)促进教学内容和策略的创新

教师在更新专业知识的过程中,不仅能获得新的数学知识,还会接触到新的教育理念和教学策略。这种更新使教师能够从更广阔的视角审视自己的教学实践,创新教学内容和策略。例如,将跨学科的方法融入数学教学中,或者根据学生的兴趣和需求设计个性化的学习路径。这些创新不仅增加了课程的相关性和吸引力,还为学生提供了更加丰富和深入的学习体验。

二、教师能力发展对高中数学教学创新的推动

教师的能力发展是推动高中数学教学创新的关键因素。其原因在于,教师是实现教学创新的主要行动者,他们的能力决定了教学创新的可能性和效果。

例如,在教学能力方面,教师在教学能力上的提升意味着他们能更有效地传授数学知识,同时能更好地激发学生的学习兴趣和参与度。例如,一个掌握了多种教学策略和技术的教师能够根据不同学生的学习风格和需求,设计和实施不同的教学活动,如互动讲授、分组讨论、实际操作等。这种多样化和个性化的教学方法不仅提高了学生的学习效率,还增强了他们对数学学习的兴趣。又如,在组织管理能力方面,教师组织管理能力的提高使教师能更有效地管理课堂和学生活动,从而创造一个更加有序和富有成效的学习环境。具备良好组织管理能

力的教师能够灵活安排教学流程，合理分配时间和资源，并有效地处理课堂上出现的各种情况。这不仅有助于课堂纪律的维持，还能提高课堂的参与度和学习效果。再如，教师团队合作能力的增强能够使教师更好地与同事、家长以及学校其他工作人员协同工作，共同推进教育创新。例如，教师可以与同事共同设计跨学科的教学项目，或者与家长合作，更好地支持学生的学习。这种协同合作不仅丰富了教学内容和形式，还为学生提供了更多元化和全面的学习体验。

当然，高中数学教学的创新是一项复杂而细致的工作，它需要教师综合运用多方面的能力。教师能力发展的整体性就在于，无论是哪一方面的能力，都不是孤立存在的，而是相互关联、相互影响的。因此，教师能力的发展不能只局限于某项内力，而是要实现能力的整体性发展，这样才能更有效地推动高中数学教学的创新。

三、教师职业道德发展对高中数学教学创新的推动

教师职业道德的整体发展对推动高中数学教学创新的作用不可忽视。作为一种高尚的职业精神和行为准则，教师职业道德的发展在根本上塑造了教师的专业形象，提升了教师的教学效能，激发了教师的创新意识，为数学教学的创新提供了强大的内生动力。

教师职业道德涵盖的范围很广，如前面提到的依法执教、爱岗敬业、关爱学生、严谨治学、廉洁从教、为人师表等。在教师职业道德的引导下，教师将更加专注于教学实践和学生的教育和成长过程中，从而更有效地推动数学教学的创新。

职业道德的整体发展也有助于激发教师的创新意识。因为职业道德并不是一种固定不变的规定，而是随着时代的发展和教育实践的变化而不断发展和升华的。在这个过程中，教师需要有勇气和智慧去接受新的挑战，去探索新的可能，去创造新的价值。这就需要教师拥有开放的心态和创新的精神，这是教师职业道德发展的重要体现。

教师职业道德的发展对高中数学创新的推动，更体现在为教学创新提供了强大的内生动力上。高尚的教师职业道德会激发教师对教育事业的热情和投入，使教师能够积极主动地参与教学改革和创新。在职业道德的驱动下，教师会以

更开放的视野、更深入的思考、更大胆的尝试，去探索适应学生发展所需要的高中数学教学模式与方法。

四、教师心理发展对高中数学教学创新的推动

教师的心理发展也是推动高中数学教学创新的重要因素。教师的心理状态会直接影响到他们的教学效果，进而影响到教学的创新。教师的心理状态包括他们的情绪、动机、自我认知等多个方面。当教师有良好的心理状态时，他们更有可能在教学过程中发挥出良好的状态，设计出更有效、更有趣的教学方法与策略。相反，如果教师的心理状态不佳，他们在教学过程中就可能会失去动力，进而影响到教学效果。例如，当教师对教学充满热情，有高度的动机和责任感时，他们更可能积极地尝试新的教学方法，创新教学模式。他们会更愿意花时间和精力去了解学生，设计出符合学生需求的教学计划。这样的教师更容易产生新的教学思想，推动高中数学教学的创新。

教师的自我认知也会对教学创新产生影响。对自身的正确认知能够帮助教师更好地发挥自己的优势，规避弱点，从而更有效地进行教学。当教师清楚自己的教学风格、教学理念，明白自己在教学过程中的角色时，他们就可以更自信地去尝试新的教学方法，推动教学创新。

教师的心理素质对处理教学中的压力和挑战也非常重要。在教学过程中，教师可能会遇到各种问题和困难，如学生的学习困难、教学资源的不足、教学方法的失效等。这些问题都需要教师有足够的心理素质去面对。当教师能够积极地面对这些问题，寻找解决方法时，他们就更有可能在教学过程中创新，找到新的教学策略。

第三节　影响高中数学教师专业化发展的因素

一、学校因素

（一）专业发展机会

学校提供的专业发展机会对高中数学教师的专业成长具有重要影响。定期的培训、研讨会、工作坊以及参与学术会议等活动不仅是提供知识和技能的平台，更是教师职业生涯发展的重要推动力。

专业培训和研讨会能让数学教师有机会接触到最新的教育理论和教学方法。在这些活动中，教师不仅能学习到如何更有效地传授数学知识，还能探索激发学生兴趣和参与度的创新策略。例如，通过学习如何将技术工具和交互式媒体融入传统数学教学中，教师可以使课程内容更加生动和吸引人，从而增加学生的学习动力和参与感。工作坊给教师提供了实践性更强的学习环境，教师在这里能够直接尝试和实践新的教学技巧和方法。在这种互动和实践的过程中，教师不仅能够深化对新教学法的理解，还能立即获得同行的反馈和建议。这种实践和反思的过程对教师的专业成长至关重要。参与学术会议不仅能使其学习到其他教育机构和同行在数学教学方面的创新经验，还能使其与来自不同背景的教育专家进行交流和讨论。这种跨学校、跨地区，甚至跨国界的交流和合作，为教师提供了新的视角和思考，促使他们对自己的教学实践进行反思和创新。总之，这些专业发展机会为高中数学教师提供了持续学习、实践和交流的机会。这些机会不仅加深了教师对数学教学的理解，还鼓励他们探索和实施创新的教学方法和策略，最终推动了教师的专业发展。

（二）教学任务和压力

教学任务和压力是影响高中数学教师专业发展的重要的学校方面因素。具体来说，这种压力主要来自教学任务的复杂性、频繁性和对教师在责任感方面的要求。

高中数学教师的教学任务不仅包括传授数学知识和技能，还包括培养学生的数学兴趣，提高学生的身体素质，以及培养学生的团队合作精神和竞争意识。这些任务都需要教师具备专业知识、细心观察，以及实施灵活的教学策略。这种复杂性会给教师带来极大的压力。与此同时，高中数学教师的教学任务还很繁重。他们不仅要在课堂上教学，还要在课后指导学生训练，甚至要组织和参加各种数学比赛。这种繁重的任务会使教师的工作时间被压缩，个人生活和休息时间受到影响，从而产生压力。此外，高中教师还需要具有高度的责任感。他们不仅要保证学生的学习效果，还要保证学生的安全。这种责任感会让教师时刻保持警觉，过度紧张，从而产生压力。

当这些压力累积到一定程度时，高中数学教师的身心健康就可能会受到影响，他们的教学质量和效率也可能会降低，这会对他们的职业发展产生负面影响。因此，为了促进高中数学教师的专业发展，学校应当采取相应的措施来降低他们的教学任务压力。例如，学校可以合理安排教学任务，保证教师有足够的时间准备课程和休息。学校还可以提供专业的教学支持，如提供教学资源，提供教学培训，以减轻教师的任务压力。此外，学校还应建立完善的安全制度和保障措施，以减轻教师的责任压力。

（三）学习资源和条件

学校中的学习资源和条件不仅为教师提供了必要的教学支持，还直接关系着他们教学方法的创新和教学质量的提升，这对高中数学教师的专业发展有着深远的影响。

首先，高质量的学习资源，包括先进的教育技术、丰富的教学材料和广泛的参考资料，是教师专业成长的重要支柱。这些资源使教师能够接触到最新的教育理念和教学方法，同时为他们提供了丰富的教学内容和实践材料。例如，拥有最新的数学软件和教学应用程序可以帮助教师更有效地展示复杂的数学概念和问题解决过程，提升学生的理解和兴趣。其次，良好的学习条件，如舒适的教学环境、充足的课时和适宜的班级规模，对教师的教学实践同样至关重要。一个安静、宽敞且设备齐全的教室环境可以提高教学和学习的效率。合理的课时安排和班级规模能够确保教师有足够的时间和空间来关注每个学生的学习需求，同时为教师提供更多的机会来实施创新的教学策略。

学习资源和条件的充足还有助于激发教师的创新精神和研究兴趣。当教师可以轻松地获取所需的教学资源和工具时，他们就更有可能尝试新的教学方法和参与教育研究活动。这种自由探索的空间对教师的专业成长至关重要。

进一步来说，良好的学习资源和条件还有助于提升教师的专业地位和自我认同。当教师意识到自己所在的教育环境被投入了充分资源、设施先进时，他们的职业满意度和自我效能感往往会得到增强。这种正面的心理状态不仅提升了教师的工作热情，还能进一步提高他们对教育事业的投入和敬业程度。

（四）学校文化和氛围

学校的文化和氛围对高中数学教师的发展也有影响。第一，当学校文化中明确了数学教育的价值时，数学教师将感受到他们的努力和贡献被认可和尊重。他们将更有动力去探索和采用新的教学方法，更有决心去提升自己的专业技能。他们也将更愿意投入复杂的教学环境中，解决有挑战性的问题，以满足学生的多元化需要。反之，如果学校文化忽视数学教育，数学教师的潜能可能会被压制，他们的积极性和创新性可能会受到影响。第二，在鼓励学习、创新和持续改进的文化环境中，数学教师将有更多的机会接触新的教学理念和策略，他们的教学实践将得到丰富和深化。他们将有机会参与有益于他们职业发展的活动中。然而，如果学校文化对教师的职业发展缺乏支持，那么教师可能会在资源和机会上受限，他们的专业成长可能会受阻。第三，学校的社交氛围、学术氛围和教学氛围等，也深深影响着高中数学教师的发展。友好开放的社交氛围能帮助高中数学教师建立起良好的同事关系，他们可以在这样的环境中分享教学心得，解决教学问题，共同提升教学质量。鼓励探索和创新的学术氛围将推动高中数学教师投入科研活动，不断提升自己的专业素养。积极向上的教学氛围将鼓励高中数学教师用心投入教学工作，他们将更有动力去挖掘每一个学生的潜力，引导他们享受数学的乐趣。

二、教师自身因素

（一）个人动机和职业目标

教师的个人动机和职业目标是影响其专业发展的关键因素。这些因素不仅会影响教师对自身工作的态度和热情，还直接决定了他们在教学实践和职业发展上的选择和成效。

个人动机是驱动教师投身于教育事业并持续进步的内在动力。具有更强教学动机的数学教师往往更加投入于自己的工作，能不断寻求改进和创新教学方法的机会。例如，一个对教学充满热情的教师可能会主动寻找新的教学资源，积极参与专业发展活动，甚至在课余时间都会研究如何更有效地传授数学知识。这种动机不仅提高了教学质量，还增强了教师与学生之间的互动，从而提升学生的学习效果。

明确的职业目标则为教师的专业发展提供了方向和目标。当教师设定了清晰的职业目标，如成为数学教育领域的专家或发展特定的教学方法时，他们就更有可能采取具体的行动来实现这些目标。这可能包括追求高级学位、参与特定的教育项目或在专业领域内建立自己的声誉。这些行动不仅提高了教师自身的专业知识和技能水平，还有助于提升他们在教育界的地位。

个人动机和职业目标的结合能使教师不断寻找提升自我和进行教育实践的机会。这种积极的职业态度能够激发教师探索新的教学策略、尝试不同的课堂管理技巧以及采用创新评估方法的热情。此外，个人动机和职业目标还会影响教师应对教育领域中的挑战和变化的能力。在面对新的教学标准、学生多样性和技术变革时，具有强烈个人动机和明确目标的教师更有能力适应这些变化，并将它们转化为个人和专业成长的机会。

（二）持续学习和自我发展的意愿

现代社会的发展速度很快，这对个体的学习和发展能力提出了更高的要求。作为高中数学教师，除了要担负起教育学生的重任，还要不断提升自己的教学水平和专业素养。对教师来说，自我学习和发展意愿是推动其发展的内在驱动力，是教师对自身专业发展负责的表现。

自我学习意愿体现为教师会积极参与各种形式的教育培训，自发寻找新的教学理论和教学方法，努力提高教学质量。教师的自我发展意愿则体现在教师愿意通过努力工作，提升自身的职业地位和职业影响力，如参加教学比赛，发表学术论文，申请研究项目等。

当然，自我学习和发展意愿的培养与实现并非一蹴而就的，而是需要长期积累和努力的。这包括学习态度、学习方法、学习目标、学习环境等多个方面。而这些都需要教师具备自主学习的能力和习惯。通过自我学习和发展，教师可以提高自身的专业素养，提升教学质量，更好地适应社会发展的需求。

（三）学术交流和国际化视野

学术交流和国际化视野对高中数学教师的专业化发展有着重要的影响。这两个方面可以帮助教师拓宽视野、增强专业素养，抓住机会参与国际学术交流、合作项目以及获取先进的教学方法和理念。本节，笔者将针对这两方面分别进行论述。

1. 学术交流对高中数学教师的专业化发展的影响

学术交流是指教师通过与其他学者、专家、教育机构以及国际学术组织的交流与合作，进行学科知识、研究成果和教学经验的分享与交流。这种交流可以促进高中数学教师的专业化发展，具体影响包括如下几个方面。

（1）知识更新。通过学术交流，教师可以了解最新的学术研究成果、理论观点和教学方法。他们可以参加国际学术会议、研讨会和讲座，听取来自世界各地专家的报告和演讲，了解最新的研究动态，从而不断更新自己的知识储备。

（2）合作研究。学术交流为教师提供了与国内外专家进行合作研究的机会。教师可以与其他研究者共同开展科研项目，通过合作研究，提高自己的研究水平和能力，拓宽研究视野，增加研究成果的国际影响力。

（3）教学经验分享。通过学术交流，教师可以与其他学校的数学教师分享教学经验和教学方法。他们可以了解不同国家和地区的教学模式和教学理念，借鉴先进的教学方法，提高自己的教学效果。

2. 国际化视野对高中数学教师专业化发展的影响

拥有国际化视野意味着教师具备开放、包容的思维方式，关注国际学术动态和教育发展趋势，具备跨文化交流和合作的能力。国际化视野对高中数学教师的专业化发展的影响包括如下几个方面。

（1）跨文化交流。国际化视野使教师能够与不同国家和地区的学者进行交流和合作，了解不同文化背景下的数学教育理念和实践。这有助于拓宽教师的思维边界，促进跨文化交流和合作，增强教师的跨文化教育能力。

（2）全球视野。国际化视野使教师能够关注全球范围内的数学教育发展趋势和挑战。他们可以了解其他国家和地区的数学教育政策、课程设置和教学方法，从中获取借鉴和启示，为自己的教学实践提供更加国际化的视野。

三、政策制度因素

（一）教育政策和数学教育政策

教育政策和数学教育政策是影响高中数学教师发展的关键因素。它们既可以促进数学教师的职业发展，也可能限制或阻碍教师的进步。在深入探讨这个问题之前，先要理解教育政策和数学教育政策的定义。教育政策是由政府或相关教育机构制定的，旨在提高教育质量，提升学生的学习效果，同时为教师的职业发展提供框架和指引的一系列政策规定。数学教育政策是教育政策的一部分，专门针对数学教育领域。具体来说，教育政策和数学教育政策对高中数学教师发展的影响主要体现在以下两个方面。

1. 职业培训与继续教育

教育政策和数学教育政策通常会包括对教师进行职业培训和继续教育的要求。数学教师的职业培训和继续教育政策可以确保教师获得最新的教学理念、技术和知识。这有助于他们保持与时俱进的教学素质，从而提高教学效果并满足不断变化的教育需求。通过继续教育和职业培训，数学教师可以不断地更新和扩大他们的知识库，提高他们的教学能力和技巧。这将促进他们的职业成长，提高他们的教学质量和效率。在实施职业培训和继续教育政策的过程中，也可能会出现一些问题。例如，如果培训和教育的机会不均等，或其内容、方法和质量没有得到有效的保障，那么这些政策可能就会限制或阻碍数学教师的发展。因此，必须确保职业培训和继续教育政策的制定和实施是公正、公平、有效和适应性强的。

2. 学校资源的分配

政策如何决定学校资源的分配也会影响数学教师的发展。政策决定了教育预算的分配，包括教育技术、教学材料、设施升级以及专业发展培训等方面的资金分配。例如，如果政策倾向于加强STEM（科学、技术、工程和数学）教育，数学教师就可能得到更多的资源，如先进的计算工具、互动软件和专业发展课程，这些都是提升教学质量和促进创新的关键。反之，如果资源分配不足或未能满足数学教育的特殊需求，教师就可能面临缺乏必要教学材料和技术支持的挑战，这会限制他们的教学方法和专业成长。

（二）教师评估和激励机制

教师评估和激励机制（如绩效评价体系、晋升途径和奖励制度等）在高中数学教师的职业发展中扮演着至关重要的角色。这些机制不仅影响着教师的日常教学实践，还在一定程度上影响着他们对职业发展和专业成长的态度。

教师绩效评价体系是影响教师职业发展的重要因素。一套有效的评价体系能够为教师提供清晰的反馈，帮助他们识别自己在教学方法、课程设计和学生互动等方面的优势和可改进领域。这种反馈对教师不断完善自己的教学技能至关重要。例如，通过定期评估，数学教师可以了解到自己在解释复杂概念或激发学生兴趣方面的效果，从而有针对性地调整教学策略。晋升途径和奖励制度也会对数学教师的动力和职业发展产生深远影响。明确的晋升路径和合理的奖励机制能够激励教师追求更高的职业成就，鼓励他们参与额外的教育研究、教学创新和职业发展活动。例如，当教师知道自己的努力和创新教学方法会被认可，并且可能带来职业上的晋升或财务奖励时，他们就更有动力去探索新的教学方式和参与专业发展项目。

反之，如果评估体系存在不公正或激励机制不足的问题，则可能对教师的职业热情和创新意愿产生负面影响。不公平的评价体系可能会导致教师产生挫败感并感觉不被重视，从而降低在教学和专业发展上的积极性。缺乏有效激励的环境可能会使教师对尝试新教学方法和参与额外学习活动感到无力,进而影响教学质量和学生学习的成效。

第四节 高中数学教师专业化发展的策略

一、加强高中数学教师的入职培训

(一)入职培训的重要性

高中数学教师的入职培训对他们的专业化发展至关重要。下面从四个角度来论述入职培训的重要性。

1. 基础教学技能的建立

入职培训为新教师提供了建立和巩固基本教学技能的机会。通过培训,教师可以学到有效的课堂管理技巧、教学方法、评估策略和学生互动技能。这为新教师打下了扎实的基础,帮助他们更好地适应教学工作,尤其是在应对学生具有多样性和学习需求不同等问题方面。

2. 教育理念和学校文化的适应

入职培训能帮助新教师理解学校的教育理念和文化。了解学校的教学目标、价值观和预期行为对新教师融入新环境至关重要。这种对学校文化的适应不仅有助于让新教师更好地与学生和同事建立关系,还能提升他们的工作满意度和教学效果。

3. 专业知识和技能的更新

入职培训为数学教师提供了更新和扩充数学知识的机会。这对于那些已经有一段时间没有接触最新数学教育发展的教师尤为重要。通过培训,教师可以了解最新的数学教育研究成果、教学资源和技术工具,这对提高教学质量和学生学习成效非常关键。

4. 建立职业网络和支持系统

入职培训还为新教师提供了与其他教育专业人士建立联系的机会。通过与经验丰富的教师和教育专家的互动,新教师可以建立一个支持和资源网络。这种网络不仅能在教师的职业生涯早期为其提供指导和支持,还能在日后的教学实践中成为教师的宝贵资源。

(二)加强高中数学教师入职培训的策略

1. 保证必要的经费投入

确保充足的经费对加强高中数学教师入职培训至关重要。经费的投入不仅能保证培训活动的质量,还能使培训内容更加多样化和实用。例如,资金可以用于聘请资深教育专家进行讲座、购买先进的教学工具和软件,或者为新教师提供实地考察和学习的机会。此外,经费投入还能确保培训活动覆盖所有必要领域,包括教学方法、课程设计、学生心理,以及最新的教育技术。有了充足的经费支持,培训活动可以更为深入和具体,帮助新教师更加快速有效地融入教学环境,提高他们的教学能力和自信心。

2. 完善教师入职培训的管理体系

建立和完善教师入职培训的管理体系对增强培训效果至关重要。这一体系应包括明确的培训目标、详细的培训计划、合理的时间安排以及有效的跟踪评估机制。明确的培训目标有助于确保培训内容与教师的实际需求和学校的教育目标相一致。而详细的培训计划则应涵盖各种教学技巧、课程内容、学生管理等关键方面,确保新教师能全面地了解和掌握所需技能。同时,合理的时间安排可确保教师有足够的时间吸收和实践所学内容,避免信息过载。最后,有效的评估机制可以帮助学校及时了解培训效果和新教师的进步情况,以便对培训内容和方法进行调整和优化。建立这样的管理体系,可以确保入职培训活动的质量和效果,为新教师的顺利开始和教师的职业成长奠定基础。

3. 完善新入职教师的教学指导

完善对新入职高中数学教师的教学指导,是促进其专业成长的关键策略。教学指导应包括从经验丰富的老师处获得的一对一辅导、定期的教学反馈,以及对教学实践的具体建议。一对一辅导可以为其提供个性化的支持,帮助新教师应对教学中遇到的具体挑战,如课堂管理、学生评估和教学内容的适应性调整。此外,定期的教学反馈对新教师了解自己的教学表现和进步方向至关重要。这种反馈可以来自学校管理层、教学导师或同行评审,旨在提供客观和有建设性的建议。为了进一步促进新教师的专业发展，学校还应组织定期的工作坊和研讨会，让新教师有机会学习先进的教学方法和交流教学经验。通过这些多元化的教学指导活动，新教师能够快速提高教学技能，更好地适应教学工作，为未来的职业发展打下坚实基础。

4. 构建入职教师培训评价体制

为了保证高中数学教师入职培训的效果，人们需要构建一套科学、有效评价体制。这包括建立科学的评价指标体系，实施多元化的评价方法，以及建立评价反馈机制。评价指标体系应该覆盖高中数学教师的专业知识、教学能力和教学态度等方面；评价方法可以包括自我评价、同行评价、学生评价和领导评价；评价结果应及时反馈给教师和培训机构，以便其根据评价结果改进和优化教育方案。同时，新教师应该有权利对评价结果进行申诉和解释，保证评价的公正性。

二、完善高中数学教师培养模式

为了促进高中数学教师的专业化发展，学校需要不断丰富和改进教师的培养模式。本节，笔者便简要论述三种教师培养模式。

（一）融合式培养模式

融合式培养模式强调将理论学习与实践经验相结合。在这种模式下，教师不仅要在课堂上学习教育理论和数学教学的专业知识，还要参与实际的教学活动，如学校的实习教学或模拟课堂。这种培养模式使教师能够在真实的教学环境中应用和测试他们所学到的理论知识，从而更好地理解和吸收这些知识。此外，融合式培养模式通常还包括定期的反思和评估，可以帮助教师不断优化和调整自己的教学策略。这种模式非常适合数学教师，因为它既强调数学知识的深度和严谨性，又注重对教学技能的实际应用。

（二）导师制培养模式

导师制培养模式是指为新教师配备经验丰富的导师的培养模式。在这种模式下，资深教师作为新教师的导师，为其提供一对一的指导和支持。这包括对教学方法的传授、课程设计的建议、课堂管理技巧的分享以及职业发展的规划等。导师制不仅可以帮助新教师更快地适应教学工作和学校环境，还可以为他们提供一个可靠的支持网络。此外，这种模式还能促进教师之间的交流和合作，有助于建立一种协作和共享的教育文化。对高中数学教师而言，导师制能够提供更加个性化和专门的指导，特别是在教学内容和方法的深度掌握方面。

（三）PDCA循环培养模式

PDCA循环培养模式以质量管理的PDCA理论为基础，即计划（Plan）、执行（Do）、检查（Check）和行动（Act）四个步骤，如图6-3所示。它适用于各个行业和领域的管理和改进工作。在教师专业发展的背景下，PDCA循环培养模式可以帮助教师明确自身的专业发展目标，制订并执行培训计划，通过检查和评估改善教学质量，实现持续的教学和专业发展。

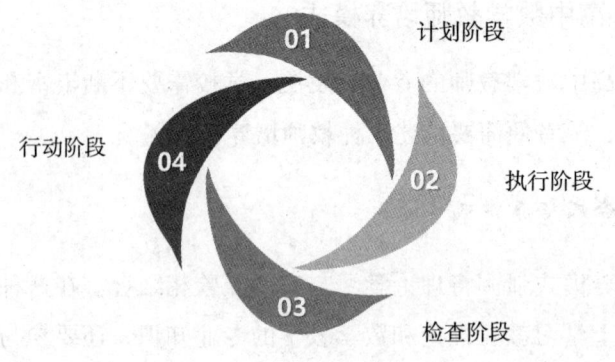

图6-3　PDCA循环培养模式

1. 计划阶段

计划阶段是PDCA循环培养模式中的首要步骤，为教师的专业发展提供了明确的方向和目标。在高中数学教师的专业化发展中，计划阶段需要教师设定自己的教学和专业发展目标，并基于教学需求和个人职业发展目标来选择培训课程，制订学习计划。此外，这个阶段也需要教师对自己的能力进行全面的自我评估，以识别自己的优点和不足，并以此来确定个人发展计划的重点和优先级。

2. 执行阶段

在执行阶段，高中数学教师需要付诸行动，按照自己设定的计划来进行教学实践和专业学习。例如，参加专业培训课程，阅读相关的专业文献，尝试新的教学方法等。执行阶段的关键是将计划转化为实际行动，这需要教师具备良好的自我管理能力和执行力，同时需要教师克服困难，坚持不懈，以确保计划的有效实施。

3. 检查阶段

检查阶段是 PDCA 循环培养模式中的关键环节，其目的是评估教师在执行阶段的表现，以便找出偏差和不足，进行反思和调整。在高中数学教师的专业发展中，检查阶段可以通过各种方式进行，如自我评估、学生反馈、同行评价等。在这个阶段，教师需要批判性地分析和反思自己的教学实践和专业学习状况，识别出需要改进的地方。

4. 行动阶段

行动阶段是 PDCA 循环培养模式的最后一个步骤，主要是根据检查阶段的反馈信息来调整和改进教师的教学方法和专业发展计划。在高中数学教师的专业发展中，行动阶段可能涉及改变教学策略，调整专业发展计划，甚至重新设定职业发展目标。行动阶段的目的是通过持续的反思和改进，使教师的教学质量和专业能力得到持续的提升。

三、激发高中数学教师专业化发展的主动性

（一）创造积极的学习环境

创造一个积极的学习环境对激发高中数学教师的专业化发展主动性至关重要。首先，学校可以通过提供丰富的教学资源，如访问最新的教育研究、教学工具和技术支持，激励教师探索新的教学方法。其次，学校文化应该强调教师专业成长的价值，鼓励教师之间的开放交流和相互学习。这包括组织定期的教学分享会、研讨会和工作坊，以便教师可以共享经验、讨论问题并寻求解决方案。最后，对那些愿意尝试创新方法的教师，学校应提供一定的灵活性发展和实验的空间，让他们能够自由尝试新的教学策略而不必过度担心风险。通过这样的学习环境，教师能够在一个支持和鼓励的氛围中不断成长和创新。

（二）建立专业网络和社区

专业网络和社区提供了一个平台，使教师能够与同行交流、分享最佳实践并获得职业支持。这些网络可以是本地、国家甚至国际层面的，包括专业教育组织、在线论坛和社交媒体群组。参与这些网络和社区能够使教师获取最新的教育信息、教学资源和研究成果。同时，它们为教师提供了一个合作和互助的环境，教师可以在这里找到志同道合的同事，讨论教学问题，甚至合作开展教育项目或研究。此外，专业网络还能为教师提供专业发展的机会，如参加研讨会、研究项目或者领导力培训。这种社区的参与不仅提升了教师的专业能力，还增强了他们的职业归属感和自我效能感，从而激发他们在教育领域的积极性和创新精神。

（三）完善奖惩制度和晋升机制

完善奖惩制度和晋升机制对激发高中数学教师专业化发展的主动性具有重要意义。有效的奖励制度可以给教师在教学和专业发展上的优异表现予以认可，从而鼓励他们持续努力和创新。奖励可以是金钱奖励、职称晋升、额外的职业发展机会或公开的表彰。这些奖励不仅提高了教师的职业满意度，还增强了他们的职业成就感，使他们在教学实践中寻求更高的标准。合理的晋升机制为教师提供了明确的职业发展路径。明确的晋升路径和透明的评价标准能够让教师清楚地了解应如何通过提升教学能力和专业知识来实现职业上的发展。晋升机制应基于教师的教学表现、学生评价、同行评审以及对学校和社区的贡献等多方面的考量。此外，晋升机制也应鼓励教师参与学校管理、课程开发和教育研究等更广泛的职业活动。

四、培养高中数学教师终身学习的理念

教师在开始任教之际，直至成为专业化教师的过程中，需要走过一段相对漫长的道路。尤其是在这个持续学习的社会中，知识在不断更新，教师需要具备终身发展的能力。只有不断学习和自我提升，教师才能最终成为专业的教育工作者。即便成了专业教师，教师依然需要保持学习的姿态。因此，学校对在

职高中数学教师,在提供必要培训的基础上,还需培养他们的终身发展能力。具体而言,培养教师终身发展能力可以从以下两个方面着手。

(一)培养教师终身学习的理念

终身学习的理念源于对知识更新速度的认识和对教师角色的理解。一方面,在信息爆炸的今天,知识更新的速度日益加快,教师要想保持教学的现代性和针对性,就必须积极进行对新知识、新理念的学习。另一方面,教师的角色也从传统的知识传授者转变为学习的引导者和设计者,这就要求教师具备持续学习和自我发展的能力。终身学习的理念正是这两方面需求的体现。

如何培养教师的终身学习理念呢?一种有效的方法是引导教师反思自己的学习历程和学习经验,让教师认识到学习的价值和意义。另一种方法是为学生提供多元化的学习机会和资源,让教师在实际的学习过程中体验到学习的乐趣和成就感。这就需要学校和教育部门建立起完善的教师培训体系,为教师提供丰富的学习资源,开展多样化的培训活动,创设良好的学习环境,鼓励教师自主选择学习内容和方式,自我规划学习进度,自我评价学习效果,从而真正地实现终身学习。

(二)提供持续的学习机会

持续的学习机会是落实教师终身学习理念的重要保障。持续的学习机会可以让教师在实践中不断更新知识,提升技能,提高教学质量。具体来说,持续的学习机会可以分为两类:一类是正式的学习机会,如参加研究性的学习活动,参与教学项目,获取学历和学位等。这类学习机会可以让教师在系统的学习中获取深度的专业知识和技能。另一类是非正式的学习机会,如参加教学研讨会,进行教学观摩,参与教学讨论等。这类学习机会可以让教师在日常的教学实践中获取实时的教学反馈和经验,及时地调整教学策略和方法。

持续的学习机会的提供需要学校和教育部门的大力支持。首先,学校和教育部门需要提供充足的资源,例如,时间资源,如调整教师的工作时间,确保他们有足够的时间进行学习;物质资源,如提供学习场所,配备学习设备;信息资源,如建立教育信息平台,提供学习资料等。其次,学校和教育部门需要建立完善的制度，鼓励和支持教师的学习，如制订教师培训计划，建立教师学习记录和评价体系，设立教师学习奖励制度等。最后，学校和教育部门需要建立和维护良好的学习氛围，弘扬学习的价值，鼓励教师互相学习，互相合作，形成鼓励教师学习的良好社会环境。

参考文献

[1] 常发友. 数学建模与高中数学教学 [M]. 长春：吉林人民出版社，2020.

[2] 王金芳. 高中数学教学方法研究与实践 [M]. 长春：吉林人民出版社，2021.

[3] 汤强. 实践取向的高中数学教学研究 [M]. 成都：西南交通大学出版社，2021.

[4] 师前. 高中数学教学"三思" [M]. 上海：上海交通大学出版社，2018.

[5] 扈希峰. 基于深度学习的高中数学教学设计研究 [M]. 长春：吉林人民出版社，2021.

[6] 于健，赵新，黄辉. 大数据下高中数学教学研究 [M]. 长春：吉林人民出版社，2019.

[7] 李秉福. 高中数学教学中数学文化的渗透研究 [M]. 长春：吉林人民出版社，2020.

[8] 苏灿强，李津任，孔鑫辉. 立足核心素养，高效开展高中数学教学 [M]. 长春：吉林人民出版社，2020.

[9] 单凤美. 高中数学教学方法研究与实践 [M]. 天津：天津科学技术出版社，2018.

[10] 于利合. 核心素养理念下的高中数学教学策略 [M]. 长春：吉林人民出版社，2019.

[11] 王克亮. 高中数学教学"问题驱动"的探索与实践 [M]. 苏州：苏州大学出版社，2017.

[12] 丁文仁. 高中数学教学设计 [M]. 兰州：甘肃文化出版社，2001.

[13] 郑强，邱忠华. 走进高中数学教学现场 [M]. 北京：首都师范大学出版社，2008.

[14] 吕汉茂. 高中数学教学探析 [M]. 苏州：苏州大学出版社，2022.

[15] 林朝冰. 高中数学教学探究与实践 [M]. 北京：民主与建设出版社，2022.

[16] 毛锡荣，张长贵. 高中数学教学设计的理论与实践研究 [M]. 芜湖：安徽师范大学出版社，2021.

[17] 王尊甫. 核心素养导向的高中数学教学 [M]. 青岛：中国海洋大学出版社，2021.

[18] 孙丙虎. 高中数学教学育人价值探究 [M]. 长春：吉林大学出版社，2021.

[19] 王跃辉，莫定勇，赵文平. 基于核心素养的高中数学教学设计案例 [M]. 北京：现代出版社，2020.

[20] 刘玉华. 问题引领 整体建构教学模式下的高中数学教学设计 [M]. 济南：山东大学出版社，2022.

[21] 童其林. 高中数学教学的若干思考 [M]. 哈尔滨：哈尔滨工业大学出版社，2016.

[22] 赵思林，潘超. 高中数学教学研究与案例 [M]. 成都：四川大学出版社，2014.

[23] 刘琳. 核心素养背景下的高中数学分层教学探究 [J]. 天天爱科学（教学研究），2023（12）：57-59.

[24] 秦岳文. 浅谈核心素养背景下高中数学概念教学的策略 [J]. 天天爱科学（教学研究），2023（12）：34-36.

[25] 黄秋梅. 问题驱动法在高中数学教学中的应用策略研究 [J]. 天天爱科学（教学研究），2023（12）：66-68.

[26] 顾夕陵. 高中数学培养学生主体参与意识 [J]. 文理导航（中旬），2024（1）：4-6.

[27] 赖惠兰. 探究高中数学课堂提问的技巧 [J]. 文理导航（中旬），2024（1）：40-42.

[28] 刘跃鑫. 新课标视域下的高中数学问题设计教学 [J]. 文理导航（中旬），2024（1）：64-66.

[29] 丁宇. 高中数学课堂中互动式教学法的运用 [J]. 数理天地（高中版），2023（23）：54-56.

[30] 孙淑琴. 高中数学有效课堂教学应用研究：以"函数的概念"为例 [J]. 数理天地（高中版），2023（23）：75-77.

[31] 顾炯. 互动视角下多媒体技术在高中数学教学中的应用研究 [J]. 数理天地（高中版），2023（23）：90-92.

[32] 刘晨凡. 基于信息技术的高中数学探究式教学研究 [J]. 数理天地（高中版），2023（23）：93-95.

[33] 张星. 问题探究教学模式在高中数学概念教学中的渗透实践 [J]. 数理天地（高中版），2023（23）：69-71.

[34] 张利军. 新课改背景下高中数学教育教学观念的转变路径探析 [J]. 数理天地（高中版），2023（23）：51-53.

[35] 罗贤龙. 以数学学科核心素养为导向的高中数学解题教学研究[J]. 数理天地（高中版），2023（23）：84-86.

[36] 李严. 探析新高考下高中数学教学评价[J]. 陕西教育（教学版），2023（12）：44-46.

[37] 李渊博. 基于探究性学习的高中数学导学案教学设计的有效性策略[J]. 学周刊，2023（35）：76-78.

[38] 张伟. 高中数学新课程立体几何教学中的问题及解决策略[J]. 学周刊，2023（36）：58-60.

[39] 彭晓田. 高中数学教学中探究式合作法的应用[J]. 中学课程辅导，2023（33）：21-23.

[40] 车云芳. 高中数学教学的过程性评价[J]. 学园，2023，16（32）：45-47.

[41] 伊玉香. 基于新课标的高中数学课程教学策略探研[J]. 成才之路，2023（32）：93-96.

[42] 宫海静，邵志豪. 指向批判性思维培养的高中数学项目式教学模式探索[J]. 现代教育科学，2023（6）：108-114.

[43] 刘小国，李成. 融合研究性学习理念，转变高中数学教学方式[J]. 学苑教育，2023（32）：25-27.

[44] 黄彪."三新"背景下的高中数学课堂教学策略研究[J]. 天天爱科学（教育前沿），2023（11）：61-63.

[45] 谭新华. 学科核心素养导向下的高中数学解题教学[J]. 中学数学，2023（21）：31-32.

[46] 林禄云. 高中数学教学引导学生探究学习"三步曲"[J]. 中学数学，2023（21）：45-46.

[47] 徐文，杜萍. 探寻提高高中数学教学有效性的路径[J]. 中学数学，2023（21）：89-90.

[48] 张椿悦. 高中数学平面向量解题教学过程中的一点思考[J]. 中学数学，2023（21）：79-80.

[49] 白露. 智慧课堂视域下高中数学教学策略探索[J]. 中学数学，2023（21）：81-82.

[50] 毋晓迪，陈辉坤，鞠腾基. 凝练习题教学路径 发展过程分析能力[J]. 中学数学杂志，2023（11）：11-16.

[51] 徐祝云，范明锁. 数学文化视角下教学案例设计：以"椭圆及其标准方程"教学为例[J]. 中学课程辅导，2023（32）：126-128.

[52] 王仲年. 信息技术与高中数学教学深度融合的有力举措 [J]. 试题与研究, 2023（34）: 182-184.

[53] 王海岩, 金雄虎. 高中数学建模教学实践探究 [J]. 试题与研究, 2023（33）: 34-36.

[54] 高美春. 信息技术与高中数学教学的整合策略 [J]. 数理天地（高中版）, 2023（21）: 91-93.

[55] 王海娟. 信息技术支持下的高中数学问题导向式教学策略 [J]. 数理天地（高中版）, 2023（21）: 94-96.

[56] 刘掬慧. 深度学习视角下高中数学教学的优化策略 [J]. 数理天地（高中版）, 2023（21）: 60-62.

[57] 刘洋. 高中数学大单元教学与深度学习理论的有效结合 [J]. 数理天地（高中版）, 2023（21）: 67-69.

[58] 孙素贞. 高中数学教学中数学建模思想的应用 [J]. 数理天地（高中版）, 2023（21）: 73-75.

[59] 黄海燕. "双新"视域下高中数学课堂实现深度学习的实践初探: 以"几何体体积"的教学为例 [J]. 数理天地（高中版）, 2023（21）: 79-81.

[60] 徐宏芳. 核心素养视域下高中数学情境化教学策略研究 [J]. 数理天地（高中版）, 2023（21）: 82-84.

[61] 韦明钊. 新高考背景下高中数学核心素养培养的教学策略 [J]. 数理天地（高中版）, 2023（21）: 88-90.

[62] 顾文军. 高中数学启润课堂活动单设计的探究 [J]. 学园, 2023, 16（31）: 75-77.

[63] 房小记. 浅论情境教学对高中数学的作用 [J]. 河南教育（基教版）, 2023（11）: 72-73.

[64] 杨蕾. 高中数学教学中学生自主学习能力的培养策略 [J]. 理科爱好者, 2023（5）: 66-68.

[65] 许博. 核心素养导向下的高中数学综合问题情境教学策略: 以"易拉罐的优化设计"为例 [J]. 理科爱好者, 2023（5）: 86-88.

[66] 刘程. 谈合作学习模式在高中数学教学中的运用 [J]. 第二课堂（D）, 2023（10）: 52.

[67] 扎西东珠. 互联网时代高中数学教学中培养学生探究意识的策略分析 [J]. 试题与研究, 2023（32）: 153-155.

[68] 林雄. 基于CAT技术的高中数学精准教学策略探索与实践[J]. 数理化解题研究，2023（30）：5-7.

[69] 任礼礼. 浅谈基于数据数学精准教学分析的高中数学教学实践策略[J]. 天天爱科学（教学研究），2023（10）：19-21.

[70] 林荣艳. 浅谈高中数学教学中学生创造性思维能力的培养[J]. 考试周刊，2023（43）：114-117.

[71] 薛文敏. 指向高阶思维能力的高中数学深度学习的教学策略[J]. 数理化解题研究，2023（30）：20-22.

[72] 李兆新. 运用多元化高中数学教学方法培养学生的问题解决能力[J]. 数理化解题研究，2023（30）：56-58.

[73] 顾峰. 基于关键能力培养的高中数学主题单元式教学研究[J]. 数理化解题研究，2023（30）：71-73.